EUROPA-FACHBUCHREIHE
für wirtschaftliche Bildung

Dr. Esser Dr. Lange-Parpart

Notarfachkunde

Berufsrecht und Beurkundungsrecht

4. Auflage

VERLAG EUROPA-LEHRMITTEL
Nourney, Vollmer GmbH & Co. KG
Düsselberger Straße 23
42781 Haan-Gruiten

Europa-Nr.: 96739

Autoren:
Dr. Alexandra Esser, Düsseldorf
Dr. Stefan Lange-Parpart, Leverkusen

4. Auflage 2024
Druck 5 4 3 2 1

Alle Drucke derselben Auflage sind parallel einsetzbar, da sie bis auf die Korrektur von Druckfehlern identisch sind.

ISBN 978-3-7585-9674-2

www.europa-lehrmittel.de
Satz: Typework Layoutsatz & Grafik GmbH, 86153 Augsburg
Umschlagkonzept: tiff.any GmbH, 10999 Berlin
Umschlagfoto: © lenets_tan – Fotolia.com
Druck: Esser printSolutions GmbH, 84030 Ergolding

Vorwort

Die **Notarfachkunde** bezieht sich auf einen Ausbildungsberuf, der höchste Anforderungen an die Auszubildenden stellt – sowohl im Hinblick auf den Umfang der Ausbildungsinhalte als auch im Hinblick auf deren Komplexität.

Die Ausbildungsinhalte könnten vielgestaltiger kaum sein. Die angehenden **Notarfachangestellten** müssen über Kenntnisse verfügen in den Bereichen

- Berufsrecht und Beurkundungsrecht
- Familienrecht und Erbrecht
- Vereinsrecht
- Grundstücksrecht und Grundstücksverträge
- Handels- und Gesellschaftsrecht
- Kostenrecht.

Und für dieses „Mammutprogramm" stehen nicht mehr als drei Ausbildungsjahre zur Verfügung – wohlgemerkt drei Ausbildungsjahre im dualen System, von denen in der Regel wöchentlich drei Tage im Büro und zwei Tage in der Berufsschule absolviert werden.

In der ebenfalls dreijährigen dualen Ausbildung zum **Rechtsanwalts- und Notarfachangestellten** dominieren rechtsanwaltsfachkundliche Inhalte. Notarfachkundliche Inhalte können daneben zwangsläufig nur unter besonderer Schwerpunktsetzung vermittelt werden.

Wer in relativ kurzer Zeit ein so anspruchsvolles Ausbildungsprogramm zu absolvieren hat, ist in besonderem Maße auf **geeignete Ausbildungsliteratur** angewiesen. Das vorliegende Buch möchte dazu einen Beitrag leisten. Es versteht sich als **echtes Lehrbuch für angehende Notarfachangestellte und für angehende Rechtsanwalts- und Notarfachangestellte.**

Es ist der **erste Band einer Lehrbuchreihe.** Dieser Band ist dem **Berufsrecht** und dem **Beurkundungsrecht** gewidmet.

Allen Bänden dieser Lehrbuchreihe ist **ein praxisorientierter Ansatz der Wissensvermittlung** gemeinsam: Die Ausbildungsinhalte werden in dem Sachzusammenhang vermittelt, in dem die Auszubildenden in der Praxis mit ihnen konfrontiert werden. Der **Lernzusammenhang** im Buch **entspricht** den aus dem Büro bekannten **Arbeitsabläufen.** Das im Lehrbuch vermittelte Wissen ist ohne weitere Transferleistung für die Praxis verwertbar. Und zu fachlichen Problemen, die bei der praktischen Arbeit im Büro auftreten, können die Auszubildenden ohne weitere Transferleistung im Buch nachlesen.

Der praxisorientierte Ansatz der Wissensvermittlung tritt vor allem im zweiten Teil des Buches deutlich zu Tage. Es wird dort – wie man dieses aus der Notariatspraxis kennt – zwischen der inhaltlichen Gestaltung und der Abwicklung notarieller Urkunden unterschieden. Noch dazu werden die Probleme des Inhalts und der Abwicklung im Lehrbuch systematisch in der Reihenfolge abgearbeitet, wie „Vorbereiter" und „Abwickler" in der Praxis mit ihnen konfrontiert werden. Das Buch lädt dazu ein, sich hineinzuversetzen in die **Perspektive der praktisch tätigen Notarfachangestellten,** die mit der Urkundenvorbereitung und mit der Urkundenabwicklung betraut sind.

Die Verfasser danken dem Verlag für die Ermöglichung des Projekts und die hervorragende Unterstützung.

Juni 2024 — Dr. Alexandra Esser — Dr. Stefan Lange-Parpart

Wenn im vorliegenden Buch vom „Notar" und vom „Notarfachangestellten" gesprochen wird, so sind damit sinngemäß auch die „Notarin" und die „Notarfachangestellte" gemeint. Die Verwendung nur der männlichen Form verfolgt ausschließlich das Ziel besserer Verständlichkeit. Eine Diskriminierung der Frau liegt den Verfassern fern.

Das vorliegende Buch hat den Bearbeitungsstand 1. Juni 2024.

AG	Amtsgericht/Aktiengesellschaft
AktG	Aktiengesetz
AZ	Aktenzeichen
BeurkG	Beurkundungsgesetz
BGB	Bürgerliches Gesetzbuch
BGH	Bundesgerichtshof
BNotO	Bundesnotarordnung
BRD	Bundesrepublik Deutschland
DONot	Dienstordnung für Notarinnen und Notare
Dr.	Doktor
e.V.	(ins Vereinsregister) eingetragener Verein
eGbR	eingetragene Gesellschaft bürgerlichen Rechts
FamFG	Gesetz über das Verfahren in Familiensachen und in den Angelegenheiten der freiwilligen Gerichtsbarkei
GBO	Grundbuchordnung
GbR	.... Gesellschaft bürgerlichen Rechts
GmbH	Gesellschaft mit beschränkter Haftung
GmbHG	Gesetz betreffend die Gesellschaften mit beschränkter Haftung
GNotKG	Gerichts- und Notarkostengesetz
HGB	Handelsgesetzbuch
HR A	Handelsregister Abteilung A
HR B	Handelsregister Abteilung B
JP	Juristische Person
KG	Kommanditgesellschaft
lfd. Nr.	laufende Nummer
LS	locus sigilli
m^2	Quadratmeter
Nr.	Nummer
NRW	Bundesland Nordrhein-Westfalen
OHG	Offene Handelsgesellschaft
OLG	Oberlandesgericht
SA	Société anonyme
ScheckG	Scheckgesetz
StGB	Strafgesetzbuch
u.a.	unter anderem
UR-Nr.	Urkundennummer
UVZ.-Nr.	Urkundenverzeichnisnummer
WEG	Wohnungseigentumsgesetz
WG	Wechselgesetz
ZPO	Zivilprozessordnung

Teil 1

Berufsrecht

A. Der Notar, seine Mitarbeiter und seine Klienten

I. Der Notar

In der Bundesrepublik Deutschland existieren drei verschiedene Notariatsformen. Es existieren

- Nur-Notare
- Anwaltsnotare und
- Amtsnotare.

→ Amtsnotar S. 13

1. Nur-Notar und Anwaltsnotar

a) Begriffsklärung

Der Nur-Notar ist hauptberuflicher Notar (§ 3 Absatz 1 Bundesnotarordnung [im Folgenden kurz „BNotO" genannt]), der Anwaltsnotar übt den Notarberuf „neben dem Beruf des Rechtsanwalts" aus (§ 3 Absatz 2 BNotO).

§ 3 Absatz 1 BNotO

Merke:
Die Anwaltsnotare sind nebenberufliche, die Nur-Notare sind hauptberufliche Notare. Nur-Notare dürfen keinem anderen Beruf als dem des Notars nachgehen. Sie dürfen insbesondere nicht als Rechtsanwalt tätig sein.

b) Gebietsmäßige Verbreitung von Nur-Notaren und Anwaltsnotaren

Es gibt bundesweit ungefähr 4.800 Anwaltsnotare und 1.700 Nur-Notare. Somit gibt es knapp vier Mal so viele Anwaltsnotare wie Nur-Notare. Das Gebiet, in dem die 4.800 Anwaltsnotare tätig sind, macht circa 1/3 des gesamten Staatsgebietes der Bundesrepublik Deutschland aus. Auf 2/3 des Staatsgebietes sind die 1.700 Nur-Notare ansässig. Die Dichte der Anwaltsnotare ist somit deutlich höher als die der Nur-Notare. Das ist darauf zurückzuführen, dass Nur-Notare keiner anderen Tätigkeit neben der notariellen Tätigkeit nachgehen dürfen. Deswegen bedürfen sie eines stärkeren „Konkurrenzschutzes".

→ Amtssitz S. 31

Ob ein Notar Nur-Notar oder Anwaltsnotar ist, bestimmt sich nach seinem Amtssitz. Gemäß § 3 Absatz 2 BNotO werden in den Gerichtsbezirken, in denen am 1. April 1961 das Amt des Notars nur im Nebenberuf ausgeübt worden ist, weiterhin Anwaltsnotare bestellt. Die geographische Trennlinie zwischen Anwaltsnotariat und Nur-Notariat verläuft – ungeachtet der Formulierung des § 3 Absatz 2 BNotO – in der Rechtswirklichkeit nicht zwischen einzelnen Gerichtsbezirken, wenn man einmal die besondere Situation im Bundesland Nordrhein-Westfalen

§ 3 Absatz 2 BNotO

außer Betracht lässt. Im Regelfall verläuft die Trennlinie zwischen Bundesländern oder besser gesagt: zwischen geographisch zusammengefassten Gruppen von Bundesländern:
In vielen nördlichen Bundesländern, insbesondere in Schleswig-Holstein, in Niedersachsen und in Berlin, amtieren ausschließlich Anwaltsnotare. Ausschließlich Nur-Notare befinden sich demgegenüber in den Bundesländern entlang des Rheins und im Süden Deutschlands, insbesondere in Rheinland-Pfalz, im Saarland und in Bayern. Außerdem ist der ganze Osten Deutschlands (außer Berlin) seit der Wiedervereinigung „in der Hand" der Nur-Notare. Es gibt allerdings einige Bundesländer, die sich in dieses grobe Schema nicht einfügen. Hamburg ist im Norden, aber „Nur-Notar-Bundesland", Hessen liegt nicht im Norden, ist aber trotzdem „Anwaltsnotar-Bundesland".
Einzig in Nordrhein-Westfalen verläuft die geographische Trennlinie zwischen Anwaltsnotaren und Nur-Notaren – wie es von § 3 Absatz 2 BNotO vorausgesetzt wird – mitten durchs Bundesland, orientiert an den dort befindlichen Gerichtsbezirken. Im östlichen Landesteil, nämlich im Bereich der Westfälischen Notarkammer, amtieren Anwaltsnotare, im westlichen Landesteil, nämlich im Bereich der Rheinischen Notarkammer, amtieren Nur-Notare. Im Amtsgerichtsbezirk Emmerich und in Teilen des Landgerichtsbezirks Duisburg existieren aber auch im Bereich der Rheinischen Notarkammer Anwaltsnotare.

c) Zugang zum Notaramt

Um Notar – Anwaltsnotar oder Nur-Notar – zu werden, muss man persönlich und fachlich geeignet sein.
Zur **persönlichen Eignung** gehört, dass keine charakterlichen, körperlichen und geistigen Mängel vorliegen, die der ordnungsgemäßen Ausübung des Amtes entgegenstehen.
Zur **fachlichen Eignung** gehört, dass man die Befähigung zum Richteramt nach dem Deutschen Richtergesetz erlangt haben muss (§ 5 Absatz 5 BNotO). Mit anderen Worten: Man muss in Deutschland Jura studiert, den Referendardienst durchlaufen und das Erste und Zweite Juristische Staatsexamen erworben haben. Die frühere Gesetzesfassung, wonach Notar nur werden kann, wer deutscher Staatsangehöriger ist, erklärte der Europäische Gerichtshof in einer Entscheidung vom 24. Mai 2011 für europarechtswidrig. Der so genannte „Staatsangehörigkeitsvorbehalt" ist somit Vergangenheit. Auch ein Ausländer kann in Deutschland Notar werden; er muss aber hier studiert, den Referendardienst durchlaufen und die deutschen Staatsexamina erworben haben.
Im Übrigen beurteilt sich die fachliche Eignung im Bereich des Nur-Notariats und im Bereich des Anwaltsnotariats unterschiedlich.

§ 5 Absatz 5 Satz 1 BNotO

➢ Fachliche Eignung im Bereich des Nur-Notariats

Im Bereich des Nur-Notariats erlangt man die fachliche Eignung zur Ausübung des Notaramtes vor allem dadurch, dass man nach der Beendigung des zweiten juristischen Staatsexamens in den **Anwärterdienst des Landes für das Amt des Notars** eintritt (§ 5a Satz 1 BNotO). Die Anwärter bezeichnet man als Notarassessoren. Der (mehrjährige) Anwärterdienst endet mit der Ernennung zum Nur-Notar. Eine notarielle Fachprüfung zur Feststellung der fachlichen Eignung ist im Bereich des Nur-Notariats nicht mehr erforderlich.

§ 5a Satz 1 BNotO
→ Notarassessor S. 16

➢ Fachliche Eignung im Bereich des Anwaltsnotariats

Im Bereich des Anwaltsnotariats gibt es keinen Anwärterdienst für das Amt des Notars und dementsprechend auch keine Notarassessoren.

Für das Amt des Notars ist derjenige Rechtsanwalt fachlich geeignet, der **bestimmte Wartezeiten** erfüllt hat. Er muss insbesondere seit wenigstens fünf Jahren zur Rechtsanwaltschaft zugelassen und seit mindestens drei Jahren in dem Amtsgerichtsbezirk anwaltlich tätig sein, in dem er Notar werden will (§ 5b Absatz 1 BNotO).

§ 5b Absatz 1 BNotO

Seit dem 1. Mai 2011 hat der angehende Anwaltsnotar zum Nachweis seiner fachlichen Eignung vor allem aber eine **notarielle Fachprüfung** zu absolvieren (§ 7a BNotO). Diese umfasst vier fünfstündige Aufsichtsarbeiten und eine mündliche Prüfung. Die Prüfung wird abgenommen durch das Prüfungsamt für die notarielle Fachprüfung bei der Bundesnotarkammer.

§ 7a BNotO

→ Bundesnotarkammer S. 58

Das Erfordernis der notariellen Fachprüfung zum Nachweis der fachlichen Eignung für das Notaramt löst seit dem 1. Mai 2011 das **„Punktesystem"** ab. Im „Punktesystem" sammelte der Rechtsanwalt durch Teilnahme an Fortbildungsveranstaltungen und durch Übernahme von Notarvertretungen Punkte. Erreichte er eine bestimmte Punktezahl, war damit der Nachweis der fachlichen Eignung für das Notaramt erbracht. Das Punktesystem ist nach einem Beschluss des Bundesverfassungsgerichts vom 20. April 2004 unzulässig, weil der Zugang zum Notaramt – wie der Zugang zu allen öffentlichen Ämtern – dem Prinzip der Bestenauslese unterworfen ist und das Punktesystem diesem Prinzip nicht gerecht wird. Man kann viele Punkte sammeln und trotzdem ein schlechter Notar sein.

d) Amtsausübung durch Nur-Notar und Anwaltsnotar

Trotz der dargestellten grundlegenden Unterschiede zwischen dem Anwaltsnotar und dem Nur-Notar bleibt festzuhalten, dass die Amtsübung beim Anwaltsnotar und beim Nur-Notar in sehr weitreichender Weise denselben Rechtsregeln unterworfen ist. Für beide Notariatsformen gilt grundsätzlich und fast ausnahmslos das in diesem Teil 1 dargestellte Berufsrecht. Dieses ist nämlich vor allem niedergelegt in der Bundesnotarordnung und in der Dienstordnung für Notarinnen und Notare (DONot). Diese Normen gelten gleichermaßen für Anwaltsnotare und Nur-Notare.

Anwendungsbeispiel für ausnahmsweise auftretende Unterschiede

Nur-Notare dürfen sich nur mit am selben Amtssitz bestellten Notaren zur gemeinsamen Berufsausübung verbinden, also eine Notarsozietät bilden (§ 9 Absatz 1 BNotO). In vielen Bundesländern ist zudem durch Rechtsverordnung des Landes die höchstzulässige Zahl der Sozien auf zwei begrenzt.

§ 9 Absatz 1 BNotO

Anwaltsnotare dürfen sich nicht nur miteinander, sondern auch mit anderen Mitgliedern einer Rechtsanwaltskammer, Patentanwälten, Steuerberatern, Wirtschaftsprüfern und noch einigen Berufsgruppen mehr zu gemeinsamer Berufsausübung verbinden (§ 9 Absatz 2 BNotO). Eine Begrenzung der höchstzulässigen Zahl von Sozien ist nicht üblich. Der Anwaltsnotar profitiert davon, dass er im Hauptberuf Rechtsanwalt ist. Ihm werden deutlich weiterreichende Verbindungsmöglichkeiten eröffnet als den Nur-Notaren.

§ 9 Absatz 2 BNotO

Und ebenso ist das im Teil 2 dieses Buches dargestellte Beurkundungsrecht für beide Notariatsformen gleich, denn das dafür maßgebliche Beurkundungsgesetz gilt bundesweit für Anwaltsnotare und für Nur-Notare.

Anwendungsbeispiel für ausnahmsweise auftretende Unterschiede

Da der Anwaltsnotar auch als Rechtsanwalt tätig werden darf, legt ihm das Beurkundungsrecht das so genannte Vorbefassungsverbot auf. Dieses ist in § 3 Absatz 1 Satz 1 Nr. 7 BeurkG geregelt. Es bedeutet: War der Anwaltsnotar in einer bestimmten Angelegenheit bereits anwaltlich tätig, so darf er in derselben Angelegenheit nicht mehr notariell tätig werden. Der Notar soll neutral sein. Und es fällt schwer zu glauben, dass ein Notar, der in derselben Sache bereits als Rechtsanwalt einseitige Interessenvertretung betrieben hat, zu einer solchen Neutralität fähig sein kann. Da der Nur-Notar mit einer Sache niemals außerhalb einer notariellen Amtstätigkeit beauftragt wird, ist das Vorbefassungsverbot für ihn nicht sinnvoll. Es findet dementsprechend keine Anwendung.

→ Vorbefassungsverbot S. 169

2. Sonderfall Baden-Württemberg

Eine sehr spezielle Situation herrschte bis zum 31. Dezember 2017 im Bundesland Baden-Württemberg, welches aus den Oberlandesgerichtsbezirken Karlsruhe und Stuttgart besteht. Notarielle Tätigkeiten wurden bis zum 31. Dezember 2017 im Oberlandesgerichtsbezirk Karlsruhe ausschließlich von Amtsnotaren wahrgenommen. Anwaltsnotare und Nur-Notare gab es dort nicht. Auch im Oberlandesgerichtsbezirk Stuttgart dominierten zahlenmäßig die Amtsnotare. Dort waren aber auch – anders als im Oberlandesgerichtsbezirk Karlsruhe – in kleiner Zahl Anwaltsnotare und Nur-Notare zugelassen, soweit eine angemessene Versorgung der rechtsuchenden Bevölkerung durch die Amtsnotare allein nicht gewährleistet war.

Amtsnotare waren Notare im Landesdienst. Ihre Stellung war der von Richtern und Beamten sehr ähnlich. Sie wurden wie Richter und Beamte besoldet. Die von ihnen erwirtschafteten Notargebühren flossen – jedenfalls zum größten Teil – in die Staatskasse. Amtsnotare waren mit der Führung der Grundbuchämter und der Nachlassgerichte betraut. Im Oberlandesgerichtsbezirk Stuttgart übernahmen die Amtsnotare zusätzlich sogar noch betreuungsgerichtliche Aufgaben.

Mit Wirkung zum 1. Januar 2018 wurden sämtliche Amtsnotariate aufgelöst, Beurkundungstätigkeiten werden seitdem ausschließlich von den 301 im Land Baden-Württemberg tätigen Nur-Notaren und von den 40 im Land Baden-Württemberg tätigen Anwaltsnotaren ausgeübt. Der in der Kapitelüberschrift genannte „Sonderfall Baden-Württemberg" ist damit Geschichte. Es gibt ihn jetzt nicht mehr!

II. Mitarbeiter des Notars

Bei den Mitarbeitern des Notars lassen sich die fachkundigen und die sonstigen Mitarbeiter unterscheiden.

1. Fachkundige Mitarbeiter

a) Notarfachangestellte und Rechtsanwalts- und Notarfachangestellte

Als fachkundige Mitarbeiter bezeichnet man die Mitarbeiter, die im Bereich des Nur-Notariats die Ausbildung zum Notarfachangestellten und die im Bereich des Anwaltsnotariats die Ausbildung zum Rechtsanwalts- und Notarfachangestellten erfolgreich abgeschlossen haben.

Die Ausbildung zum Notarfachangestellten und die Ausbildung zum Rechtsanwalts- und Notarfachangestellten dauert regelmäßig drei Jahre. An zwei Wochentagen werden die Auszubildenden in der Berufsschule, an drei Wochentagen werden sie in den Betrieben ausgebildet.

Eine mittlerweile veraltete Berufsbezeichnung für den Notarfachangestellten ist die des Notargehilfen.

b) Fortbildungsstufen

Im Bereich der örtlichen Notarkammern wurden unterschiedliche Fortbildungsprogramme für Notarfachangestellte und für Rechtsanwalts- und Notarfachangestellte ins Leben gerufen.

➢ **Zweistufiges Fortbildungsprogramm im Bereich der Rheinischen Notarkammer, der Notarkammer Koblenz und der Saarländischen Notarkammer**

Im Bereich der Rheinischen Notarkammer, der Notarkammer Koblenz und der Saarländischen Notarkammer existiert eine gemeinsame zweistufig angelegte Fortbildungsveranstaltung für fachkundige Mitarbeiter.

Die erste Fortbildungsstufe zielt darauf ab, die Bezeichnung des Notarfachassistenten zu erwerben. Mindestens dreijährige Berufspraxis als fachkundiger Mitarbeiter wird vorausgesetzt. Die zweite Fortbildungsstufe zielt darauf ab, die Bezeichnung des Notarfachreferenten zu erwerben.

Wegen weiterer Einzelheiten wird verwiesen auf die jeweils anwendbare Fortbildungs- und Prüfungsordnung für die fachkundigen Notarmitarbeiter (im Bereich der Rheinischen Notarkammer vom 26. Januar 1999).

➢ **Notarfachwirt**

In einigen örtlichen Notarkammern, beispielsweise im Bereich der Notarkammer Berlin und im Bereich der Westfälischen Notarkammer, besteht die Möglichkeit einer Fortbildung zum Notarfachwirt. Zugelassen werden – jedenfalls im Grundsatz – fachkundige Mitarbeiter mit wenigstens dreijähriger einschlägiger Berufserfahrung.

Weitere Einzelheiten sind den jeweiligen Prüfungsordnungen zu entnehmen, etwa der Prüfungsordnung der Notarkammer Berlin für die Durchführung der Fortbildungsprüfung zum Notarfachwirt vom 15. April 2009 oder der Prüfungsordnung der Westfälischen Notarkammer für die Fortbildung zum Geprüften Notarfachwirt vom 12. September 2008.

➣ **Bachelorstudiengang**

Die Bundesnotarkammer bietet in Kooperation mit der SRH Hochschule Heidelberg für Mitarbeiter im Notariat erstmalig zum 1. Oktober 2024 einen Bachelorstudiengang mit dem Titel „Recht im Notariat (LL.B.)" an.

Das Studium steht nicht nur Mitarbeitern mit allgemeiner Hochschulreife oder Fachhochschulreife offen. Es können auch Mitarbeiter mit einer abgeschlossenen Ausbildung zum Notarfachangestellten zum Bachelorstudiengang zugelassen werden, wenn sie nach ihrer Ausbildung wenigstens drei Jahre als Notarfachangestellte gearbeitet oder wenn sie in ausreichendem Maße an Fortbildungsveranstaltungen teilgenommen haben.

Das auf sechs Semester konzipierte Studium setzt sich aus Präsenzveranstaltungen und online-Veranstaltungen zusammen. Durch diese Kombination soll den Mitarbeitern ermöglicht werden, das Studium parallel zur Tätigkeit in einem Notarbüro zu absolvieren.

Die Kurse werden sowohl von Hochschulprofessoren als auch von Notaren und Notarassessoren geleitet.

2. Sonstige Mitarbeiter

Neben den fachkundigen Mitarbeitern trifft man in nahezu allen Notarbüros auf sonstige Mitarbeiter. Diese können juristische Mitarbeiter (mit erstem juristischen Staatsexamen) oder sogar volljuristische Mitarbeiter (mit erstem und zweitem juristischen Staatsexamen) sein.

Es existieren auch sonstige Mitarbeiter mit einer anderen Ausbildung als einer mit notarspezifischen oder juristischen Inhalten. Die Buchhaltung und das Mahnwesen werden nicht selten von Angestellten mit einer kaufmännischen Ausbildung besorgt. Entsprechendes gilt für die Führung der Anderkonten oder der Urkundenrolle bzw. des elektronischen Urkundenverzeichnisses.

→ Elektronisches Urkundenverzeichnis S. 177

Je länger ein nicht-fachkundiger Mitarbeiter im Notariatsdienst arbeitet, je mehr notarspezifische Fertigkeiten vermag er sich anzueignen. Deswegen trifft man auch auf nicht-fachkundige Mitarbeiter, die mit notarspezifischen fachlichen Aufgaben betraut sind, zum Beispiel mit Unterschriftsbeglaubigungen ohne, aber auch mit Entwurf, beispielsweise mit Vereinsregister- oder Handelsregisteranmeldungen.

Schließlich kann man in Notariaten auch ungelernte Kräfte antreffen, beispielsweise die Putzkraft, den Mitarbeiter am Empfang oder am Telefon, den Mitarbeiter für die Botengänge oder für die Bewirtung von Klienten.

3. Bürovorsteher

Wer in einem Notariat mit Bürovorsteher arbeitet, der mag sich wundern, dass bislang von dieser Person, oftmals dem fachkundigsten aller Mitarbeiter, noch nicht die Rede gewesen ist.

Das hat aber seinen Grund. In das gewählte Schema „fachkundig/nicht-fachkundig" fügt sich der Bürovorsteher nämlich nicht ein. Meistens wird er in besonderem Maße fachkundig sein; zwingend ist das aber nicht. Es steht nirgendwo geschrieben, dass ein Notariat einen Bürovorsteher haben muss und dass dieser über eine bestimmte Qualifikation zu verfügen hat. Es ist allein dem Bestimmungsrecht des Notars überlassen, ob er einen Bürovorsteher in seinem Büro beschäftigen möchte und über welche Qualifikation dieser verfügen soll.

Im Normalfall handelt es sich bei dem Bürovorsteher um einen fachlich versierten, erfahrenen Mitarbeiter. Häufig hat er die Fortbildungsprogramme seiner örtlichen Notarkammer erfolgreich durchlaufen, manchmal ist er Volljurist. Was zum Aufgabenbereich des Bürovorstehers gehört, ist dem Bestimmungsrecht des Notars überlassen. Klassischerweise hat der Bürovorsteher eine Doppelfunktion. Einerseits ist er wegen seiner fachlichen Qualitäten für besonders komplizierte Vertragsentwürfe oder Abwicklungen zuständig, und natürlich ist er Ratgeber für die anderen Mitarbeiter. Andererseits ist der Bürovorsteher häufig auch für die bürointerne Organisation zuständig. Der Bürovorsteher verteilt die Arbeit, optimiert Arbeitsabläufe, legt Zuständigkeiten bei der Sachbearbeitung fest und hält über alles seine ordnende Hand.

III. Besondere Personen

Die besonderen Personen, von denen jetzt die Rede sein soll, sind keine Mitarbeiter des Notars. Sie werden aber dessen ungeachtet in besonderen Funktionen im Notariat tätig. Die Rede ist von

- Notarassessoren (Ziffer 1),
- Notarvertretern (Ziffern 2),
- Notariatsverwaltern (Ziffer 3) und
- Angestellten der Notarkassen in Bayern und in den neuen Bundesländern (Ziffer 4).

1. Notarassessoren

Notarassessoren gibt es ausschließlich im Bereich des Nur-Notariats. Man bezeichnet sie auch als Notaranwärter.

Notarassessoren sind zwar keine Beamten, sie befinden sich aber in einem öffentlich-rechtlichen Dienstverhältnis zu dem Bundesland, in dem sie ihren Dienst versehen (§ 7 Absatz 4 BNotO). Ihr Gehalt, das übrigens der Besoldung von Amtsrichtern entspricht, beziehen die Notarassessoren von der örtlichen Notarkammer, der sie angehören. Die örtliche Notarkammer, nicht etwa der Notar, bei dem die Notarassessoren beschäftigt sind, nehmen die Funktion des Arbeitgebers wahr.

Jeder Notarassessor wird von seiner Notarkammer einem Notar zur Ausbildung zugewiesen. Diese Ausbildung soll insgesamt wenigstens drei Jahre andauern. Im Idealfall wechselt der Notarassessor nach den ersten zwei Ausbildungsjahren zu einem anderen Ausbildungsnotar. Die Anwärterzeit dauert in der Praxis oftmals länger. Den „Notarassessor auf Lebenszeit" gibt es allerdings nicht. Früher oder später wird jeder Notarassessor zum Notar ernannt. Mit der Ernennung endet auch das öffentlich-rechtliche Dienstverhältnis zum Bundesland.

2. Notarvertreter

Ist der Notar krank oder im Urlaub oder ist er aus sonstigen Gründen an der Ausübung seines Amtes verhindert, dann kann dem Notar auf seinen Antrag ein Notarvertreter bestellt werden (§ 39 Absatz 1 BNotO). Notarvertreter kann jeder sein, der Volljurist ist, also das erste und das zweite juristische Staatsexamen erfolgreich bestanden hat. Ein volljuristischer Mitarbeiter des Notars darf aber nicht Notarvertreter sein.

§ 39 Absatz 1 BNotO

Notare vertreten sich teilweise gegenseitig. Das ist selbstverständlich in der Notarsozietät, aber auch bei Einzelnotaren verbreitet. Häufig werden auch Rechtsanwälte oder andere Juristen, zum Beispiel pensionierte Richter oder der im Ruhestand befindliche Amtsvorgänger des vertretenen Notars, zu Vertretern bestellt. Im Bereich des Nur-Notariats sind häufig Notarassessoren Notarvertreter.

Der Notarvertreter muss vom Landgerichtspräsidenten, der für den Amtssitz des Notars örtlich zuständig ist, zum Notarvertreter bestellt werden. Erst durch diesen formalen Bestellungsakt wird dem Notarvertreter Amtsgewalt verliehen (§ 40 Absatz 1 BNotO). Dabei wird der Beginn der Vertreterbestellung und das Ende auf den Kalendertag genau festgelegt.

In begründeten Ausnahmefällen ist es nicht erforderlich, eine taggenaue Bestellung zum Notarvertreter vorzunehmen. Der Notarvertreter kann in diesen Ausnahmefällen für einen bestimmten Zeitraum pauschal als Vertreter bestellt werden für alle Fälle der Verhinderung des vertretenen Notars. Dieser spezielle Typ des Notarvertreters wird deswegen auch „ständiger Vertreter" genannt (§ 39 Absatz 1 Satz 2 BNotO).

§ 39 Absatz 1 Satz 2 BNotO

Einen ständigen Vertreter bekommen die Notare, die in besonderer Funktion für die Bundesnotarkammer oder eine örtliche Notarkammer tätig sind, zum Beispiel der jeweilige Präsident einer örtlichen Notarkammer. Ständiger Vertreter ist regelmäßig auch der Notar für den Sozius, mit dem er eine Sozietät bildet.

3. Notariatsverwalter

Während der Notarvertreter nach dem Gesetzeswortlaut „dem Notar bestellt wird" (§ 39 Absatz 1 Satz 1 BNotO), wird der Notariatsverwalter „anstelle des Notars bestellt" (§ 56 Absatz 1 BNotO). Was soll dieser kleine Unterschied besagen?

§ 56 Absatz 1 BNotO

Der Notarvertreter wird bestellt, wenn der Notar für einen absehbaren Zeitraum, der in der Regel zwei bis drei Wochen nicht übersteigt, verhindert ist. Ist der Notar dauerhaft an der Amtsausübung gehindert, weil er aus dem Amt ausgeschieden ist oder weil er seinen Amtssitz verlegt hat (§ 56 Absatz 1 Satz 1 BNotO), dann muss ein Amtsnachfolger gefunden werden. Das dafür einzuleitende Stellenbesetzungsverfahren kann mehrere Wochen, häufig mehrere Monate andauern. Es bedarf dann unter Umständen eines Notariatsverwalters, der die Stelle kommissarisch verwaltet. Im Bereich des Nur-Notariats wird mit der Notariatsverwaltung stets ein Notarassessor betraut.

Der Notariatsverwalter schließt mit den Angestellten des ausgeschiedenen Notars neue Arbeitsverträge ab. Das wirtschaftliche Risiko der ganzen Unternehmung trägt die örtliche Notarkammer. Ihr stehen die Einnahmen zu, sie trägt die Verluste. Der Notariatsverwalter ist der Notarkammer gegenüber zur Rechnungslegung verpflichtet.

4. Angestellte der Notarkassen in Bayern und in den neuen Bundesländern

In der Bundesrepublik Deutschland gibt es zwei Notarkassen, nämlich die Bayerische Notarkasse in München, die zuständig ist für den Freistaat Bayern und für den Bezirk des Pfälzischen Oberlandesgerichts Zweibrücken, und die Ländernotarkasse in Leipzig, die zuständig ist für die neuen Bundesländer mit Ausnahme von Berlin.

Beiden Notarkassen ist gemeinsam, dass es auch zu ihren Aufgaben gehört, fachkundige Mitarbeiter zu beschäftigen, die den Notaren im Tätigkeitsgebiet der Kasse zur Dienstleistung zugewiesen werden.

In den Notariaten, in denen die Notarkassen aktiv sind, gibt es folglich ein Nebeneinander zweier Typen von Beschäftigten. Es gibt die Angestellten des Notars, und es gibt die Mitarbeiter der Notarkassen, die dem Notar zur Mitarbeit zugewiesen sind.

IV. Klienten des Notars

Die Klienten des Notars, auch Mandanten genannt, lassen sich in zwei Gruppen einteilen. Es gibt die Privatklienten und das geschäftliche Klientel.

1. Privatklienten

Privatklienten gibt es in jedem Notarbüro. Viele gehen zweimal in ihrem Leben zum Notar: Sie kaufen ein Eigenheim und machen ihr Testament. Natürlich gibt es auch Privatklienten, die häufiger kommen. Der Unternehmer schließt einen Ehevertrag und überträgt seinen umfangreichen Immobiliengrundbesitz aus steuerlichen Gründen kontinuierlich auf seine Kinder.

2. Geschäftliches Klientel

Zum geschäftlichen Klientel gehören zunächst einmal Wirtschaftsunternehmen. Diese gründen Gesellschaften und führen diverse Gesellschafterversammlungen unter notarieller Mitwirkung durch. Sie übertragen auch Geschäftsanteile, veranlassen Verschmelzungen und führen Handelsregisteranmeldungen durch. Wirtschaftsunternehmen aus der Immobilienbranche kaufen und verkaufen Grundstücke, Eigentumswohnungen und Häuser. Und dafür brauchen sie jedes Mal den Notar. Zum geschäftlichen Klientel kann man schließlich auch Gemeinden und Kirchen zählen.

V. Sonstige Personen

Es verbleibt noch eine letzte Gruppe, die für den Notar von großer Bedeutung sein kann. Es ist die Gruppe der Grundstücksmakler, Steuerberater und Rechtsanwälte. Diese Berufsgruppen beraten Personen, die darauf hin Rechtsgeschäfte abschließen, die der notariellen Form bedürfen. Und wenn die Grundstücksmakler, Steuerberater und Rechtsanwälte mit einem bestimmten Notar gute Erfahrungen gemacht haben, so werden sie ihren Klienten auch empfehlen, die Dienste dieses Notars in Anspruch zu nehmen.

B. Das Amt des Notars

Über das in diesem Kapitel zu behandelnde Amt des Notars gibt vor allem
§ 1 BNotO § 1 BNotO Auskunft.

§ 1 BNotO lautet:

- Als unabhängiger (Ziffer IV)
- Träger eines öffentlichen Amtes (Ziffer III)
- werden für die Beurkundung von Rechtsvorgängen und andere Aufgaben (Ziffer II)
- auf dem Gebiet der vorsorgenden Rechtspflege in den Ländern (Ziffer I)

Notare bestellt.

I. Tätigkeit „auf dem Gebiet der vorsorgenden Rechtspflege"

Unter vorsorgender Rechtspflege versteht man – allgemein gesprochen – alle Aufgaben, die der **Sicherung und Erleichterung des Rechtsverkehrs** dienen, also im Wesentlichen das Beurkundungs- und das Registerwesen.

Die **Standesbeamten** gehören neben den Notaren der vorsorgenden Rechtspflege an. Sie führen Personenstandsurkunden, wie beispielsweise Abstammungsurkunden, Heiratsurkunden und Sterbeurkunden.

Vor allem aber zählen die Registergerichte, **bestimmte Abteilungen der Amtsgerichte**, zur vorsorgenden Rechtspflege, insbesondere

- das Grundbuchamt,
- das Vereinsregister,
- das Genossenschaftsregister,
- das Handels-, das Gesellschaftsregister und
- das Insolvenzgericht.

Der Sicherung und Erleichterung des Rechtsverkehrs, folglich der vorsorgenden Rechtspflege, dienen ferner andere Abteilungen des Amtsgerichts, insbesondere

- das Nachlassgericht, welches unter anderem die in bestimmten Fällen zum Nachweis des Erbrechts erforderlichen Erbscheine erteilt sowie
- das Familiengericht und das Betreuungsgericht, welche in bestimmten Situationen unter anderem in Bezug auf Minderjährige eine Vormundschaft und in Bezug auf hilflose volljährige Personen eine Betreuung anordnen,

auch wenn in den letztgenannten Abteilungen des Amtsgerichts keine Register geführt werden.

Die Registergerichte, das Nachlassgericht, das Familiengericht und das Betreuungsgericht inklusive die sie kontrollierenden höheren Gerichtsinstanzen nennt man auch Gerichte der freiwilligen Gerichtsbarkeit.

Der Begriff „freiwillige Gerichtsbarkeit" grenzt die genannten Gerichte von der „streitigen Gerichtsbarkeit" ab. In der streitigen Gerichtsbarkeit wird – wie der Name bereits nahelegt – gestritten. Es stehen sich Kläger und Beklagter mit konträren Zielen gegenüber. Und das gerichtliche Verfahren endet entweder mit einem Obsiegen des Klägers oder mit der Abweisung seiner Klage. In der freiwilligen Gerichtsbarkeit – man hätte sie besser „nicht streitige Gerichtsbarkeit" nennen sollen – gibt es keine konträren Ziele, und es gibt dementsprechend auch keine „Gewinner" und „Verlierer". Die Beteiligten verfolgen hier gleichgerichtete Interessen. So sind sich beispielsweise die Parteien eines Grundstückskaufvertrages im Verfahren vor dem Grundbuchamt darüber einig, dass der Verkäufer als Grundstückseigentümer im Grundbuch zu löschen und dass an seiner Stelle der Käufer einzutragen ist.

Vorsorgende Rechtspflege			
Notar	**Standes-beamter**	**Freiwillige Gerichtsbarkeit**	
		Bestimmte Abteilungen der Amtsgerichte	
		Registergerichte ✓ Grundbuchamt ✓ Handelsregister ✓ usw.	**Sontige Abteilungen** ✓ Nachlassgericht ✓ Familiengericht ✓ usw.
		Höhere Gerichtsinstanzen	

II. Beurkundung von Rechtsvorgängen und andere Aufgaben

1. Beurkundung von Rechtsvorgängen

Der Notar ist in erster Linie zuständig für die Beurkundung von Rechtsvorgängen. Nach der Systematik des Beurkundungsgesetzes versteht man unter Rechtsvorgängen

- die Abgabe von Willenserklärungen (§§ 6 ff. BeurkG),
- die Abgabe von anderen Erklärungen als Willenserklärungen (§§ 36 ff. BeurkG) sowie
- sonstige Tatsachen und Vorgänge(§§ 36 ff. BeurkG).

Anwendungsbeispiele für die Beurkundung von Willenserklärungen

Die Beurkundung von Willenserklärungen liegt vor bei der Beurkundung von Verträgen, die nach dem Bürgerlichen Gesetzbuch (BGB) der notariellen Form bedürfen. Dieses gilt beispielsweise für den Grundstückskaufvertrag (§ 311 b Absatz 1 Satz 1 BGB), für den Vertrag über die Regelung der güterrechtlichen Verhältnisse, kurz „Ehevertrag" genannt (§ 1410 BGB in Verbindung mit § 1408 Absatz 1 BGB), und für den Erbvertrag (§ 2276 Absatz 1 Satz 1 BGB).

Anwendungsbeispiel für die Beurkundung von anderen Erklärungen als Willenserklärungen

Andere Erklärungen als Willenserklärungen sind vor allem die Erklärungen von Gesellschaftern, die anlässlich einer Gesellschafterversammlung abgegeben werden.

Anwendungsbeispiele für die Beurkundung sonstiger Tatsachen und Vorgänge

Eine Beurkundung von sonstigen Tatsachen und Vorgängen liegt beispielsweise vor, wenn der Notar nach der Begehung einer Wohnung ein Protokoll über die vorgefundenen Gegenstände erstellt.

Auch die Beglaubigung von Unterschriften und von Abschriften unterfällt dem Begriff der Beurkundung sonstiger Tatsachen und Vorgänge.

2. Andere Aufgaben

Zu den anderen Aufgaben des Notars, die ihm neben der Beurkundungstätigkeit übertragen sind, zählen vor allem

- die rechtliche Beratung (§ 24 BNotO),
- die Verwahrung von Wertgegenständen und Geld (§ 23 BNotO),
- das Anfertigen von Entwürfen ohne Beurkundungsauftrag (§ 24 BNotO).

Anwendungsbeispiel zur Verwahrung von Wertgegenständen

Die Erbengemeinschaft bittet den Notar, einen zum Nachlass gehörenden wertvollen Ring für sie aufzubewahren, bis man sich über seine Verwertung geeinigt hat.

Anwendungsbeispiel zum Anfertigen von Entwürfen ohne Beurkundungsauftrag

Der Notar wird mit der Ausarbeitung eines Mietvertrages über ein Grundstück beauftragt. Eine notarielle Beurkundung des Vertrages wird nicht gewünscht. Es geht den Beteiligten ausschließlich um die Ausarbeitung des Vertragstextes.

Mit den beschriebenen „anderen Aufgaben" wird der Notar selten isoliert betraut. Sie treten hingegen regelmäßig im Zusammenhang mit einer Beurkundungstätigkeit auf.

Anwendungsbeispiel zur Wahrnehmung „anderer Aufgaben" anlässlich einer Beurkundung

Der Notar erhält den Auftrag zur Beurkundung eines Grundstückskaufvertrages. Während der Anfertigung des Entwurfs **berät** er die Beteiligten in rechtlicher Hinsicht. Nach der Beurkundung zahlt der Käufer zu gegebener Zeit den Kaufpreis, und zwar – wegen besonderer Umstände ausnahmsweise – auf ein Notaranderkonto. Der Notar **verwahrt das Geld** eine Zeit lang auf seinem Notaranderkonto und zahlt es dann an den Verkäufer aus.

III. Träger eines öffentlichen Amtes

Der Notar ist Träger eines öffentlichen Amtes. Gleichzeitig ist er Angehöriger eines freien Berufes. Diese Kombination dürfte unter den juristischen Berufen einmalig sein. Sie dürfte auch über den Kreis der juristischen Berufe hinaus höchst selten anzutreffen sein.

1. Notar als Amtsträger

Der Notar ist gemäß § 1 BNotO Träger eines öffentlichen Amtes, er ist Amtsträger. Diese Feststellung mag überraschen, denn vieles, was nach allgemeiner Vorstellung für einen Amtsträger selbstverständlich, geradezu typisch ist, findet man beim Notar nicht vor.

➢ Keine Ausübung von Amtsgewalt

Mit dem Begriff „Amtsträger" verbindet man vor allem die Ausübung von Amtsgewalt. Der Richter ist beispielsweise Amtsträger. Er kann eine Person im Zivilprozess zur Zahlung von Schadenersatz und im Strafprozess sogar zu einer Gefängnisstrafe verurteilen. Dieses geschieht ganz unabhängig vom Einverständnis der Prozesspartei. Der Richter ist befugt, eine autoritäre Entscheidung zu fällen. Er übt Amtsgewalt aus.

Auch der Polizist ist Amtsträger. Er kann bei der Aufklärung von Verbrechen auch gegen den Willen der Betroffenen Zeugen befragen und sogar Verdächtige festnehmen. Und bei der Überwachung des Straßenverkehrs kann der Polizist Fahrzeuge anhalten und Wagenpapiere kontrollieren – auch dabei kommt es nicht darauf an, ob die Verkehrsteilnehmer mit den angeordneten Maßnahmen einverstanden sind.

Der Notar ist zwar auch Amtsträger. Die Ausübung von Amtsgewalt wie sie Richtern, Polizisten und den meisten anderen Amtsträgern zusteht, ist dem Notar aber nicht gestattet. Der Notar kann nicht gegen den Willen der Urkundsbeteiligten handeln. Diese können jederzeit – ohne dass es dafür eines besonderen Grundes bedarf – auf die weitere Mitwirkung des Notars verzichten.

➢ Keine staatlich garantierten Bezüge

Der Notar unterscheidet sich noch in einer weiteren Hinsicht von den genannten Amtsträgern: Richter und Polizisten erhalten staatlich garantierte Bezüge, und zwar unabhängig vom tatsächlichen monatlichen Arbeitsanfall. Der Notar erhält keine staatlich garantierten Bezüge. Der Notar lebt vielmehr von den Einkünften, die er durch seine notarielle Tätigkeit erzielt.

Merke:

Der Notar ist Amtsträger. Die Ausübung von Amtsgewalt ist dem Notar aber nicht gestattet. Der Notar hat auch keinen Anspruch auf staatlich garantierte Bezüge. Vielmehr lebt er von den Einkünften, die er durch seine notarielle Tätigkeit erzielt.

2. Notar als Freiberufler

Der Notar ist aber nicht nur Amtsträger. Gleichzeitig gehört er der Gruppe der freien Berufe an. Zur Gruppe der freien Berufe gehören grundsätzlich alle Tätigkeiten, die eine besondere berufliche Qualifikation voraussetzen und die persönliche, eigenverantwortliche und fachlich unabhängige Erbringung von Dienstleistungen höherer Art zum Gegenstand haben.

Die freien Berufe grenzen sich insbesondere von den gewerblich geprägten Tätigkeiten ab. Zur Gruppe der freien Berufe gehören neben den Notaren insbesondere Ärzte, Architekten, Journalisten, Steuerberater und Rechtsanwälte.

3. Grund für die Amtsträger-Eigenschaft des Notars

Da der Notar keine Amtsgewalt ausüben kann und auch keinen Anspruch auf staatlich garantierte Bezüge hat, steht er dem äußeren Erscheinungsbild nach den freien Berufen näher als den Amtsträgern.

Es drängt sich die Frage auf, warum der Gesetzgeber dem Notar überhaupt die Amtsträger-Eigenschaft verliehen hat anstatt ihn konsequent einzugliedern in die Gruppe der freien Berufe wie dieses beispielweise mit den Rechtsanwälten geschehen ist.

Für den Gesetzgeber ist die **vorsorgende Rechtspflege** im Kern eine **staatliche Aufgabe**. Der Staat hat für seine Bürger nicht nur eine Gerichtsorganisation zu schaffen, die der Beilegung von Streitigkeiten und der Wahrung und Durchsetzung von Rechten dient. Der Staat hat für seine Bürger auch Stellen einzurichten, die bei der Ausgestaltung und Abwicklung von Urkunden behilflich sind.

Merke:

Die vorsorgende Rechtspflege ist Teil der staatlichen Daseinsvorsorge.

Der Gesetzgeber hätte diese für die Ausgestaltung und Abwicklung von Urkunden zuständige Stelle auch in die bestehende Gerichtsorganisation eingliedern können. In Baden-Württemberg ist dieses bis zur Auflösung der Amtsnotariate in weitreichendem Maße geschehen; in den anderen Bundesländern nicht. Dort erschien es dem Gesetzgeber sachgerechter, die Aufgabe der Ausgestaltung und Abwicklung von Urkunden, die sich von der sonstigen gerichtlichen Tätigkeit zum Teil erheblich unterscheidet, auf besondere Stellen außerhalb der bestehenden Gerichtsorganisation auszugliedern.

Da die vorsorgende Rechtspflege eine staatliche Aufgabe ist, sollte sie aber auch nicht privatisiert werden. Das aber wäre geschehen, wenn man die Notare als „ganz normale" Freiberufler, wie etwa den Rechtsanwalt, behandeln würde. Die Amtsträger-Eigenschaft darf nicht etwa missverstanden werden als gesetzgeberische Wohltat für die Notare, auch wenn sie sich in einzelnen Aspekten für die Notare vorteilhaft auswirkt.

Anwendungsbeispiel für die Vorteilhaftigkeit der Amtsträger-Eigenschaft

Wird eine notarielle Kostenrechnung nicht bezahlt, so wird der Notar eine vollstreckbare Ausfertigung seiner eigenen Kostenrechnung herstellen. Diese ist Vollstreckungstitel. Sie kann dann vom Gerichtsvollzieher oder von anderen Vollstreckungsorganen zwangsweise beim säumigen Kostenschuldner beigetrieben werden.

Rechtsanwälte, aber auch alle anderen normalen Freiberufler, haben ein solches Privileg nicht. Wird eine Kostenrechnung nicht bezahlt, so müssen sich diese Personen unter Einschaltung der staatlichen Gerichte zunächst einmal einen Vollstreckungstitel beschaffen – entweder ein Gerichtsurteil oder einen Vollstreckungsbescheid.

Der eigentliche Grund für die Amtsträger-Eigenschaft ist vielmehr, die Notare stärker in den staatlichen Verwaltungsapparat einzugliedern. Amtsträger sind nämlich in weitreichendem Maße **Amtspflichten** unterworfen. Ähnlich weitreichende Pflichten könnten den Notaren, wenn sie „ganz normale" Freiberufler wären, nicht auferlegt werden.

Anwendungsbeispiele zu den Amtspflichten des Notars

Den Notar trifft die **Amtspflicht zur Amtsausübung**. Das bedeutet, dass der Notar seine Beurkundungstätigkeit nicht grundlos versagen darf. Er dürfte beispielsweise nicht die Beurkundung eines Erbscheinsantrages ablehnen, weil der damit verbundene Arbeitsaufwand außer Verhältnis zu den Beurkundungsgebühren steht. Der Rechtsanwalt, der nicht Amtsträger ist und den somit auch nicht die Amtspflicht zur Amtsausübung trifft, ist demgegenüber frei in seiner Entscheidung, ob er ein kleines, wirtschaftlich uninteressantes Mandat übernimmt oder nicht.

Der Notar ist verpflichtet, seine Leistungen streng nach den Bestimmungen des GNotKG abzurechnen. Er darf weder nach unten noch nach oben abweichen. Der Rechtsanwalt rechnet seine Dienste nicht nach dem GNotKG, sondern nach dem Rechtsanwaltsvergütungsgesetz ab. Dieses gestattet – anders als das GNotKG – grundsätzlich **Vergütungsvereinbarungen**. Der Rechtsanwalt ist deswegen auch nicht daran gehindert, die Übernahme eines kleinen, wirtschaftlich uninteressanten Mandats davon abhängig zu machen, dass der Auftraggeber ihm eine höhere als die gesetzlich vorgesehene Vergütung zahlt. *(Fortsetzung nächste Seite)*

Dass die Amtspflichten nicht nur auf dem Papier stehen, sondern vom Notar auch beachtet werden, darüber wacht die **staatliche Aufsicht**, vor allem der für den jeweiligen Notar zuständige Präsident des Landgerichts. Eine vergleichbar strenge und weitreichende Aufsicht ist für die Angehörigen der freien Berufe nicht vorgesehen.

Merke:
Der Notar ist Träger eines öffentlichen Amtes. Gleichzeitig ist er Angehöriger eines freien Berufes.

IV. Unabhängigkeit

Schließlich ist § 1 BNotO zu entnehmen, dass der Notar unabhängig ist. Die Unabhängigkeit des Notars konkretisiert sich in dreifacher Hinsicht, und zwar als Unabhängigkeit

- gegenüber dem Staat (Ziffer 1)
- gegenüber seinen Mitarbeitern (Ziffer 2)
- gegenüber seinen Klienten (Ziffer 3).

1. Unabhängigkeit gegenüber dem Staat

Der Notar ist zunächst einmal unabhängig gegenüber dem Staat, wobei man zwischen sachlicher und persönlicher Unabhängigkeit unterscheiden kann.

➢ **Sachliche Unabhängigkeit**

Unabhängigkeit gegenüber dem Staat bedeutet nicht, dass der Notar sein Amt nach eigenem Gutdünken ausüben darf und tun und lassen kann, was ihm beliebt. Natürlich ist der Notar bei der Ausübung seines Amtes an das Gesetz gebunden. Und dass der Notar die Gesetze beachtet, darüber wachen als staatliche Aufsicht die Aufsichtsbehörden.

→ Aufsichtsbehörden S. 51

Die staatliche Aufsicht ist eine reine Rechtsaufsicht, keine über die Beachtung der Gesetze hinausgehende Fachaufsicht. Sofern der Notar die geltenden Gesetze beachtet, soll ihm keine staatliche Stelle vorschreiben können, wie er sein Amt auszuüben und seine Urkunden zu gestalten hat. Unabhängigkeit gegenüber dem Staat bedeutet vor allem Freiheit von staatlichen Weisungen. Das unterscheidet den Notar grundlegend vom Beamten. Der Beamte unterliegt den Weisungen seines Dienstvorgesetzten. Der Dienstvorgesetzte kann dem Beamten vorschreiben, wie dieser in einer bestimmten Angelegenheit zu entscheiden hat. Auf einen eigenen Ermessensspielraum kann sich der Beamte gegenüber seinem Dienstvorgesetzten nicht berufen. Der Notar ist – wie gesagt – vergleichbaren fachlichen

Weisungen nicht ausgesetzt. Eine dem Notar vergleichbare Unabhängigkeit gegenüber dem Staat genießt nur der Richter. Auch diesem kann niemand – auch nicht der Dienstvorgesetzte – den Inhalt seiner Urteile vorschreiben.

Die Freiheit von staatlichen Weisungen nennt man auch sachliche Unabhängigkeit.

Merke:

Sachliche Unabhängigkeit ist die Freiheit von staatlichen Weisungen.

➢ **Persönliche Unabhängigkeit**

Die Freiheit von staatlichen Weisungen, die sachliche Unabhängigkeit gegenüber dem Staat, könnte ohne gleichzeitige Gewährung einer persönlichen Unabhängigkeit des Notars nicht erreicht werden.

Persönliche Unabhängigkeit bedeutet vor allem Ämterstabilität. Der Nur-Notar wird auf Lebenszeit (§ 3 Absatz 1 BNotO), der Anwaltsnotar wird für die Dauer **§ 3 BNotO** seiner Zugehörigkeit zur zuständigen Rechtsanwaltskammer (§ 3 Absatz 2 BNotO) zum Notar bestellt. Der Notar kann gegen seinen Willen nicht versetzt werden (Ausnahme: § 10 Absatz 1 Satz 3 BNotO). Das Amt des Notars erlischt ausschließlich in den gesetzlich geregelten Fällen (§ 47 BNotO), insbesondere **§ 47 BNotO**

- mit Erreichen der Altersgrenze (= Ende des Monats, in dem der Notar das siebzigste Lebensjahr vollendet)
- durch Amtsverlust infolge strafgerichtlicher Verurteilung
- durch Amtsenthebung
- durch Entfernung aus dem Amt durch disziplinargerichtliches Urteil.

Die persönliche Unabhängigkeit, die Ämterstabilität, ist kein Selbstzweck; sie dient der Absicherung der sachlichen Unabhängigkeit. Die sachliche Unabhängigkeit wäre gefährdet, wenn das Amt des Notars nicht im beschriebenen Sinne stabil, sondern wenn es jederzeit frei widerruflich wäre oder wenn es nach Ablauf einer festen Laufzeit, beispielsweise einem Jahr, durch staatlichen Bestätigungsakt verlängert werden müsste. Ohne Ämterstabilität könnte der Notar staatlicherseits unter Druck gesetzt werden, (unzulässigen) staatlichen Weisungen bei der Wahrnehmung seiner Amtsgeschäfte nachzukommen. Man könnte ihm drohen, dass er anderenfalls sein Amt verlieren würde.

Merke:

Persönliche Unabhängigkeit bedeutet vor allem Ämterstabilität. Die persönliche Unabhängigkeit ist kein Selbstzweck; sie dient der Absicherung der sachlichen Unabhängigkeit.

2. Unabhängigkeit gegenüber seinen Mitarbeitern

Der Notar ist nicht nur unabhängig gegenüber dem Staat, er ist auch seinen Mitarbeitern gegenüber unabhängig. Den Notar trifft die Amtspflicht zur persönlichen Amtsausübung.

Merke:

Die Unabhängigkeit des Notars gegenüber seinen Mitarbeitern folgt aus der Amtspflicht zur persönlichen Amtsausübung.

Persönliche Amtsausübung bedeutet zweierlei: Zum einen darf kein Zweifel daran entstehen, dass alle Tätigkeiten der Mitarbeiter vom Notar selbst verantwortet werden.

Fallbeispiel 1 zur persönlichen Amtsausübung

Dem Notar ist das Vereinsrecht zuwider. Glücklicherweise verfügt er über einen kompetenten Mitarbeiter, Herrn Franke, der sich sehr für das Vereinsrecht interessiert. Sämtliche vereinsrechtliche Akten werden ausschließlich von Herrn Franke bearbeitet. Der Notar unterschreibt „blind" und weigert sich auch, sich mit auftauchenden vereinsrechtlichen Problemen zu befassen. Ist die Unabhängigkeit des Notars gegenüber seinen Mitarbeitern in Frage gestellt?

Fall-Lösung: Ja. Es darf kein Zweifel daran entstehen, dass alle Tätigkeiten der Mitarbeiter vom Notar selbst verantwortet werden. Der Notar darf sich nicht aus einem Rechtsgebiet ganz verabschieden und sämtliche dort anfallende Arbeit ohne jede Kontrolle an einen Mitarbeiter delegieren. Der Notar ist zur persönlichen Amtsausübung verpflichtet.

Persönliche Amtsausübung bedeutet außerdem, dass der Notar die Beschäftigungsverhältnisse zu seinen Mitarbeitern so zu gestalten hat, dass es zu keiner Beeinträchtigung oder Gefährdung der persönlichen Amtsausübung kommt.

Fallbeispiel 2 zur persönlichen Amtsausübung

Als der Notar knapp bei Kasse ist, bietet er seinem Bürovorsteher eine stille Beteiligung an seinem Notarbüro an. Gegen Zahlung von € 100.000,00 soll der Bürovorsteher Anspruch auf 10% des jährlichen Gewinns haben. Außerdem soll dem Bürovorsteher Mitspracherecht darüber zustehen, mit welchen Unternehmen geschäftliche Beziehungen aufgebaut werden sollen. Ist die Unabhängigkeit des Notars gegenüber seinen Mitarbeitern in Frage gestellt?

Fall-Lösung: Ja. Der Notar alleine muss entscheiden können, mit welchen Personen geschäftliche Beziehungen unterhalten werden. Das Mitspracherecht des Bürovorstehers bei dieser Frage ist mit der Amtspflicht zur persönlichen Amtsausübung unvereinbar. Selbst wenn sich der Notar das Recht vorbehält, den Bürovorsteher zu überstimmen, besteht stets die Gefahr, dass der Bürovorsteher den Versuch unternimmt, unter Hinweis auf seine Kapitalbeteiligung und sein Mitspracherecht Einfluss auf die eigenverantwortlich vom Notar zu treffenden Entscheidungen zu nehmen. Der Bürovorsteher könnte möglicherweise durchsetzen, dass unter Außerachtlassung notarieller Amtspflichten mit einem unseriösen Bauträger geschäftliche Kontakte aufgenommen werden, weil das Mandat lukrative Beurkundungsgebühren verspricht.

3. Unabhängigkeit gegenüber seinen Klienten

Der Notar ist schließlich auch unabhängig gegenüber seinen Klienten. Das bedeutet, der Notar darf nicht in eine wie auch immer geartete Abhängigkeit zu seinen Klienten geraten. Er muss sich die für die Ausübung seines Amtes notwendige Distanz zu allen Urkundsbeteiligten bewahren. Die Unabhängigkeit gegenüber den Klienten erscheint als Grundvoraussetzung für die ordnungsgemäße Erfüllung einer der bedeutendsten Amtspflichten des Notars überhaupt, der Amtspflicht zur Unparteilichkeit.

§ 3 Beurkundungsgesetz (im Folgenden kurz „BeurkG" genannt) erlegt dem Notar Mitwirkungsverbote auf, wenn eigene Angelegenheiten des Notars oder Angelegenheiten ihm nahestehender Personen, seines Ehegatten oder naher Verwandter, Gegenstand der Beurkundung sind. Durch diese Mitwirkungsverbote soll dem Risiko einer **emotionalen Abhängigkeit** gegenüber Urkundsbeteiligten vorgebeugt werden. Besteht eine emotionale Abhängigkeit gegenüber Urkundsbeteiligten, die von den Fallgruppen des § 3 BeurkG nicht erfasst werden, beispielsweise gegenüber engen Freunden, so kann sich der Notar der Ausübung des Amtes wegen Befangenheit enthalten (§ 16 Absatz 2 BNotO).

§ 3 BeurkG

§ 16 Absatz 2 BNotO

Da der Notar keine staatlich garantierten Bezüge erhält, sondern seinen Lebensunterhalt mit den Gebühreneinnahmen aus seiner Amtstätigkeit bestreitet, ist er in besonderem Maße daran interessiert, dass seine Klienten ihm auch in Zukunft erhalten bleiben. Dass in diesem Sinne eine gewisse **wirtschaftliche Abhängigkeit gegenüber den Klienten** besteht, ist systembedingt und wird hingenommen. Der Gesetzgeber wirkt dem Risiko einer wirtschaftlichen Abhängigkeit des Notars gegenüber seinen Klienten vor allem durch Begrenzung der Zahl der Notarstellen entgegen. Gemäß § 4 Satz 1 BNotO werden nur so viele Notare bestellt, wie es den Erfordernissen einer geordneten Rechtspflege entspricht. Einen Verdrängungswettbewerb unter Notaren, einen Kampf um Marktanteile und daraus resultierende wirtschaftliche Abhängigkeiten gegenüber Klienten sollen durch Begrenzung der Zahl der Notarstellen vermieden werden.

§ 4 Satz 1 BNotO

Andererseits lässt sich nicht leugnen, dass zu besonders guten Klienten, Bauträgern oder größeren Unternehmen, besondere wirtschaftliche Abhängigkeiten entstehen können. Solche Konstellationen stellen dann ganz besondere Anforderungen an die Integrität der betroffenen Notare bei der ordnungsgemäßen Erfüllung ihrer Amtspflichten, insbesondere ihrer Amtspflicht zur Unparteilichkeit.

C. Die Amtspflichten des Notars

I. Überblick

Jede dem Notar bei der Ausübung seines Amtes obliegende Pflicht ist eine Amtspflicht. Es gibt Amtspflichten, denen eine ganz grundlegende Bedeutung beizumessen ist, wie beispielsweise der Pflicht des Notars zur Unparteilichkeit. Und es gibt Amtspflichten mit eher technischem Charakter, die sich darauf beschränken, einzelne Aspekte der Amtsführung verbindlich „durchzunormieren", statt sie dem Ermessen des Notars zu überlassen. Dieses gilt beispielsweise für die in § 44 Satz 1 BeurkG angeordnete Pflicht, eine aus mehreren Blättern bestehende Urschrift mit Schnur und Prägesiegel zu verbinden.

Amtspflichten ergeben sich zunächst **aus dem Gesetz**, beispielsweise der BNotO und dem BeurkG. Aber auch andere Gesetze können Amtspflichten enthalten, beispielsweise die Grundbuchordnung und das Gesetz über das Verfahren in Familiensachen und in Angelegenheiten der freiwilligen Gerichtsbarkeit (kurz „FamFG" genannt).

Amtspflichten befinden sich auch in untergesetzlichen Normen, insbesondere **in Dienstanweisungen** – wie beispielsweise der Dienstordnung für Notarinnen und Notare (kurz „DONot" genannt) – und **in Richtlinien der örtlichen Notarkammern**. Besondere Bedeutung gebührt in diesem Zusammenhang einer Richtlinienempfehlung der Bundesnotarkammer vom 29. Januar 1999 betreffend die Amtspflichten und sonstigen Pflichten der Mitglieder der Notarkammer, der sich die meisten örtlichen Notarkammern nahezu inhaltsgleich angeschlossen haben (vergleiche beispielsweise Richtlinien für die Amtspflichten und sonstigen Pflichten der Mitglieder der Rheinischen Notarkammer vom 17. Februar 2000).

Schließlich existieren auch ungeschriebene Amtspflichten **kraft Gewohnheitsrechts**.

Es ist unmöglich, die genaue Zahl existierender Amtspflichten zu nennen. Es werden aber sicher einige hundert sein. Und durch die **Rechtsprechung** kommen immer wieder neue dazu, wenn ein Gericht im Rahmen eines Amtshaftungsprozesses feststellt, dass sich der Notar in einem konkreten Fall falsch, also amtspflichtwidrig verhalten hat.

§ 14 BNotO

Der Inhalt einzelner wichtiger Amtspflichten ist unter nachfolgender Ziffer II näher dargestellt. Die Grundnorm für alle Amtspflichten ist allerdings § 14 BNotO. Dort wird ein programmatischer Überblick über den Gesamtinhalt der bestehenden Amtspflichten gegeben. Man könnte auch sagen: § 14 BNotO steckt den äußeren Rahmen der Amtspflichten ab und definiert die Leitlinien.

Merke:

Die Grundnorm für alle Amtspflichten ist § 14 BNotO. Dort wird der äußere Rahmen der Amtspflichten abgesteckt, und es werden die Leitlinien definiert.

Gemäß § 14 BNotO gilt:

- Der Notar führt sein Amt unabhängig und unparteiisch (Absatz 1),
- im Einklang mit den Gesetzen und mit den Geboten von Treu und Glauben (Absatz 2)
- und würdevoll in Übereinstimmung mit den allgemein anerkannten Berufspflichten/ Amtspflichten (Absatz 3).

II. Inhalt einzelner Amtspflichten

Zu den wichtigsten dem Notar obliegenden Amtspflichten gehören

- die Pflicht zur Wahrung der örtlichen Zuständigkeiten (Ziffer 1)
- die Pflicht zur Amtsbereitschaft (Ziffer 2)
- die Pflicht zur Amtsausübung (Ziffer 3)
- die Pflicht zur Unparteilichkeit (Ziffer 4)
- die Verschwiegenheitspflicht (Ziffer 5).

Die vorgenannten Amtspflichten sollen im Folgenden näher erläutert werden. Außerdem treffen den Notar sehr weitreichende Prüfungs- und Belehrungspflichten. Umfang und Inhalt der Prüfungs- und Belehrungspflichten werden im Teil 2 bei Darstellung des Beurkundungsrechts näher erläutert.

1. Wahrung der örtlichen Zuständigkeiten

a) Grundbegriffe

Die Erörterung der Amtspflicht zur Wahrung der örtlichen Zuständigkeiten setzt zunächst voraus, dass man sich mit einigen grundlegenden Begriffen vertraut macht, und zwar mit den Begriffen

- **Amtssitz:** Gemäß § 10 Absatz 1 Satz 1 BNotO wird dem Notar ein bestimmter Ort als Amtssitz zugewiesen. Amtssitz ist in der Regel eine bestimmte (politische) Gemeinde. Der Notar hat an dem Amtssitz seine Geschäftsstelle zu halten, § 10 Absatz 2 Satz 1 BNotO. **§ 10 Absatz 1 Satz 1 BNotO**
- **Amtsbereich:** Unter dem Amtsbereich versteht man den Bezirk des Amtsgerichts, in dem der Notar seinen Amtssitz hat, § 10 a Absatz 1 Satz 1 BNotO. **§ 10 a Absatz 1 Satz 1 BNotO**
- **Amtsbezirk:** Unter dem Amtsbezirk versteht man den Oberlandesgerichtsbezirk, in dem der Notar seinen Amtssitz hat, § 11 Absatz 1 BNotO. **§ 11 Absatz 1 BNotO**

Fallbeispiel zu den Begriffen Amtssitz, Amtsbereich und Amtsbezirk

Notar Neu wurde vor kurzem zum Notar in Bergneustadt ernannt. Bergneustadt liegt im Oberbergischen Kreis. Örtlich zuständig sind das Amtsgericht Gummersbach, das Landgericht Köln und das Oberlandesgericht Köln. Bestimmen Sie den Amtssitz, den Amtsbereich und den Amtsbezirk des Notars Neu. *(Fortsetzung nächste Seite)*

Fall-Lösung: Notar Neu hat seinen Amtssitz in (der politischen Gemeinde) Bergneustadt. Amtsbereich ist der Bezirk des Amtsgerichts Gummersbach, Amtsbezirk ist der Bezirk des Oberlandesgerichts Köln. Dass der Notar seine Geschäftsstelle etwa in der Südstraße oder in der Nordstraße in Bergneustadt unterhalten muss, schreibt ihm das Gesetz nicht vor. Er kann innerhalb seines Amtssitzes auch beliebig umziehen.

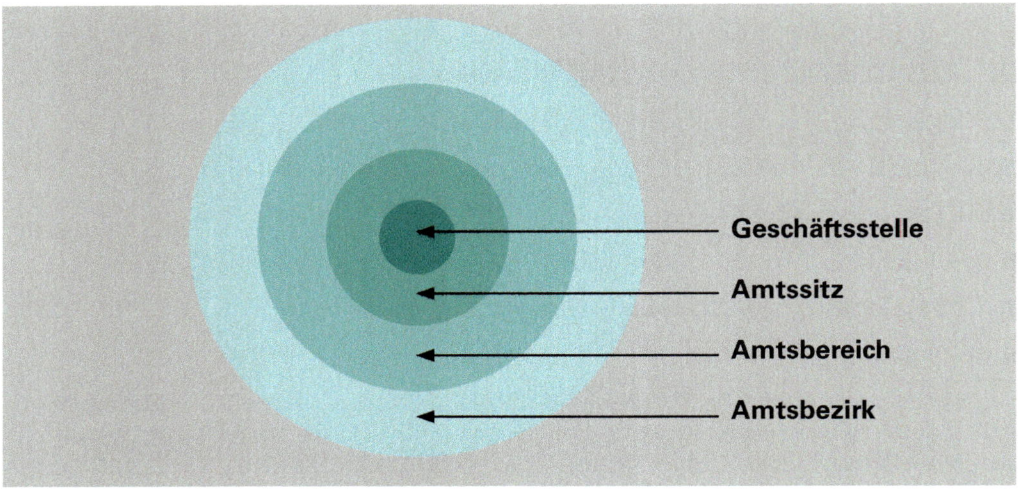

b) Grundsatz: Amtsausübung in der Geschäftsstelle

Der Notar soll sein Amt grundsätzlich in seiner Geschäftsstelle ausüben. Dem Regelfall entspricht es, dass die Klienten zum Notar kommen, nicht dass der Notar zu den Klienten kommt.

c) Ausnahme 1: Amtsausübung außerhalb der Geschäftsstelle, aber innerhalb des Amtssitzes/Amtsausübung außerhalb des Amtssitzes, aber innerhalb des Amtsbereichs

Der Notar darf sein Amt außerhalb der Geschäftsstelle ausüben, wenn **sachliche Gründe** vorliegen (Ziffer IX.2 der Richtlinienempfehlung der Bundesnotarkammer vom 29. Januar 1999 betreffend die Amtspflichten und sonstigen Pflichten der Mitglieder der Notarkammer). Amtsausübung außerhalb der Geschäftsstelle kann sowohl vorliegen bei einer Amtsausübung innerhalb des Amtssitzes als auch bei einer Amtsausübung außerhalb des Amtssitzes, aber innerhalb des Amtsbereichs.

Fallbeispiel 1 zur Amtsausübung außerhalb der Geschäftsstelle

Notar Neu beurkundet einen Grundstückskaufvertrag in einem in Bergneustadt gelegenen Seniorenpflegeheim, weil ein Vertragsbeteiligter nicht mehr laufen kann. Zulässig? **Fall-Lösung:** Ja. Die Bewegungsunfähigkeit des Vertragsbeteiligten ist ein sachlicher Grund für eine Auswärtsbeurkundung.

Eine Amtstätigkeit außerhalb der Geschäftsstelle ist insbesondere dann unzulässig, wenn dadurch der Anschein der Abhängigkeit oder der Parteilichkeit entsteht (Ziffer IX.3 der Richtlinienempfehlung der Bundesnotarkammer vom 29. Januar 1999 betreffend die Amtspflichten und sonstigen Pflichten der Mitglieder der Notarkammer).

Fallbeispiel 2 zur Amtsausübung außerhalb der Geschäftsstelle

Die Chemie AG ist der größte Arbeitgeber im Oberbergischen Kreis. Notar Neu erscheint jeden Dienstag Morgen in der Vorstandsetage und beglaubigt dort diverse Unterschriften der Vorstandsmitglieder. Die Chemie AG bat um den festen Auswärtstermin am Dienstag Morgen, weil die Zeit der stark beschäftigten Vorstandsmitglieder zu wertvoll ist für die Anreise zum Notar. Zulässig?
Fall-Lösung: Die Zulässigkeit eines festen Auswärtstermins erscheint durchaus fraglich. Ziffer IX.3 der Richtlinienempfehlung der Bundesnotarkammer vom 29. Januar 1999 betreffend die Amtspflichten und sonstigen Pflichten der Mitglieder der Notarkammer verbietet Auswärtsbeurkundungen schon dann, wenn *der Anschein* der Abhängigkeit oder der Parteilichkeit entsteht. Das liegt nicht fern, wenn der Notar im Hause eines Klienten „ein- und ausgeht". Dass die Vorstandsmitglieder wenig Zeit haben, ist kein Argument, denn auch die Zeit des Notars ist kostbar.

d) Ausnahme 2: Urkundstätigkeit außerhalb des Amtsbereiches, aber innerhalb des Amtsbezirks

Urkundstätigkeit außerhalb des Amtsbereichs (aber innerhalb des Amtsbezirks) ist dem Notar nur gestattet, wenn es **besondere berechtigte Interessen der Rechtssuchenden** gebieten. Gemäß Ziffer IX.1 der Richtlinienempfehlung der Bundesnotarkammer vom 29. Januar 1999 betreffend die Amtspflichten und sonstigen Pflichten der Mitglieder der Notarkammer liegen besondere berechtigte Interessen insbesondere dann vor, wenn

- **Gefahr im Verzug** ist
- der Notar auf Erfordern einen Urkundsentwurf gefertigt hat und sich danach **aus unvorhersehbaren Gründen** ergibt, dass die Beurkundung außerhalb des Amtsbereichs erfolgen muss
- der Notar eine nach **§ 21 GNotKG** zu behandelnde Urkundstätigkeit vornimmt. Das bedeutet: Dem Notar ist bei einer früheren Beurkundung ein Fehler unterlaufen. Wegen dieser „unrichtigen Sachbehandlung" muss er nunmehr zur Korrektur des Fehlers ohne Erhebung von Kosten eine weitere Beurkundung vornehmen. Würde man dem Notar in diesen Fällen die Beurkundung außerhalb des Amtsbereichs verbieten, würde man den Beteiligten unter Umständen die Möglichkeit einer kostenfreien Nachbeurkundung nehmen
- in Einzelfällen eine **besondere Vertrauensbeziehung** zwischen Notar und Beteiligten, deren Bedeutung durch die Art der vorzunehmenden Amtstätigkeit unterstrichen werden muss, dies rechtfertigt und es den Beteiligten unzumutbar ist, den Notar in seiner Geschäftsstelle aufzusuchen.

Fallbeispiel 1 zur Urkundstätigkeit außerhalb des Amtsbereiches

Notar Neu aus Bergneustadt hat für Herrn Schulte ein Testament entworfen. Die Beurkundung verzögert sich. Herr Schulte, der aus gesundheitlichen Gründen nicht zum Notar kommen kann, zieht zu seiner Tochter, die außerhalb des Amtsbereichs des Notars Neu wohnt. Darf Notar Neu im Hause der Tochter des Herrn Schulte – also außerhalb seines Amtsbereichs – das Testament beurkunden? **Fall-Lösung:** Ja, denn Notar Neu hat auf Erfordern einen Urkundsentwurf gefertigt und danach hat sich aus unvorhersehbaren Gründen ergeben, dass die Beurkundung außerhalb des Amtsbereichs erfolgen muss (Ziffer IX.1 der Richtlinienempfehlung der Bundesnotarkammer vom 29. Januar 1999 betreffend die Amtspflichten und sonstigen Pflichten der Mitglieder der Notarkammer).

Fallbeispiel 2 zur Urkundstätigkeit außerhalb des Amtsbereiches

Notar Alt aus Bergneustadt wird von Frau Weber gebeten, ihr Testament zu entwerfen. Frau Weber kennt Notar Alt seit vielen Jahren und vertraut ihm „blind". Notar Alt kennt auch die recht komplizierten Familienverhältnisse der Frau Weber ganz genau und ihre zahlreichen Unternehmensbeteiligungen. Frau Weber ist der Überzeugung, nur Notar Alt könne ihr Testament fachgerecht entwerfen. Notar Alt würde den Entwurf gerne aufsetzen, hat allerdings Zweifel, ob er tätig werden darf, weil Frau Weber außerhalb seines Amtsbereichs wohnt und wegen einer schweren Erkrankung auch nicht die Geschäftsstelle des Notars aufsuchen kann. **Fall-Lösung:** Notar Alt darf im vorliegenden Fall außerhalb seines Amtsbereichs beurkunden, denn es besteht eine **besondere Vertrauensbeziehung** zwischen dem Notar und Frau Weber. Die besondere Vertrauensbeziehung wirkt sich auch gerade auf das **konkret zu beurkundende Rechtsgeschäft** aus: Es geht um ein Testament, das nur bei genauer Kenntnis der Verhältnisse der Frau Weber fachgerecht aufgesetzt werden kann. Die Beurkundung eines „normalen" Kaufvertrages außerhalb des Amtsbereichs des Notars könnte die bestehende Vertrauensbeziehung zu Frau Weber wohl nicht rechtfertigen. Frau Weber ist es wegen der Erkrankung auch **unzumutbar**, den Notar in seiner Geschäftsstelle aufzusuchen (Ziffer IX.1 der Richtlinienempfehlung der Bundesnotarkammer vom 29. Januar 1999 betreffend die Amtspflichten und sonstigen Pflichten der Mitglieder der Notarkammer).

Die im Fallbeispiel 1 entscheidenden Überlegungen sind auf diesen Fall nicht anwendbar, denn die örtliche Unzuständigkeit des Notars Alt entstand nicht „aus unvorhersehbaren Gründen" nach Erteilung des Beurkundungsauftrages. Die örtliche Unzuständigkeit des Notars Alt bestand hier vielmehr bereits von Anfang an.

Fallbeispiel 3 zur Urkundstätigkeit außerhalb des Amtsbereiches

Notar Neu möchte neue auswärtige Klienten an sich binden, indem er anbietet, Unterschriften anlässlich eines Hausbesuchs bei Personen außerhalb seines Amtsbereichs entgegenzunehmen, diese in seiner Geschäftsstelle zu beglaubigen und die Unterlagen anschließend auf dem Postwege wieder an die Berechtigten zurückzuschicken. Zulässig? **Fall-Lösung:** Das Vorgehen des Notars Neu ist unzulässig, denn „besondere berechtigte Interessen der Rechtssuchenden" im Sinne der Ziffer IX.1 der Richtlinienempfehlung der Bundesnotarkammer vom 29. Januar 1999 betreffend die Amtspflichten und sonstigen Pflichten der Mitglieder der Notarkammer sind nicht ersichtlich. Ziffer IX.1 der genannten Richtlinienempfehlung ist auf den vorliegenden Sachverhalt auch anwendbar, obwohl der Beglaubigungsvermerk betreffend die Unterschriften nicht außerhalb des Amtsbereichs erstellt wurde, sondern in der Geschäftsstelle des Notars. Unter Urkundstätigkeit versteht man die gesamte Beurkundungs- und Beglaubigungstätigkeit des Notars. Urkundstätigkeit außerhalb des Amtsbereichs liegt bei einem **einheitlichen Geschäft** wie der Beglaubigung einer Unterschrift auch dann vor, wenn nur ein Teil der Urkundstätigkeit außerhalb des Amtsbereichs stattgefunden hat. Das trifft hier auf die Wahrnehmung des Unterzeichnens zu, denn ohne diese Wahrnehmung wäre dem Notar die spätere Erstellung des Beglaubigungsvermerks gar nicht möglich gewesen.

Fallbeispiel 4 zur Urkundstätigkeit außerhalb des Amtsbereiches

Notar Neu möchte neue auswärtige Klienten an sich binden, indem er anbietet, Urkundsaufträge anlässlich eines Hausbesuchs bei Personen außerhalb seines Amtsbereichs entgegenzunehmen und zu besprechen. Nur die Beurkundung selbst soll in der Geschäftsstelle von Notar Neu stattfinden. Zulässig? **Fall-Lösung:** Ziffer IX.1 der Richtlinienempfehlung der Bundesnotarkammer vom 29. Januar 1999 betreffend die Amtspflichten und sonstigen Pflichten der Mitglieder der Notarkammer verbietet das Vorgehen von Notar Neu in diesem Fall nicht, denn der Richtlinientext beschränkt sich auf die *Urkundstätigkeit* des Notars. Die Vorbesprechung eines Urkundsvorhabens und auch die Besprechung eines Urkundenentwurfs ist noch *keine Urkundstätigkeit*. Es handelt sich wie im Fallbeispiel 3 auch nicht um ein einheitliches Geschäft. Notar Neu hilft das wenig. Das in Ziffer IX.2 der Richtlinienempfehlung der Bundesnotarkammer vom 29. Januar 1999 betreffend die Amtspflichten und sonstigen Pflichten der Mitglieder der Notarkammer enthaltene Verbot, Amtsgeschäfte außerhalb der Geschäftsstelle nur bei Vorliegen von sachlichen Gründen vorzunehmen, ist seinem Wortlaut nach nicht auf Urkundstätigkeit beschränkt. Vorbesprechung und Entwurfsbesprechung mögen keine Urkundstätigkeit sein, sie unterfallen aber dem weiteren Begriff der Amtsgeschäfte im Sinne der Ziffer IX.2 der genannten Richtlinienempfehlung. Mangels eines sachlichen Grundes darf Notar Neu die auswärtigen Besprechungen nicht durchführen.

Ob im konkreten Fall besondere berechtigte Interessen der Rechtssuchenden eine Amtsausübung außerhalb des Amtsbereichs rechtfertigen, **prüft der Notar eigenständig**. Eine Amtsausübung außerhalb des Amtsbereichs ist dem für den Notar zuständigen Präsidenten des Landgerichts nachträglich **unverzüglich anzuzeigen**.

e) Ausnahme 3: Urkundstätigkeit außerhalb des Amtsbezirkes

Der Notar darf Urkundstätigkeiten außerhalb seines Amtsbezirkes gemäß § 11 Absatz 2 BNotO nur vornehmen, wenn **§ 11 Absatz 2 BNotO**

- Gefahr im Verzug ist oder
- die Aufsichtsbehörde es genehmigt hat.

Übersicht über die örtliche Zuständigkeit der Notare	
Ort	**Voraussetzungen**
außerhalb der Geschäftsstelle (= postalische Anschrift)	„sachliche Gründe"
außerhalb des Amtssitzes (= politische Gemeinde)	„sachliche Gründe"
außerhalb des Amtsbereichs (=AG-Bezirk)	„besondere berechtigte Interessen der Rechtssuchenden", insbesondere ✓ Gefahr im Verzug ✓ Unvorhersehbare Gründe ✓ Fehler des Notars ✓ Besondere Vertrauensbeziehung
außerhalb des Amtsbezirkes (= OLG-Bezirk)	✓ Gefahr im Verzug ✓ Genehmigung der Aufsichtsbehörde

f) Kein Gebietsschutz zugunsten der Notare

Die Vorschriften zur örtlichen Zuständigkeit werden immer wieder im Sinne eines Gebietsschutzes für den einzelnen Notar missverstanden. Das ist aber falsch. Es ist **keinesfalls** so, dass sich die Klienten an den örtlich zuständigen Notar wenden müssen. Sie haben selbstverständlich die freie Wahl, welchen Notar sie mit der Durchführung eines bestimmten Amtsgeschäfts beauftragen. Es spielt auch keine Rolle, wo der Gegenstand, der Anlass für die Einschaltung eines Notars ist, gelegen ist. Ein Grundstückskaufvertrag über ein Grundstück auf der Nordseeinsel Norderney kann vor einem Notar aus Bayern beurkundet werden. Und ein Vertrag über die Abtretung von GmbH-Anteilen kann von einem Notar in Niedersachsen beurkundet werden, auch wenn sich der Geschäftssitz der GmbH im Bundesland Bayern befindet.

Die Vorschriften über die örtliche Zuständigkeit dienen ausschließlich dem Zweck einer geordneten Rechtspflege. Die Notare sollen sich nicht frei aussuchen können, wo sie sich niederlassen. Die jeweiligen Amtssitze der Notare sollen gleichmäßig verteilt sein, so dass jeder Bürger wenigstens einen Notar in seiner Nähe hat. Ob er diesen dann allerdings aufsucht, das ist – wie bereits gesagt – seine eigene Entscheidung.

Die Vorschriften über die örtliche Zuständigkeit erlegen dem Notar somit zum Zwecke einer geordneten Rechtspflege erhebliche Beschränkungen auf.

g) Keine Residenzpflicht

Die vor vielen Jahren bestehende Residenzpflicht, also die Pflicht des Notars, an seinem Amtssitz zu wohnen, gibt es nicht mehr. Die Residenzpflicht wurde abgeschwächt in eine Pflicht des Notars, seine Wohnung so zu nehmen, dass er in der ordnungsgemäßen Wahrnehmung seiner Amtsgeschäfte nicht beeinträchtigt wird (§ 10 Absatz 2 Satz 2 BNotO).

§ 10 Absatz 2 Satz 2 BNotO

Fallbeispiel zur Residenzpflicht

Der frisch gebackene Notar Neu mit dem Amtssitz in Bergneustadt hat sein Herz verloren an die hübsche Jurastudentin Lea-Sophie aus Köln. Notar Neu verbringt fast jede freie Minute mit ihr. Er ist sogar häufiger in der Wohnung von Lea-Sophie als in seinem eigenen Haus in Bergneustadt anzutreffen. Bergneustadt ist circa 70 Kilometer von Köln entfernt. Verstößt Neus Verhalten gegen seine Amtspflichten? **Fall-Lösung:** Nein. Den Notar trifft die Pflicht, seine Wohnung so zu nehmen, dass er in der ordnungsgemäßen Wahrnehmung seiner Amtsgeschäfte nicht beeinträchtigt wird (§ 10 Absatz 2 Satz 2 BNotO). Die ordnungsgemäße Wahrnehmung der Amtsgeschäfte wäre nicht einmal beeinträchtigt, wenn Notar Neu seinen Wohnsitz in Bergneustadt aufgibt und zu Lea-Sophie nach Köln zieht. Die Strecke Köln – Bergneustadt ist in überschaubarer Zeit zu fahren. Eine Residenzpflicht gibt es nicht.

h) Wirksamkeit von Beurkundungen bei örtlicher Unzuständigkeit

Ein **Verstoß gegen** die Vorschriften über die **örtliche Zuständigkeit** führt **nicht zur Unwirksamkeit der Beurkundung**. Ausdrücklich angeordnet ist die Wirksamkeit der Beurkundung zwar nur für die amtspflichtwidrige Beurkundung außerhalb des Amtsbezirks und sogar für die amtspflichtwidrige Beurkundung in einem anderen Bundesland als dem Bundesland des Notars (§ 11 Absatz 3 BNotO). Wenn die Beurkundung aber selbst in den Fällen dieser gravierenden Amtspflichtverletzungen wirksam ist, muss dieses erst recht für die weniger gravierenden Fälle der amtspflichtwidrigen Beurkundung außerhalb der Geschäftsstelle und außerhalb des Amtsbereichs gelten. **§ 11 Absatz 3 BNotO**

Die Beurkundung eines deutschen Notars **außerhalb des Gebietes der Bundesrepublik Deutschland** hingegen ist **nichtig**. Denn der Notar bekommt seine Hoheitsbefugnisse vom deutschen Staat verliehen; er kann sie deswegen auch nur auf deutschem Staatsgebiet ausüben.

Fallbeispiel 1 zur Wirksamkeit einer Auswärtsbeurkundung

Notar Baum hat seinen Amtssitz in Heinsberg im Bundesland Nordrhein-Westfalen, nahe der niederländischen Staatsgrenze. Während eines Urlaubsaufenthalts in Bayern bittet ihn ein Bekannter, an Ort und Stelle ein notarielles Testament für ihn aufzusetzen. Ist die Beurkundung wirksam? **Fall-Lösung:** Ja. Gemäß § 11 Absatz 3 BNotO ist die Beurkundung des Notars selbst dann wirksam, wenn sie außerhalb des Bundeslandes erfolgt, in dem er als Notar bestellt ist. Gleichzeitig kann man feststellen, dass Notar Baum gegen seine Amtspflichten verstoßen hat. Denn die Beurkundung außerhalb seines Amtsbezirkes (= OLG-Bezirk) wäre ihm nur bei Gefahr im Verzug oder nach Genehmigung durch die Aufsichtsbehörde gestattet. Beides lag laut Sachverhalt nicht vor.

Fallbeispiel 2 zur Wirksamkeit einer Auswärtsbeurkundung

Nach seiner Rückkehr aus dem Urlaub wird Notar Baum mit Amtssitz in Heinsberg im Bundesland Nordrhein-Westfalen ins Haus eines guten Klienten gebeten. Das Haus des Klienten befindet sich in Grenznähe auf niederländischem Staatsgebiet. Notar Baum soll ein Testament für den im Sterben liegenden Klienten beurkunden. Ist die Beurkundung wirksam? *(Fortsetzung nächste Seite)*

Fall-Lösung: Nein. Beurkundungen eines deutschen Notars außerhalb des Staatsgebietes der Bundesrepublik Deutschland sind unwirksam. Dass der Klient im Sterben lag und deswegen „Gefahr im Verzug" gegeben war, ändert nichts an der Unwirksamkeit der Beurkundung.

2. Amtspflicht zur Amtsbereitschaft

Der Notar ist verpflichtet, das Notaramt effektiv auszuüben. Er kann sich nicht darauf beschränken, sich mit dem Titel des Notars zu schmücken und ganz andere berufliche Ziele zu verfolgen. Den Notar trifft die Amtspflicht zur Amtsbereitschaft.

Fallbeispiel zur Amtspflicht zur Amtsbereitschaft

Notar Braun wurde zum Notar auf Lebenszeit bestellt. Er bietet aber gar keine notariellen Dienstleistungen mehr an. Er betreibt ausschließlich eine Vermögensberatung. Der Titel „Notar" ist ihm dabei ganz besonders nützlich, denn viele seiner Klienten halten Herrn Braun gerade wegen dieses Titels für besonders seriös und kompetent. Verstößt Herr Braun gegen seine Amtspflichten?
Fall-Lösung: Herr Braun verstößt jedenfalls auch gegen seine Amtspflicht zur Amtsbereitschaft. Der Notar muss das Notaramt effektiv ausüben, wie man § 10 Absatz 3 BNotO entnehmen kann. Dort ist angeordnet, dass der Notar während der üblichen Geschäftsstunden seine Geschäftsstelle offen halten muss. Gegen diese Amtspflicht zur Amtsbereitschaft verstößt Herr Braun, denn er hält keine Geschäftsstelle im Sinne der BNotO offen, sondern allenfalls eine Vermögensberatung.

Ist der Notar an der Ausübung seines Amtes gehindert, beispielsweise wegen einer Erkrankung oder wegen einer Urlaubsabwesenheit, so ist gemäß § 38 BNotO wie folgt zu unterscheiden:

➢ **Abwesenheit von maximal einer Woche**

Bei einer Abwesenheit, die den Zeitraum einer Woche nicht übersteigt, muss der Notar grundsätzlich **nichts veranlassen**. Er handelt nicht amtspflichtwidrig, wenn er sich einfach entfernt.

Der Notar *kann* aber bei der Aufsichtsbehörde – in den meisten Bundesländern dem Präsidenten des Landgerichts – beantragen, dass ihm für die Dauer der Verhinderung ein Notarvertreter bestellt wird (§ 39 Absatz 1 Satz 1 BNotO).

§ 39 Absatz 1 Satz 1 BNotO

Der Notar *kann*, wenn er einen Antrag auf Bestellung eines Notarvertreters nicht stellt, seine Akten einschließlich der Verzeichnisse und Bücher einem anderen Notar oder dem für ihn zuständigen Amtsgericht in Verwahrung geben (§ 45 Absatz 1 BNotO). Von dieser Möglichkeit wird in der Praxis – soweit bekannt – kein Gebrauch gemacht. Eilfälle, in denen ein Urkundsbeteiligter – ohne die Rückkehr des Notars abwarten zu können – dringend eine beglaubigte Abschrift oder eine Ausfertigung einer beim Notar verwahrten Urschrift benötigt, dürften sehr selten vorkommen. Und wenn sich ein solcher Fall einmal ereignet, ist im Notfall die

§ 45 Absatz 1 BNotO

Notarkammer, in deren Bezirk der Notar seinen Amtssitz hat, befugt, die Akten des Notars in Verwahrung zu nehmen und die beantragte Amtshandlung vorzunehmen (§ 45 Absatz 3 BNotO). **§ 45 Absatz 3 BNotO**

Anwendungsbeispiel

Ein Verkaufsbevollmächtigter benötigt dringend eine Ausfertigung der beim Notar verwahrten Urschrift einer Verkaufsvollmacht. Diese muss er bei einem kurz bevorstehenden Beurkundungstermin vorlegen.

➢ Abwesenheit von maximal einem Monat

Bei einer Abwesenheit, die den Zeitraum einer Woche, aber nicht den Zeitraum eines Monats übersteigt, ist der Notar verpflichtet, seine Abwesenheit der Aufsichtsbehörde **unverzüglich anzuzeigen**. Ist eine geordnete Rechtspflege durch die Abwesenheit des Notars nicht gewährleistet, so kann die Aufsichtsbehörde geeignete Maßnahmen, insbesondere die Bestellung eines Notarvertreters, anordnen.

➢ Abwesenheit von mehr als einem Monat

Bei einer Abwesenheit, die den Zeitraum eines Monats übersteigt, ist der Notar verpflichtet, zuvor die **Genehmigung der Aufsichtsbehörde einzuholen**. Die Genehmigung kann verweigert werden, wenn eine geordnete Rechtspflege durch die Abwesenheit des Notars nicht gewährleistet ist. Als milderes Mittel könnte die Genehmigung auch von Auflagen – insbesondere einer Vertreterbestellung oder der Anordnung zur Aktenverwahrung durch einen anderen Notar – abhängig gemacht werden.

Eine Abwesenheit von mehr als zwei Monaten ohne aufsichtsbehördliche Genehmigung kann Anlass sein für eine vorläufige Amtsenthebung des Notars (§ 54 Absatz 1 Nr. 3 BNotO). **§ 54 Absatz 1 Nr. 3 BNotO**

Fallbeispiel zur Abwesenheit des Notars

Notar Neu aus Bergneustadt und seine Lebensgefährtin Lea-Sophie planen eine Urlaubsreise. Notar Neu würde gern für fünf Tage an die niederländische Nordseeküste auf einen Campingplatz fahren. Lea-Sophie findet das spießig. Sie bevorzugt eine dreimonatige Rucksack-Tour durch Australien. Als Kompromiss denken beide schließlich noch darüber nach, für drei Wochen nach Mallorca zu fliegen. Notar Neu fragt sich nun, ob er die Aufsichtsbehörde, den Präsidenten des Landgerichts Köln, in seine Urlaubsplanungen einweihen muss.

Fall-Lösung: Die fünftägige Abwesenheit während des Urlaubs in den Niederlanden muss der Aufsichtsbehörde weder angezeigt noch von ihr genehmigt werden. Die dreiwöchige Abwesenheit auf Mallorca muss angezeigt, aber nicht genehmigt werden. Die dreimonatige Abwesenheit während des Australien-Aufenthalts muss genehmigt werden. Anderenfalls droht sogar eine vorläufige Amtsenthebung.

3. Amtspflicht zur Amtsausübung

§ 15 Absatz 1 Satz 1 BNotO

Gemäß § 15 Absatz 1 Satz 1 BNotO darf der Notar seine Urkundstätigkeit nicht ohne ausreichenden Grund verweigern. Diese Amtspflicht zur Amtsausübung beschränkt sich folglich inhaltlich auf die Urkundstätigkeit. Andere notarielle Tätigkeiten, beispielsweise die Verwahrung von Wertgegenständen oder die von einer Beurkundung losgelöste Beratungs- oder Entwurfstätigkeit, darf der Notar verweigern.

Die Amtspflicht zur Amtsausübung hat ihre Rechtfertigung darin, dass bestimmte Rechtsgeschäfte der notariellen Beurkundung bedürfen. Könnte der Notar die Beurkundung verweigern, wären die Betroffenen an der Durchführung des beabsichtigten Rechtsgeschäfts dauerhaft verhindert. Das wäre ein unzumutbarer Eingriff in die Vertragsfreiheit und in die Handlungsfreiheit der betroffenen Personen.

Die Urkundstätigkeit verweigern *darf* der Notar nur dann, wenn ein ausreichender Grund vorliegt. Als ausreichender Grund sind insbesondere anerkannt:

- Arbeitsüberlastung des Notars, wobei eine solche nicht die gänzliche Ablehnung des Beurkundungsauftrages rechtfertigen kann, sondern lediglich eine verzögerte Bearbeitung der Angelegenheit

→ Befangenheit S. 171

- Befangenheit des Notars (§ 16 Absatz 2 BNotO)
- Kostenvorschuss wird an den Notar nicht gezahlt (§ 15 GNotKG).

Fallbeispiel 1 zur Amtspflicht zur Amtsausübung

Frau Müller unterrichtet Notar Neu vom Ableben ihres Gatten und bittet um Beantragung eines Erbscheins, um die Auszahlung eines Bankguthabens zu erreichen. Im Besprechungstermin stellt sich die Angelegenheit aufgrund unübersichtlicher Familienverhältnisse als außerordentlich kompliziert dar. Notar Neu sieht viel Arbeit und geringe Gebühreneinkünfte auf sich zukommen. Deswegen verweist er Frau Müller ans Nachlassgericht mit der Bemerkung, dort könne der Erbschein ebenfalls beantragt werden. Hat sich Notar Neu gegenüber Frau Müller seinen Amtspflichten gemäß verhalten?

Fall-Lösung: Den Notar trifft im Hinblick auf Urkundstätigkeit die Amtspflicht zur Amtsausübung. Ein ausreichender Grund für die Verweigerung der Urkundstätigkeit ist nicht ersichtlich. Dass das Urkundsgeschäft nicht hinreichend profitabel ist, ist kein ausreichender Grund in diesem Sinne. Dass auch das Nachlassgericht Erbscheinsanträge beurkunden kann, entbindet den Notar nicht von seiner Amtspflicht zur Amtsausübung.

In bestimmten Fällen *muss* der Notar sogar seine Urkundstätigkeit verweigern. Dieses wird insbesondere in den folgenden Fällen relevant:

§ 14 Absatz 2 BNotO

- Urkundsgegenstand verfolgt erkennbar unerlaubte oder unredliche Zwecke (§ 14 Absatz 2 BNotO)

§ 11 Absatz 1 Satz 1 BeurkG

- Fehlende Geschäftsfähigkeit eines Beteiligten (§ 11 Absatz 1 Satz 1 BeurkG)

- Unwirksamkeit oder Undurchführbarkeit der Urkunde aus sonstigen Gründen, zum Beispiel eine zur Wirksamkeit oder zum Vollzug notwendige Genehmigung eines Beteiligten kann nicht beigebracht werden
- Mitwirkungsverbot des Notars gemäß § 3 Absatz 1 BeurkG (Ausschluss aus persönlichen Gründen).

→ Mitwirkungsverbote S. 163

Fallbeispiel 2 zur Amtspflicht zur Amtsausübung

Herr Freitag teilt Notar Neu unverblümt mit, dass er eine ihm gehörende Immobilie für € 250.000,00 an Herrn Montag verkaufen will. Um Herrn Montag einen Teil der Grunderwerbsteuer zu ersparen, würden die Kaufvertragsparteien den Kaufpreis aber gerne um € 100.000,00 niedriger beurkunden als vereinbart. Trifft den Notar die Amtspflicht zur Amtsausübung?

Fall-Lösung: Nein. Herr Freitag verfolgt erkennbar unerlaubte Zwecke, denn die Beurkundung des Kaufvertrages mit einem geringeren als dem vereinbarten Kaufpreis erfüllt den gesetzlichen Straftatbestand der Steuerhinterziehung. Außerdem ist das beurkundete Rechtsgeschäft gemäß § 117 Absatz 1 BGB nichtig („Scheingeschäft").

- Beurkundungsverbote nach Geldwäschegesetz: Das Geldwäschegesetz sieht weitere Beurkundungsverbote vor.
  Ein Beurkundungsverbot besteht insbesondere dann, wenn dem Notar die Eigentums- und Kontrollstruktur einer Immobilien verkaufenden oder kaufenden Gesellschaft nicht ausreichend bekannt ist. Der Notar muss sich demnach vor der Beurkundung Gewissheit verschaffen, wer Eigentümer der Gesellschaft ist und wer ihr Handeln bestimmt beziehungsweise kontrolliert.
  Ferner besteht ein Beurkundungsverbot, wenn eine Immobilien kaufende ausländische Gesellschaft nicht im Transparenzregister oder einem vergleichbaren Register der EU registriert ist. Der Notar muss demnach vor der Beurkundung überprüfen, ob eine solche Registrierung erfolgt ist.
  Die vorgenannten Beurkundungsverbote gelten aber nur in Bezug auf für den beurkundenden Notar „neue" Gesellschaften. Darunter versteht man nur solche Gesellschaften, für die der Notar vor dem 1. Januar 2020 noch nicht tätig geworden ist.

➢ **Exkurs:**

Der Anwendungsbereich des Geldwäschegesetzes ist für Notare bei folgenden Vorgängen eröffnet:

- Kauf und Verkauf von Immobilien einschließlich darauf bezogener Spezialvollmachten und/oder Genehmigungen
- Gesellschaftsrechtliche Urkunden einschließlich darauf bezogener Spezialvollmachten und/oder Genehmigungen
- Verwahrungen von Wertgegenständen

Das Geldwäschegesetz gilt für Notare nicht nur bei der Beurkundung von Niederschriften, sondern – zumindest in Teilen – auch bei Beglaubigungen.

Im Umkehrschluss gilt das Geldwäschegesetz für Notare und für Notarfachangestellte von vorneherein **nicht** bei

- Belastungen (z. B. Grundschuldbestellungen) und Löschungen von Belastungen im Grundbuch,
- familienrechtlichen und erbrechtlichen Vorgängen,
- Vorsorgevollmachten,
- Übertragungsverträgen zur Vorwegnahme der Erbfolge.

4. Pflicht zur Unparteilichkeit

Der Notar ist unparteiischer Betreuer der Beteiligten. Die Amtspflicht zur Unparteilichkeit, die für das Selbstverständnis der Notare prägend ist, ist im Gesetz an zentraler Stelle aufgenommen, nämlich in § 14 Absatz 1 BNotO, der Grundnorm zu den Amtspflichten.

§ 14 Absatz 1 BNotO

Die Unparteilichkeit ist nicht nur bei der Beurkundung zu beachten, sondern bei jeglicher Amtstätigkeit. Der Notar hat insbesondere auch bei der Beratung und der Erstellung von Entwürfen sowie Gutachten auf einseitigen Antrag seine Unparteilichkeit zu wahren (Ziffer I.1.2 der Richtlinienempfehlung der Bundesnotarkammer vom 29. Januar 1999 betreffend die Amtspflichten und sonstigen Pflichten der Mitglieder der Notarkammer).

Was Unparteilichkeit bedeutet, bedarf grundsätzlich keiner weiteren Darstellung. Das nachfolgende Fallbeispiel mag aber veranschaulichen, dass der Notar, der als Freiberufler von seinen Gebühreneinkünften lebt, oftmals in Versuchung gebracht wird, die Pflicht zur Unparteilichkeit zugunsten besonders guter Klienten zu vernachlässigen.

Fallbeispiel zur Unparteilichkeit des Notars

Der wohlhabende Herr Kaiser ist seit gut 50 Jahren treuer Kunde des Notariats, das Notar Neu vor einigen Jahren von seinem Amtsvorgänger übernommen hat. Herr Kaiser braucht für ein attraktives Investment kurzfristig Geld und möchte eine seiner zahlreichen Immobilien verkaufen. Er bittet Notar Neu, bei der Ausgestaltung des Kaufvertrags von der üblichen Regelung der Kaufpreisfälligkeit abzuweichen.

Die Herbeiführung der Kaufpreisfälligkeit würde im Normalfall sechs Wochen in Anspruch nehmen. Notwendig wären die Eintragung einer Eigentumsverschaffungsvormerkung zugunsten des Käufers, die Erklärung der Gemeinde zur Nicht-Ausübung des Vorkaufsrechts und eine gesicherte Lastenfreistellung des Kaufgegenstandes. Diese Zeit hat Herr Kaiser aber nicht. Deswegen sollte im Kaufvertrag klipp und klar geregelt werden: „Der Kaufpreis ist fällig am heutigen Tage."

Sollte Notar Neu aus zwingenden rechtlichen Gründen dem Gestaltungswunsch von Herrn Kaiser nicht entsprechen können, so soll Notar Neu doch wenigstens die Zahlungsfrist nach Zugang der Fälligkeitsmitteilung verkürzen. Diese beträgt gemäß der Standardformulierung des Notars Neu „zehn Werktage nach Zugang der Fälligkeitsmitteilung". Herr Kaiser meint, fünf Werktage müssten genügen.

Darf sich Notar Neu auf die Gestaltungswünsche seines „Premium-Kunden" einlassen?

Fall-Lösung: Einen klaren Verstoß gegen die Amtspflicht zur Unparteilichkeit stellt der erste Gestaltungswunsch des Herrn Kaiser dar. Dem Wunsch, die Kaufpreisfälligkeit dahingehend abzuändern, dass der Kaufpreis sofort fällig ist, darf der Notar nicht ohne weiteres nachkommen. Denn aus der Pflicht zur Unparteilichkeit resultiert die Pflicht, die Vermögensinteressen beider Vertragsparteien möglichst zu schützen. Die notar-übliche Ausgestaltung der Kaufpreisfälligkeit ist für den Käufer sehr wichtig, denn sie garantiert ihm, dass er den Kaufpreis erst dann zahlen muss, wenn sein Eigentumserwerb absolut sicher ist und durch keinen denkbaren Umstand mehr durchkreuzt werden kann. Wenn der Verkäufer dringend Geld benötigt und dem Notar gegenüber einen entsprechenden Gestaltungswunsch äußert, dann gebietet es die notarielle Pflicht zur Unparteilichkeit, die andere Vertragspartei darauf hinzuweisen, dass von der üblichen Gestaltung abgewichen werden soll und vor allem auch welche Risiken damit für den Käufer verbunden sind. Der Notar darf von der üblichen Kaufpreisfälligkeit nur abweichen, wenn sich der Käufer nach einer entsprechenden Belehrung ausdrücklich damit einverstanden erklärt. Das wird, wenn die Belehrung eindeutig ausfällt, selten der Fall sein.

Auch die auf Wunsch des Herrn Kaiser vorgenommene Verkürzung der Zahlungsfrist auf fünf Werktage ist eine einseitige Parteinahme. Es mag Notariate geben, die standardmäßig eine Zahlungsfrist von fünf Werktagen vorsehen. Eine solche Frist könnte dem Käufer grundsätzlich zugemutet werden. Notar Neu aber muss sich hier die Frage gefallen lassen, warum er in üblichen Fällen zehn Werktage nach Zugang der Fälligkeitsmitteilung für eine angemessene Zahlungsfrist hält und warum er im Falle des Herrn Kaiser von dieser Überzeugung abrückt.

5. Amtspflicht zur Verschwiegenheit

Die Amtspflicht zur Verschwiegenheit bezieht sich auf alles, was dem Notar bei Ausübung seines Amtes bekannt geworden ist (§ 18 Absatz 1 Satz 2 BNotO). Schon die Tatsache, dass eine bestimmte Person einen Notartermin vereinbart hat, ist eine Tatsache, die der Verschwiegenheitspflicht unterfällt! **§ 18 Absatz 1 Satz 2 BNotO**

Von der Verschwiegenheitspflicht ausgenommen sind

- offenkundige Tatsachen und
- bedeutungslose Tatsachen („Tatsachen, die ihrer Bedeutung nach keiner Geheimhaltung bedürfen").

Die Pflicht zur Verschwiegenheit entfällt, wenn die Beteiligten Befreiung hiervon erteilt haben; für einen verstorbenen Beteiligten erteilt nicht etwa der Erbe, sondern die Aufsichtsbehörde des Notars die Befreiung (§ 18 Absatz 2 BNotO).

Fallbeispiel 1 zur Amtspflicht zur Verschwiegenheit

Eheleute Huber haben drei Kinder, Alois, Berti und Christian. Sie haben Alois ein Grundstück übertragen und im Übertragungsvertrag vereinbart, dass dieser an Berti, der am Vertrag nicht beteiligt war, € 50.000,00 als Abfindung zu zahlen habe. Christian wurde überhaupt nicht im Vertrag berücksichtigt, denn damals waren die Eheleute Huber und Christian stark zerstritten. *(Fortsetzung nächste Seite)*

Nachdem sie ihren Streit beigelegt haben, bitten die Eheleute Huber den Notar, ihrem Sohn Christian ein Vertragsexemplar zu übersenden. Der Notar verweist auf seine Pflicht zur Verschwiegenheit und verlangt vor Vertragsübersendung an Christian eine Einverständniserklärung von Alois und Berti – zu Recht?

Fall-Lösung: Ja. Dass ein Übertragungsvertrag abgeschlossen wurde und welchen Inhalt er hat, ist eine Tatsache, die der notariellen Verschwiegenheit unterliegt. Gemäß § 18 Absatz 2 BNotO entfällt die Pflicht zur Verschwiegenheit, wenn die Beteiligten Befreiung hiervon erteilt haben. „Beteiligt" ist ohne jeden Zweifel Alois, denn dieser hat als Vertragspartei den Übertragungsvertrag mit unterzeichnet. Er ist im formellen Sinn beteiligt. Aber auch Berti ist „beteiligt", obwohl er am Übertragungsvertrag nicht als Vertragspartei mitgewirkt hat, also nicht formell beteiligt war. Ihm wurde im Vertrag eine Abfindung in Höhe von € 50.000,00 zugesprochen. Insoweit lag ein Vertrag zugunsten Dritter vor. Da Berti durch den Vertrag begünstigt wurde, ist er im materiellen Sinn beteiligt. Die Amtspflicht zur Verschwiegenheit entfällt erst dann, wenn alle formell und materiell Beteiligten Befreiung von der Pflicht zur Verschwiegenheit erklärt haben.

Fallbeispiel 2 zur Amtspflicht zur Verschwiegenheit

Herr Maier hat im Notariat einen Kaufvertrag berkundet. Nach einem plötzlichen Schlaganfall ist Herr Maier stark pflegebedürftig. Der amtlich bestellte Betreuer des Herrn Maier, der insbesondere für Vermögensangelegenheiten bestellt ist, bittet um Auskunft, ob der Kaufpreis bereits fällig gestellt wurde. In den Unterlagen des Herrn Maier konnte er hierzu nichts finden.

Fall-Lösung: Die Auskunftserteilung könnte die Amtspflicht zur Verschwiegenheit verletzen. Auskunft wird hier allerdings nicht von einem Außenstehenden begehrt, sondern vom amtlich bestellten Betreuer des Herrn Maier. Der amtlich bestellte Betreuer hat zumindest dann einen Auskunftsanspruch, wenn er diese Auskunft zur Erfüllung seiner Aufgaben als Betreuer benötigt. Dies dürfte hier der Fall sein, da der Betreuer zur Besorgung der Vermögensangelegenheiten des Betreuten verpflichtet ist. Somit ist dem Betreuer die gewünschte Auskunft zu erteilen.

[Abwandlung] Nunmehr verlangt nicht der Betreuer des Herrn Maier Auskunft, sondern sein Sohn. Darf der Notar dem Sohn des Herrn Maier Auskunft erteilen?

Fall-Lösung: Nein. Der Sohn ist nicht gesetzlicher Vertreter. Er ist trotz der engen familiären Beziehung als außenstehende Person anzusehen. Auskunft über die von Herrn Maier beurkundeten Vorgänge darf nur und ausschließlich mit Einverständnis des Herrn Maier erteilt werden.

[Abwandlung] Darf dem Sohn des Herrn Maier Auskunft erteilt werden, wenn Herr Maier verstorben ist und sich der Sohn als Erbe des Herrn Maier ausweisen kann?

Fall-Lösung: Nein. Für einen verstorbenen Beteiligten erteilt nicht etwa der Erbe, sondern die Aufsichtsbehörde Befreiung von der Verschwiegenheitspflicht. Dem Sohn darf auch dann keine Auskunft erteilt werden, wenn er sich als Erbe seines Vaters ausweist.

Die Amtspflicht zur Verschwiegenheit strahlt auch ab auf die Mitarbeiter des Notars. Der Notar hat seine Mitarbeiter nämlich förmlich zu verpflichten (§ 26 BNotO). Zu diesem Zweck lässt er sie eine **Verpflichtungserklärung** unterzeichnen. **§ 26 BNotO**

Anwendungsbeispiel zum Zweck der Verpflichtungserklärung

Verstößt der Notar gegen seine Amtspflicht zur Verschwiegenheit, indem er ein Geheimnis offenbart, so macht er sich strafbar nach § 203 Absatz 1 Nr. 3 Strafgesetzbuch (StGB). Er kann mit Freiheitsstrafe bis zu einem Jahr oder mit Geldstrafe bestraft werden. Verrät ein Mitarbeiter des Notars ein Geheimnis, wird er nicht nach § 203 Absatz 1 Nr. 3 StGB bestraft, denn die Vorschrift erfasst nur die Notare selbst, nicht die Mitarbeiter. Sind sie aber förmlich verpflichtet oder – wie das Gesetz (§ 203 Absatz 2 Satz 1 Nr. 2 StGB) sagt – „für den öffentlichen Dienst besonders Verpflichtete", so werden sie genauso bestraft wie der Notar. Wurde bei einem Mitarbeiter die förmliche Verpflichtung nicht durchgeführt, so ist sein Geheimnisverrat nicht strafbar. Dem Mitarbeiter drohen zwar zivilrechtliche Sanktionen, insbesondere die Kündigung seines Arbeitsvertrages und Schadenersatzforderungen. Strafrechtliche Sanktionen hätte er aber nicht zu fürchten – weil nämlich der Geheimnisverrat durch Personen, die nicht besonders verpflichtet worden, nicht unter Strafe gestellt ist.

D. Verletzung von Amtspflichten

Die Verletzung von Amtspflichten kann die folgenden Konsequenzen auslösen:

- strafrechtliche Sanktionen (Ziffer I)
- zivilrechtliche Schadenersatzansprüche (Ziffer II)
- aufsichtsbehördliche Maßnahmen und Disziplinarmaßnahmen (Ziffer III)

I. Strafrechtliche Sanktionen

Die Verletzung von Amtspflichten kann zu strafrechtlichen Sanktionen führen, wenn das Fehlverhalten des Notars einen Straftatbestand erfüllt.

Es kommen vor allem die folgenden Straftatbestände in Betracht:

- **Verletzung von Privatgeheimnissen (§ 203 Absatz 1 Nr. 3 Strafgesetzbuch** [im Folgenden kurz „StGB" genannt]**)** Wer unbefugt ein fremdes Geheimnis [...] offenbart, das ihm als [...] Notar anvertraut worden oder sonst bekanntgeworden ist, wird mit Freiheitsstrafe bis zu einem Jahr oder mit Geldstrafe bestraft.
- **Verletzung des Dienstgeheimnisses (§ 353 b Absatz 1 Satz 1 Nr. 1 StGB)** Wer ein Geheimnis, das ihm als Amtsträger anvertraut worden oder sonst bekanntgeworden ist, unbefugt offenbart und dadurch wichtige öffentliche Interessen gefährdet, wird mit Freiheitsstrafe bis zu fünf Jahren oder mit Geldstrafe bestraft.
- **Betrug (§ 263 Absatz 1 StGB)** Wer in der Absicht, sich oder einem Dritten einen rechtswidrigen Vermögensvorteil zu verschaffen, das Vermögen eines anderen dadurch beschädigt, dass er durch Vorspiegelung falscher oder durch Entstellung oder Unterdrückung wahrer Tatsachen einen Irrtum erregt oder unterhält, wird mit Freiheitsstrafe bis zu fünf Jahren oder mit Geldstrafe bestraft.
- **Untreue (§ 266 Absatz 1 StGB)** Wer die ihm durch Gesetz, behördlichen Auftrag oder Rechtsgeschäft eingeräumte Befugnis, über fremdes Vermögen zu verfügen oder einen anderen zu verpflichten, missbraucht oder die ihm kraft Gesetzes, behördlichen Auftrags, Rechtsgeschäfts oder eines Treueverhältnisses obliegende Pflicht, fremde Vermögensinteressen wahrzunehmen, verletzt und dadurch dem, dessen Vermögensinteressen er zu betreuen hat, Nachteil zufügt, wird mit Freiheitsstrafe bis zu fünf Jahren oder mit Geldstrafe bestraft.
- **Vorteilsannahme (§ 331 Absatz 1 StGB)** Ein Amtsträger [...], der für die Dienstausübung einen Vorteil für sich oder einen Dritten fordert, sich versprechen lässt oder annimmt, wird mit Freiheitsstrafe bis zu drei Jahren oder mit Geldstrafe bestraft.
- **Bestechlichkeit (§ 332 Absatz 1 Satz 1 StGB)** Ein Amtsträger [...], der einen Vorteil für sich oder einen Dritten als Gegenleistung dafür fordert, sich versprechen lässt oder annimmt, dass er eine Diensthandlung vorgenommen hat oder künftig vornehme und dadurch seine Dienstpflichten verletzt hat oder verletzen würde, wird mit Freiheitsstrafe von sechs Monaten bis zu fünf Jahren bestraft.

- **Falschbeurkundung im Amt (§ 348 Absatz 1 StGB)** Ein Amtsträger, der, zur Aufnahme öffentlicher Urkunden befugt, innerhalb seiner Zuständigkeit eine rechtlich erhebliche Tatsache falsch beurkundet oder in öffentliche Register, Bücher, Dateien falsch einträgt oder eingibt, wird mit Freiheitsstrafe bis zu fünf Jahren oder mit Geldstrafe bestraft.

Eine strafrechtliche Verurteilung hat für den Notar den Amtsverlust in gleicher Weise zur Folge wie für einen Landesjustizbeamten (§ 47 Nr. 5 in Verbindung mit § 49 BNotO).

§ 47 Nr. 5 in Verbindung mit § 49 BNotO

II. Zivilrechtliche Schadenersatzansprüche

1. Anspruchsgrundlage: § 19 BNotO

Verletzt der Notar vorsätzlich oder fahrlässig die ihm einem anderen gegenüber obliegende Amtspflicht, so hat er diesem den daraus entstehenden Schaden zu ersetzen. Fällt dem Notar nur Fahrlässigkeit zur Last, so kann er nur dann in Anspruch genommen werden, wenn der Verletzte nicht auf andere Weise Ersatz zu erlangen vermag; das gilt jedoch nicht bei Amtsgeschäften der in §§ 23, 24 bezeichneten Art im Verhältnis zwischen dem Notar und dem Auftraggeber (§ 19 Absatz 1 Sätze 1 und 2 BNotO).

§ 19 Absatz 1 Sätze 1 und 2 BNotO

Die zitierten Vorschriften besagen das Folgende: Macht der Notar einen Fehler, so haftet er dafür. Ist ihm der Fehler allerdings *aus Fahrlässigkeit* und *bei Ausübung seiner Urkundstätigkeit* unterlaufen, haftet er nicht, wenn außer ihm noch eine andere Person einen Fehler begangen hat und dafür einstehen muss.

Anwendungsbeispiel

Der Notar wird von einem Rechtsanwalt gebeten, einen vom Rechtsanwalt entworfenen Ehevertrag für einen Mandanten des Rechtsanwalts zu beurkunden. Inhaltliche Fehler im Rechtsanwalts-Entwurf führen zur Unwirksamkeit des Ehevertrages. Der Notar hätte diese Fehler bei der Beurkundung (oder besser schon bei der Vorbereitung der Beurkundung) erkennen können. Aber auch der Rechtsanwalt hat einen Fehler gemacht, denn er hätte die inhaltlichen Fehler in seinem Entwurf vermeiden müssen. Beiden liegt Fahrlässigkeit zur Last. Aber der Notar haftet nicht, weil dem Geschädigten eine anderweitige Ersatzmöglichkeit offensteht, nämlich die Haftung des Rechtsanwalts. Die Haftung des Notars ist nachrangig gegenüber der Haftung des Rechtsanwalts. Die **Notarhaftung** ist – mit anderen Worten – **subsidiär**.

Was ist der Grund für dieses Haftungsprivileg? Warum haftet im Anwendungsbeispiel der Rechtsanwalt alleine, obwohl beide – Rechtsanwalt und Notar – einen Fehler gemacht haben? Den Notar trifft die Amtspflicht zur Amtsausübung. Er kann sich – im Hinblick auf Urkundstätigkeit – nicht aussuchen, ob er tätig wird oder nicht. Der Notar muss beurkunden, wenn er sich auf einen zwingenden Grund, die Beurkundung abzulehnen, nicht berufen kann. Der Rechtsanwalt kann sich aussuchen, ob er ein Mandat übernehmen möchte oder nicht. Ihn trifft keine vergleichbare Pflicht, ein Mandat übernehmen zu müssen.

Das **Haftungsprivileg** des Notars ist eine unmittelbare **Folge** aus der **Amtspflicht zur Amtsausübung**. Es handelt sich um die Entschädigung, um eine Kompensation dafür, dass der Notar eine ihm angetragene Beurkundung grundsätzlich nicht ablehnen kann, sondern tätig werden muss. Soweit eine Amtspflicht zur Amtsausübung nicht besteht, besteht auch kein Haftungsprivileg zugunsten des Notars. Dieses gilt insbesondere für notarielle Amtsgeschäfte neben der Beurkundungstätigkeit, vor allem für die Verwahrung von Wertgegenständen und für die rechtliche Beratung, §§ 23 und 24 BNotO. Der Notar ist frei in seiner Entscheidung, ob er solche Amtsgeschäfte übernehmen möchte. Übernimmt er sie, haftet er für Fehler, die ihm dabei unterlaufen. Auf die Subsidiarität der Notarhaftung, die für Urkundstätigkeit gilt, kann er sich dann nicht berufen.

§§ 23 und 24 BNotO

§ 195 BGB Schadenersatzansprüche verjähren in drei Jahren (§ 195 BGB). Die **Verjährung** beginnt mit dem Schluss des Jahres, in dem der Anspruch entstanden ist und der Gläubiger vom Schadenssachverhalt Kenntnis erlangt hat (§ 199 Absatz 1 BGB). Ohne Rücksicht auf den Zeitpunkt der Kenntniserlangung verjähren Schadenersatzansprüche nach 30 Jahren ab dem Zeitpunkt der Pflichtverletzung (§ 199 Absatz 3 Nr. 2 BGB).

§ 199 BGB

Fallbeispiel zur Verjährung von Schadenersatzansprüchen

Dem Notar ist bei der Beurkundung eines Testaments am 6. Januar 1990 ein gravierender Fehler unterlaufen. Das Testament ist unwirksam. Franz, der Testator, ist am 20. Mai 2007 verstorben. Bruno, der als Alleinerbe eingesetzte Freund von Franz, erfährt am 30. Juni 2007 von der Unwirksamkeit des Testaments. Er erhebt darauf hin Schadenersatzansprüche gegen den beurkundenden Notar. Der Nachlass, der eigentlich für ihn bestimmt war, fällt nämlich wegen der Unwirksamkeit des Testaments in die Hände der entfernten Verwandtschaft des Franz. Wann verjähren die Schadenersatzansprüche des Bruno? **Fall-Lösung:** Die Schadenersatzansprüche des Bruno verjähren in drei Jahren. Die Verjährungsfrist beginnt mit dem Schluss des Jahres, in dem der Anspruch entstanden ist und der Gläubiger vom Schadenssachverhalt Kenntnis erlangt hat (§ 199 Absatz 1 BGB). Bruno erlangte Kenntnis am 30. Juni 2007. Somit begann die Verjährungsfrist mit dem Ende des Jahres 2007 und endete drei Jahre später, nämlich mit dem Ablauf des 31. Dezember 2010. Seit dem 1. Januar 2011 sind die Schadenersatzansprüche gegen den Notar verjährt.

2. Versicherungspflicht

a) Verpflichtung zum Abschluss einer Berufshaftpflichtversicherung

Der Notar ist gesetzlich verpflichtet, eine Berufshaftpflichtversicherung abzuschließen, die den in § 19 a Absätze 3 bis 7 BNotO genannten Vorgaben entspricht.

§ 19 a Absätze 3 bis 7 BNotO

Der Grund für die Pflicht zum Abschluss einer Berufshaftpflichtversicherung ist der folgende: Den durch ein Fehlverhalten des Notars geschädigten Urkundsbeteiligten nützte es wenig, wenn sie einen Anspruch gegen den Notar hätten, diesen

Anspruch aber wegen der Vermögenssituation des betroffenen Notars nicht realisieren können. Diese Gefahr ist angesichts der oftmals hohen Geschäftswerte, die notariellen Urkunden zugrunde liegen, ernst zu nehmen. Es geht somit um den **Schutz der Urkundsbeteiligten**. Es geht aber auch um den **Schutz des Notarstandes**. Das Ansehen des Notarstandes, das Vertrauen der Bevölkerung in die Zuverlässigkeit der Notare würde nämlich Schaden nehmen, wenn unstreitige oder gerichtlich festgestellte Schadenersatzansprüche unerfüllt bleiben müssten.

Wie wichtig dem Gesetzgeber die notarielle Berufshaftpflichtversicherung ist, zeigt auch § 50 Absatz 1 Nr. 2 BNotO. Nach dieser Vorschrift ist der Notar seines Amtes zu entheben, wenn er die vorgeschriebene Berufshaftpflichtversicherung nicht unterhält! **§ 50 Absatz 1 Nr. 2 BNotO**

b) Vorgeschriebener Umfang der Berufshaftpflichtversicherung

Gemäß § 19 a Absatz 3 Satz 1 BNotO muss sich die **Mindestversicherungssumme** für jeden Versicherungsfall auf **€ 500.000,00** belaufen. Die Leistungen des Versicherers für alle innerhalb eines Versicherungsjahres verursachten Schäden dürfen **auf den doppelten Betrag der Mindestversicherungssumme begrenzt** werden, § 19 a Absatz 3 Satz 2 BNotO. Diesen Versicherungsschutz nennt man **Basisversicherung**.

Fallbeispiel zum erforderlichen Umfang der Berufshaftpflichtversicherung

Notar Neu hat eine Berufshaftpflichtversicherung mit dem gesetzlich geringst möglichen Umfang abgeschlossen. Er verschuldet in einem Versicherungsjahr drei Haftpflichtfälle über jeweils € 600.000,00. In welchem Umfang ist der Gesamtschaden von der Basisversicherung gedeckt? **Fall-Lösung:** Jeder Versicherungsfall ist nur in Höhe von maximal € 500.000,00 durch die Basisversicherung gedeckt. Notar Neu muss folglich € 100.000,00 für den ersten Versicherungsfall über € 600.000,00 „aus eigener Tasche" bezahlen. Auch der zweite Versicherungsfall ist nur in Höhe von maximal € 500.000,00 durch die Basisversicherung gedeckt. Notar Neu muss folglich noch einmal € 100.000,00 für den zweiten Versicherungsfall „aus eigener Tasche" bezahlen. Für den dritten Versicherungsfall kommt die Versicherung überhaupt nicht mehr auf, denn der Jahreshöchstbetrag ist auf den doppelten Betrag der Mindestversicherungssumme begrenzt, folglich auf eine Million Euro. Dieser Betrag wurde durch die ersten beiden Haftpflichtfälle aufgebraucht. Notar Neu müsste insgesamt € 800.000,00 „aus eigener Tasche" zahlen.

c) Gruppenanschlussversicherung

Der Sachverhalt im vorhergehenden Fallbeispiel mag etwas drastisch ausgefallen sein. Tatsächlich aber ist der gesetzlich vorgeschriebene Umfang der Berufshaftpflichtversicherung eher knapp kalkuliert.

Deswegen ermächtigt § 67 Absatz 3 Nr. 3 Satz 1 BNotO die örtlichen Notarkammern zum Abschluss einer die Basisversicherung ergänzenden Berufshaftpflichtversicherung. Dadurch soll der durch die Basisversicherung vermittelte Versicherungsschutz aufgestockt werden. Die örtlichen Notarkammern haben von der Ermächtigungsnorm umfassenden Gebrauch gemacht.

Die Zusatzversicherungen der örtlichen Notarkammern werden als Gruppenanschlussversicherung bezeichnet. Das Begriffselement „Gruppen*anschluss*versicherung" erklärt sich dadurch, dass diese Versicherung an die Basisversicherung anknüpft und den Versicherungsschutz erhöht. Das Begriffselement „*Gruppen*anschlussversicherung" erklärt sich dadurch, dass die örtlichen Notarkammern nicht einzelne Notare, sondern die Gesamtheit der Notare, die bei ihnen jeweils Mitglied sind, folglich die ganze Gruppe, zusätzlich versichern.

Gemäß § 67 Absatz 3 Nr. 3 Satz 2 BNotO muss sich die Versicherungssumme für jeden Versicherungsfall **mindestens auf € 500.000,00** belaufen. Die Leistungen des Versicherers für alle innerhalb eines Versicherungsjahres verursachten Schäden dürfen **auf den vierfachen Betrag der Mindestversicherungssumme begrenzt** werden, § 67 Absatz 3 Nr. 3 Satz 2 BNotO.

Fallbeispiel zum erforderlichen Umfang der Berufshaftpflichtversicherung (Basisversicherung und Gruppenanschlussversicherung)

Notar Neu hat eine Berufshaftpflichtversicherung mit dem gesetzlich geringst möglichen Umfang abgeschlossen. Er verschuldet in einem Versicherungsjahr drei Haftpflichtfälle über jeweils € 600.000,00. In welchem Umfang ist der Gesamtschaden von der Basisversicherung gedeckt? **Fall-Lösung:** Durch das Zusammenspiel von Basisversicherung und Gruppenanschlussversicherung beträgt der Versicherungsschutz eine Million Euro pro Versicherungsfall und drei Millionen Euro Gesamtleistung pro Versicherungsjahr. Notar Neu muss folglich überhaupt nichts „aus eigener Tasche" bezahlen.

d) Vertrauensschadenversicherung

Die Versicherungsgesellschaften sehen in ihren Haftpflichtversicherungsverträgen regelmäßig einen Leistungsausschluss vor für Schäden, die der Versicherungsnehmer vorsätzlich verschuldet hat. Das gilt für Kfz-Haftpflichtversicherungen, für Privathaftpflichtversicherungen und für alle anderen Arten von Haftpflichtversicherungen. Und das gilt auch für die Berufshaftpflichtversicherung des Notars. Der Grund für diesen Leistungsausschluss ist einleuchtend: Niemand soll den Versicherungsschutz seiner Haftpflichtversicherung als Freibrief missverstehen, einen anderen schädigen zu dürfen.

Dieser verbreitete und auf nachvollziehbaren Erwägungen beruhende Leistungsausschluss muss allerdings dem Klienten, der durch vorsätzliches Handeln des Notars geschädigt wird, geradezu unerträglich erscheinen. Der Klient wird sich sagen: „Hätte der Notar bloß fahrlässig gehandelt, könnte ich in den Genuss von Leistungen seiner Berufshaftpflichtversicherung kommen. Da der Notar aber vorsätzlich gehandelt hat, soll ich mit leeren Händen dastehen müssen?"

Anwendungsbeispiel

Notar Neu hat den bei ihm auf Notaranderkonto hinterlegten Kaufpreis zu früh an den Verkäufer ausbezahlt. Das Geld ist verloren, das Eigentum am Grundstück kann dem Käufer aber nicht mehr verschafft werden. Der Käufer möchte nunmehr von der Haftpflichtversicherung des Notars sein auf Notaranderkonto eingezahltes

Geld zurückbekommen. Die Haftpflichtversicherung müsste zahlen, wenn dem Notar fahrlässiges Verhalten nachzuweisen ist. Die Haftpflichtversicherung müsste nicht zahlen, wenn der Notar vorsätzlich gehandelt hätte. Das wäre insbesondere der Fall, wenn der Notar in der Absicht, sich rechtswidrig zu bereichern mit dem Verkäufer „gemeinsame Sache" gemacht hätte. Man kann sagen: Je gravierender das Fehlverhalten des Notars, je größer die Chance der Versicherung, einen Leistungsausschluss einzuwenden!

Es bedarf keiner weiteren Erklärung, dass das Ansehen des Notarstandes und das Vertrauen der Bevölkerung in die Zuverlässigkeit der Notare durch Fälle wie im Anwendungsbeispiel aufs Empfindlichste gestört werden könnten. Aus diesem Grunde werden die örtlichen Notarkammern auch für den Fall, dass ein Notar vorsätzlich Vermögensschäden herbeiführt, ermächtigt, eine zusätzliche Versicherung für „ihre" Notare abzuschließen. Diese Versicherung, die Vertrauensschadenversicherung genannt wird, soll folglich dann zahlen, wenn wegen vorsätzlicher Tatbegehung eines Notars die Berufshaftpflichtversicherung zu Versicherungsleistungen nicht verpflichtet ist. Der Name „Vertrauensschadenversicherung" soll ausdrücken, dass durch diese Versicherung der Schaden ersetzt werden soll, der einem Klienten durch das Vertrauen in die tadellose Amtsführung des Notars entstanden ist. Der Klient wird sicher das Vertrauen in den schuldigen Notar verlieren. Das Vertrauen in den Notarstand bleibt aber möglicherweise erhalten, wenn der Klient zu der Überzeugung gelangt: „Wenn mir einmal ein Notar übel mitspielt, bekomme ich wenigstens den entstandenen Schaden ersetzt."

Gemäß § 67 Absatz 3 Nr. 3 Satz 2 BNotO muss sich die Versicherungssumme für jeden vorsätzlich herbeigeführten Versicherungsfall **mindestens auf € 250.000,00** belaufen. Die Leistungen des Versicherers für alle innerhalb eines Versicherungsjahres verursachten Schäden dürfen **auf den vierfachen Betrag der Mindestversicherungssumme begrenzt** werden, § 67 Absatz 3 Nr. 3 Satz 2 BNotO, bei vorsätzlich herbeigeführten Schäden also auf den Betrag von einer Million Euro.

III. Aufsichtsbehördliche Maßnahmen und Disziplinarmaßnahmen

Die Verletzung von Amtspflichten kann schließlich auch aufsichtsbehördliche Maßnahmen und Disziplinarmaßnahmen zur Folge haben.

1. Aufsichtsbehördliche Maßnahmen

Den Aufsichtsbehörden obliegt die regelmäßige Prüfung und Überwachung der Amtsführung der Notare und des Dienstes der Notarassessoren (§ 93 Absatz 1 Satz 1 BNotO). **§ 93 Absatz 1 Satz 1 BNotO**

Beachte:

Markanteste Maßnahme der Prüfungs- und Überwachungstätigkeit der Aufsichtsbehörden ist die in der Geschäftsstelle des Notars stattfindende Geschäftsprüfung. Gemäß § 32 Absatz 1 DONot findet diese im Vier-Jahres-Turnus statt.

→ Abwesenheit des Notars S. 38

Die Aufsichtsbehörden sind beispielsweise auch für die Bestellung von Notarvertretern zuständig, wenn ein Notar zeitweise an der Ausübung seines Amtes verhindert ist.

§ 94 Absatz 1 Satz 1 BNotO

Die Aufsichtsbehörden reagieren mit der **Missbilligung** auf **ordnungswidriges Verhalten** und **Pflichtverletzungen leichterer Art** (§ 94 Absatz 1 Satz 1 BNotO).

2. Disziplinarmaßnahmen

§ 95 BNotO

Gravierende Pflichtverletzungen sind Dienstvergehen (§ 95 BNotO). Diese werden durch Anordnung von Disziplinarmaßnahmen geahndet.

§ 97 Absatz 1 Satz 1 BNotO

Das Gesetz zählt die zulässigen Disziplinarmaßnahmen in § 97 Absatz 1 Satz 1 BNotO abschließend auf. Es handelt sich – in der Reihenfolge zunehmender Eingriffsintensität – um

- den Verweis,
- die Geldbuße und
- die Entfernung aus dem Amt.

Geldbuße kann gegen Notare bis zu € 50.000,00 und gegen Notarassessoren bis zu € 5.000,00 verhängt werden (§ 97 Absatz 4 Satz 1 BNotO). **Geldbuße und Verweis** können nebeneinander verhängt werden (§ 97 Absatz 1 Satz 2 BNotO).

Bei der **Entfernung aus dem Amt** unterscheidet man die dauernde Entfernung aus dem Amt von der sonstigen Entfernung.

Die **dauernde Entfernung aus dem Amt** ist die am meisten einschneidende Maßnahme, die nur bei gravierenden Verstößen – beispielsweise Veruntreuung von in Verwahrung genommenem Geld, wiederholte Mitwirkung an unerlaubten oder unredlichen Geschäften – zur Anwendung kommt.

Die **sonstige Entfernung** ist etwas weniger einschneidend: Der (hauptberuflich tätige) Nur-Notar kann von seinem bisherigen Amtssitz entfernt werden; dann wird ihm ein anderer kleinerer Amtssitz zugewiesen (§ 97 Absatz 2 BNotO). Zusätzlich kann dem Nur-Notar eine Geldbuße auferlegt werden. Der Anwaltsnotar kann auch auf bestimmte Zeit aus dem Amt entfernt werden (§ 97 Absatz 3 BNotO). Dann darf er weiter als Rechtsanwalt tätig sein, während er bei dauernder Entfernung aus dem Amt zugleich von der Rechtsanwaltschaft ausgeschlossen ist (§ 97 Absatz 5 BNotO).

3. Zuständigkeiten

a) Aufsichtsbehördliche Maßnahmen

Die Anordnung aufsichtsbehördlicher Maßnahmen – insbesondere einer Missbilligung – fällt in die Zuständigkeit der Aufsichtsbehörden.

Aufsichtsbehörden sind gemäß § 92 BNotO **§ 92 BNotO**

- der Präsident des Landgerichts über die Notare und Notarassessoren des Landgerichtsbezirks
- der Präsident des Oberlandesgerichts über die Notare und Notarassessoren des Oberlandesgerichtsbezirks
- die Landesjustizverwaltung über sämtliche Notare und Notarassessoren des Landes

Welche Aufsichtsbehörde welche Zuständigkeit hat, regelt das Landesrecht. Hier muss es nicht weiter vertieft werden.

b) Disziplinarmaßnahmen

Zur Anordnung von Disziplinarmaßnahmen sind die Aufsichtsbehörden nur teilweise zuständig.

Verweis und Geldbuße können durch Disziplinarverfügung der Aufsichtsbehörden verhängt werden.

Die am meisten einschneidenden Disziplinarmaßnahmen werden nicht von den Aufsichtsbehörden, sondern von speziellen Disziplinargerichten, die bei den Oberlandesgerichten eingerichtet werden, verhängt (§ 99 BNotO).

E. Notarkammern

Es gibt **21 örtliche Notarkammern** – beispielsweise die Rheinische Notarkammer, die Westfälische Notarkammer, die Notarkammer Koblenz und die Notarkammer Pfalz – und die **Bundesnotarkammer**. Trotz gewisser Ähnlichkeiten und Parallelen zwischen örtlichen Notarkammern und der Bundesnotarkammer sollen diese beiden „Arten von Kammern" im Folgenden getrennt dargestellt werden.

Aufgabe aller örtlichen Notarkammern und auch der Bundesnotarkammer ist es, die Angelegenheiten der Notare zu verwalten. Die Angelegenheiten der Notare werden also nicht zentral durch ein Ministerium verwaltet. Die Angelegenheiten der Notare werden vielmehr „dezentral" durch die Notarkammern verwaltet. Diese sind personell nicht mit Ministerialbeamten, sondern vor allem mit Notaren besetzt. Deswegen nennt man die Verwaltung der Angelegenheiten der Notare durch die Notarkammern auch **„Selbstverwaltung der Notare"**. Das soll hier bereits einleitend festgehalten werden, ist im Folgenden aber noch näher darzustellen.

Merke:

Aufgabe aller örtlichen Notarkammern und auch der Bundesnotarkammer ist es, die Angelegenheiten der Notare zu verwalten. Die Verwaltung der Angelegenheiten der Notare durch die Notarkammern heißt auch „Selbstverwaltung der Notare".

Die örtlichen Notarkammern und die Bundesnotarkammer unterliegen der **Rechtsaufsicht**. Die Aufsichtsbehörden wachen darüber, dass die örtlichen Notarkammern und die Bundesnotarkammer nicht gegen Recht und Gesetz verstoßen. Die Rechtsaufsicht über die örtlichen Notarkammern wird geführt vom zuständigen Landesjustizministerium und – diesem nachgeordnet – vom zuständigen Oberlandesgericht und den zuständigen Landgerichten (§ 66 Absatz 2 BNotO). Die Rechtsaufsicht über die Bundesnotarkammer wird geführt vom Bundesministerium der Justiz (§ 77 Absatz 2 BNotO).

→ Freiberufler S. 24

Die Selbstverwaltung ist eine typische Erscheinung der freien Berufe, zu denen auch der Beruf des Notars gehört. Zu den freien Berufen gehören unter anderem auch Rechtsanwälte, Architekten und Ärzte. Auch diese verwalten ihre Angelegenheiten selbst durch Rechtsanwaltskammern, Architektenkammern und Ärztekammern.

Die örtlichen Notarkammern wie auch die Bundesnotarkammer sind ihrer Rechtsnatur nach **Körperschaften des öffentlichen Rechts**.

Merke:

Die örtlichen Notarkammern wie auch die Bundesnotarkammer sind ihrer Rechtsnatur nach Körperschaften des öffentlichen Rechts.

I. Örtliche Notarkammern

1. Zuständigkeit

a) Örtliche Zuständigkeit

Die Bezirke der 21 örtlichen Notarkammern entsprechen grundsätzlich den **Bezirken der Oberlandesgerichte**. So wie es für jeden Ort in der Bundesrepublik Deutschland eine eindeutige Gerichtszuständigkeit gibt, gibt es für jeden Ort in der Bundesrepublik Deutschland auch eine eindeutige Notarkammer-Zuständigkeit.

Einige Notarkammern weisen allerdings **Besonderheiten in Bezug auf ihre örtliche Zuständigkeit** auf. Diese Besonderheiten könnte man als die sprichwörtliche Ausnahme betrachten, die die Regel – „der Bezirk der örtlichen Notarkammer entspricht dem Oberlandesgerichtsbezirk" – bestätigt:

- Der Bezirk der **Rheinischen Notarkammer** erstreckt sich über die Bezirke zweier Oberlandesgerichte, und zwar des Oberlandesgerichts Köln und des Oberlandesgerichts Düsseldorf. Entsprechendes gilt für den Bezirk der **Notarkammer Baden-Württemberg.** Dieser umfasst die Oberlandesgerichtsbezirke Stuttgart und Karlsruhe.
- Der Bezirk der **Landesnotarkammer Bayern** erstreckt sich sogar über die Bezirke aller drei im Bundesland Bayern befindlicher Oberlandesgerichte, den Oberlandesgerichten Bamberg, München und Nürnberg.
- Im Bereich des Oberlandesgerichts Frankfurt am Main ist man den umgekehrten Weg gegangen. Dieser Oberlandesgerichtsbezirk ist aufgeteilt worden in den Bezirk der **Notarkammer Frankfurt** und in den Bezirk der **Notarkammer Kassel**.

b) Sachliche Zuständigkeit (Aufgaben)

Zusammenfassend könnte man sagen, dass den örtlichen Notarkammern zwei Aufgaben zugewiesen sind, nämlich

- die Standesaufsicht und
- die Standesvertretung.

Das Gesetz unterscheidet zwischen den beiden genannten Aufgabengebieten „Standesaufsicht" und „Standesvertretung" nicht. Es beschränkt sich darauf, die wesentlichen Aufgaben der örtlichen Notarkammern in § 67 BNotO ohne nähere Zuordnung zur Standesaufsicht oder zur Standesvertretung aufzuzählen. **§ 67 BNotO**

Beachte:

Die Zuordnung einer Aufgabe zur Standesaufsicht oder zur Standesvertretung bereitet tatsächlich im Einzelfall Schwierigkeiten. Es besteht auch kein praktisches Bedürfnis nach einer näheren Zuordnung. Es genügt die Erkenntnis, dass eine bestimmte Aufgabe den örtlichen Notarkammern zugewiesen ist. Mit der Bildung der Aufgabengebiete „Standesaufsicht“ und „Standesvertretung“ wird lediglich der Versuch einer Zusammenfassung und einer Systematisierung der vielgestaltigen Aufgaben der örtlichen Notarkammern unternommen.

Zum Aufgabengebiet **„Standesaufsicht“** zählen insbesondere die Aufgaben,

- über Ehre und Ansehen der Notare zu wachen
- die Aufsichtsbehörden bei ihrer Tätigkeit zu unterstützen sowie
- für eine gewissenhafte und lautere Berufsausübung der Notare und Notarassessoren zu sorgen
- in Richtlinien die Amtspflichten und sonstigen Pflichten der Notare näher zu bestimmen.

Die örtliche Notarkammer ist befugt, Notaren und Notarassessoren bei ordnungswidrigem Verhalten leichterer Art eine Ermahnung auszusprechen (§ 75 Absatz 1 BNotO).

Zum Aufgabengebiet **„Standesvertretung“** zählen insbesondere die Aufgaben

- bei Gesetzgebungsverfahren des Landesgesetzgebers beratend mitzuwirken
- die Fortbildung der Notare und die Aus- und Fortbildung der Notarfachangestellten zu organisieren
- die wissenschaftliche Beratung der Notare – insbesondere über das in Würzburg ansässige Deutsche Notarinstitut – zu unterstützen.

Bei anderen Aufgabengebieten bereitet eine **eindeutige Zuordnung** zur Standesaufsicht oder zur Standesvertretung – wie oben festgestellt – **Schwierigkeiten**. Dieses gilt beispielsweise für die praktisch wichtige Aufgabe, **Versicherungen** (Gruppenanschlussversicherung und Vertrauensschadenversicherung) für die Notare **abzuschließen**. Die Versicherungen tragen einerseits dazu bei, das Ansehen der Notare in der Bevölkerung zu wahren, wenn an denjenigen, der durch einen Notarfehler geschädigt wird, wenigstens Schadenersatz geleistet werden kann. Insoweit gehört die Aufgabe, Versicherungen abzuschließen, zum Aufgabengebiet „**Standesaufsicht**“. Andererseits bewahren die Versicherungen den Notar im Einzelfall vor Haftpflichtansprüchen. Sie dienen auch den Individualinteressen der Notare und zählen insoweit zum Aufgabengebiet „**Standesvertretung**“.

2. Das „Innenleben" der örtlichen Notarkammern

a) Mitglieder der örtlichen Notarkammern

Mitglieder der jeweiligen örtlichen Notarkammer sind alle in ihrem Bezirk bestellten Notare und – soweit in der jeweiligen Kammer vorhanden – auch alle Notarassessoren.

Notare und Notarassessoren können sich nicht aussuchen, ob sie Mitglieder der örtlichen Notarkammer sein wollen oder nicht. Sie sind Zwangsmitglieder ihrer örtlichen Notarkammer.

Merke:

Notare und Notarassessoren sind Zwangsmitglieder ihrer örtlichen Notarkammer.

Der Grund für die Zwangsmitgliedschaft ist der folgende: Die örtlichen Notarkammern müssen zu gewissen Zwangsmaßnahmen und Weisungen den Notaren und Notarassessoren gegenüber berechtigt sein, sonst könnten sie die ihnen übertragenen Aufgaben nicht ordnungsgemäß erfüllen. Die örtliche Notarkammer muss beispielsweise Ermahnungen aussprechen und Notare um Auskunft und um Stellungnahme zu bestimmten Sachverhalten ersuchen können. Zu Zwangsmaßnahmen und Weisungen ist die örtliche Notarkammer aber nur Mitgliedern gegenüber befugt. Nicht-Mitglieder könnten sich darauf berufen, die örtliche Notarkammer habe ihnen gegenüber überhaupt keine Eingriffsbefugnisse.

Beachte:

Die örtlichen Notarkammern sind fast immer einheitlich „Nur-Notar-Kammern" oder „Anwaltsnotar-Kammern". Das ist darauf zurückzuführen, dass einerseits die Trennlinie zwischen Nur-Notariat und Anwaltsnotariat in der Rechtswirklichkeit zwischen geographisch zusammengefassten Gruppen von Bundesländern verläuft und dass sich andererseits die Bezirke der örtlichen Notarkammern (= Oberlandesgerichtsbezirke) innerhalb eines Bundeslandes befinden und niemals Bundesland-übergreifend angelegt sind.

Die Rheinische Notarkammer und die Notarkammer Baden-Württemberg sind allerdings – abweichend von der Regel – gemischte Kammern. Sie bestehen gleichermaßen aus Nur-Notaren und Anwaltsnotaren.

In der Notarkammer Baden-Württemberg ist die Vermischung von Nur-Notaren und Anwaltsnotaren historisch bedingt darauf zurückzuführen, dass dort seit jeher neben Amtsnotaren in kleiner Zahl Anwaltsnotare zugelassen waren, soweit eine angemessene Versorgung der rechtsuchenden Bevölkerung durch die Amtsnotare allein nicht gewährleistet ist.

In der Rheinischen Notarkammer ist die Vermischung von Nur-Notaren und Anwaltsnotaren historisch bedingt. Die Rheinische Notarkammer ist die einzige Kammer bundesweit, in welcher sich die Trennung von Nur-Notaren und Anwaltsnotaren tatsächlich – wie von § 3 Absatz 2 BNotO vorgesehen – weitgehend nach Gerichtsbezirken vollzieht. Im Amtsgerichtsbezirk Emmerich und in Teilen des Landgerichtsbezirks Duisburg existieren Anwaltsnotare, im Übrigen gibt es Nur-Notare.

b) Organe der örtlichen Notarkammern

§ 68 BNotO Organe der örtlichen Notarkammern sind gemäß § 68 BNotO der Vorstand und die Versammlung der Kammer.

Der **Vorstand** besteht aus einem Präsidenten, einem Stellvertreter und weiteren Mitgliedern (§ 69 Absatz 2 Satz 1 BNotO). Jede örtliche Notarkammer bestimmt selbst, wie viele weitere Mitglieder dem Vorstand angehören (§ 72 BNotO). Diese Bestimmung wird in der Satzung der jeweiligen Notarkammer getroffen.

Die örtliche Notarkammer wird gerichtlich und außergerichtlich durch ihren Präsidenten vertreten (§ 70 Absatz 1 BNotO).

§ 70 Absatz 1 BNotO

Der Vorstand bestellt einen **Geschäftsführer**. Dieser führt die laufenden Geschäfte der Notarkammer nach den Weisungen des Vorstandes (siehe beispielsweise § 14 Absatz 1 Satzung der Rheinischen Notarkammer).

In der **Kammerversammlung**, die aus allen im Kammerbezirk zugelassenen Notaren und Notarassessoren besteht, werden die wesentlichen die Kammer betreffenden Entscheidungen getroffen. Der Versammlung obliegt insbesondere,

- die Satzung der Kammer und Richtlinien zu beschließen
- Höhe und Fälligkeit der Beiträge zu bestimmen
- Mittel für die Bestreitung gemeinschaftlicher Angelegenheiten zu bewilligen
- Ausgaben und Vermögensverwaltung zu überprüfen.

In der Kammerversammlung haben Notarassessoren kein Stimmrecht (siehe beispielsweise § 17 Absatz 4 Satzung der Rheinischen Notarkammer).

II. Bundesnotarkammer

1. Zuständigkeit

a) Örtliche Zuständigkeit

Die Bundesnotarkammer ist bundesweit zuständig.

b) Sachliche Zuständigkeit (Aufgaben)

Während den örtlichen Notarkammern zwei Aufgaben zugewiesen sind, nämlich die Standesaufsicht und die Standesvertretung, obliegt der Bundesnotarkammer allein die Aufgabe der Standesvertretung. Zu Zwangsmaßnahmen und Weisungen gegenüber einzelnen Notaren ist die Bundesnotarkammer nicht befugt.

Die Bundesnotarkammer hat insbesondere

- in Fragen, welche die Gesamtheit der Notarkammern angehen, die Auffassung der einzelnen Notarkammern zu ermitteln,
- in allen die Gesamtheit der Notarkammern berührenden Angelegenheiten die Auffassung der Bundesnotarkammer den zuständigen Gerichten und Behörden gegenüber zur Geltung zu bringen,

- die Gesamtheit der Notarkammern gegenüber Behörden und Organisationen zu vertreten,
- bei Gesetzgebungsverfahren des Bundesgesetzgebers beratend mitzuwirken
- das automatisierte Register über Vorsorgevollmachten (Zentrales Vorsorgeregister) zu führen,
- die wissenschaftliche Beratung der Notare – insbesondere über das in Würzburg ansässige Deutsche Notarinstitut – zu unterstützen und
- Richtlinienempfehlungen für die örtlichen Notarkammern auszusprechen.

Beachte:
Die von den örtlichen Notarkammern erlassenen Richtlinien betreffend die Amtspflichten und sonstigen Pflichten der Notare (beispielsweise Richtlinie der Rheinischen Notarkammer betreffend die Amtspflichten und sonstigen Pflichten der Notare vom 17. Februar 2000) beruhen sehr weitgehend und oftmals sogar wortgetreu auf einer Richtlinienempfehlung der Bundesnotarkammer vom 29. Januar 1999.

2. Das „Innenleben" der Bundesnotarkammer

a) Mitglieder der Bundesnotarkammer

Mitglieder der Bundesnotarkammer sind nicht etwa die einzelnen Notare und Notarassessoren. Mitglieder der Bundesnotarkammer sind vielmehr die 21 örtlichen Notarkammern.

Die örtlichen Notarkammern sind Zwangsmitglieder der Bundesnotarkammer.

Merke:
Die örtlichen Notarkammern sind Zwangsmitglieder der Bundesnotarkammer.

b) Organe der Bundesnotarkammer

Organe der Bundesnotarkammer sind gemäß § 79 BNotO das Präsidium und die Vertreterversammlung. **§ 79 BNotO**

Das **Präsidium** besteht aus dem Präsidenten und acht weiteren Mitgliedern (§ 80 Satz 1 BNotO).

Die Bundesnotarkammer wird gerichtlich und außergerichtlich durch ihren Präsidenten vertreten (§ 82 Absatz 1 BNotO). **§ 82 Absatz 1 BNotO**

Das Präsidium bestellt einen **Geschäftsführer**. Dieser führt die laufenden Geschäfte der Notarkammer nach den Weisungen des Präsidiums.

In der **Vertreterversammlung**, die aus den 21 örtlichen Notarkammern, jeweils vertreten durch ihren Präsidenten besteht, werden die wesentlichen die Bundesnotarkammer betreffenden Entscheidungen getroffen.

III. Vergleichende Gegenüberstellung

Die Bundesnotarkammer ist den örtlichen Notarkammern nicht übergeordnet. Bundesnotarkammer und örtliche Notarkammern stehen vielmehr gleichberechtigt nebeneinander. Ihnen sind gesetzlich jeweils eigene Zuständigkeiten zugewiesen.

<table>
<tr><th colspan="4">Vergleichende Gegenüberstellung</th></tr>
<tr><th></th><th colspan="2">Örtliche Notarkammern</th><th>Bundesnotarkammer</th></tr>
<tr><td>Rechtliches Wesen</td><td colspan="2">Körperschaft des öffentlichen Rechts</td><td>Körperschaft des öffentlichen Rechts</td></tr>
<tr><td>örtliche Zuständigkeit</td><td colspan="2">✓ entspricht grundsätzlich dem OLG-Bezirk
✓ Ausnahmen: Rheinische Notarkammer und Notarkammer Baden-Württemberg (2 OLG-Bezirke), Landesnotarkammer Bayern (3 OLG-Bezirke), OLG-Bezirk Frankfurt am Main (2 Notarkammern)</td><td>bundesweit</td></tr>
<tr><td>sachliche Zuständigkeit (Aufgaben)</td><td>Standesaufsicht
(§ 67 BNotO) zum Beispiel
✓ über Ehre und Ansehen der Mitglieder wachen
✓ Unterstützung der Aufsichtsbehörden
✓ in Richtlinien die Amtspflichten und sonstigen Pflichten der Notare näher bestimmen</td><td>Standesvertretung
(§ 67 BNotO) zum Beispiel
✓ Beteiligung im Gesetzgebungsverfahren
✓ Fortbildung der Notare
✓ Aus- und Fortbildung der Notarfachangestellten
✓ wissenschaftliche Beratung der Notare über das Deutsche Notarinstitut</td><td>Standesvertretung
(§ 78 BNotO) zum Beispiel
✓ Beteiligung im Gesetzgebungsverfahren
✓ Fortbildung der Notare
✓ Aus- und Fortbildung der Notarfachangestellten
✓ wissenschaftliche Beratung der Notare über das Deutsche Notarinstitut
✓ Erlass von Richtlinienempfehlungen für die örtlichen Notarkammern</td></tr>
</table>

Vergleichende Gegenüberstellung				
	Örtliche Notarkammern		Bundesnotarkammer	
Mitglieder	alle im Kammerbezirk ansässigen Notare und Notarassessoren		alle in Deutschland existierende 21 örtliche Notarkammern	
Organe	**Vorstand** ✓ Präsident ✓ Stellvertreter ✓ weitere Mitglieder	**Kammerversammlung** ✓ alle im Kammergebiet ansässigen Notare und Notarassessoren	**Präsidium** ✓ Präsident ✓ acht weitere Mitglieder (fünf hauptberufliche Notare, vier Anwaltsnotare)	**Vertreterversammlung** ✓ alle 21 örtlichen Notarkammern, vertreten durch ihre Präsidenten

Teil 2

Beurkundungsrecht

Einleitung

Die Inhalte des Beurkundungsrechts werden in dem systematischen Zusammenhang dargestellt, in dem der angehende Notarfachangestellte mit ihnen bei der praktischen Arbeit konfrontiert wird. Deswegen beginnt die Darstellung mit der Errichtung notarieller Urkunden, also ihrer inhaltlichen Ausgestaltung unter Beachtung der vorgeschriebenen Formalia. Bei der Errichtung notarieller Urkunden kann es zu Fehlern und Lücken kommen. Diese geben Anlass zu einer Nachbesserung oder Ergänzung der notariellen Urkunde. Nachbesserung und Ergänzung fehlerhafter oder unvollständiger notarieller Urkunden werden deswegen im Anschluss an die Errichtung notarieller Urkunden behandelt. Bevor die Abwicklung notarieller Urkunden dargestellt wird, ist noch einzugehen auf die Fälle, in denen sich der Notar jeglicher Urkundstätigkeit zu enthalten hat, weil er von der Beurkundung ausgeschlossen ist.

Somit liegt diesem Teil 2 die folgende Gliederung zugrunde:

- Errichtung notarieller Urkunden (Ziffer A)
- Nachbesserung und Ergänzung fehlerhafter oder unvollständiger notarieller Urkunden (Ziffer B)
- Ausschluss des Notars von der Beurkundung (Ziffer C)
- Abwicklung notarieller Urkunden (Ziffer D)

A. Errichtung notarieller Urkunden

I. Überblick

Es existieren zwei Arten von notariellen Urkunden, und zwar

- die Niederschrift und
- der Vermerk.

Bei der Niederschrift unterscheidet man

- die Niederschrift über die Beurkundung von Willenserklärungen und
- die Niederschrift über andere Erklärungen als Willenserklärungen sowie sonstige Tatsachen und Vorgänge.

Merke:

Daraus ergibt sich folgendes Grundschema der Arten und Unterarten von notariellen Urkunden:

- **Niederschrift**
  - **über die Beurkundung von Willenserklärungen**
  - **über andere Erklärungen als Willenserklärungen sowie sonstige Tatsachen und Vorgänge**
- **Vermerk**

Bei den Niederschriften dominiert in der notariellen Praxis die Niederschrift über die Beurkundung von Willenserklärungen. Diese wird gleich im Anschluss im Überblick vorgestellt; unter nachfolgender Ziffer II schließt sich eine detaillierte Darstellung an. Ebenfalls höchst praxisrelevant ist der Vermerk. Auch dieser wird in dieser Ziffer zunächst im Überblick und nachfolgend unter Ziffer III im Detail dargestellt. Die Niederschrift über andere Erklärungen als Willenserklärungen sowie sonstige Tatsachen und Vorgänge (im Folgenden auch kurz „sonstige Niederschrift" genannt) spielt demgegenüber in der notariellen Praxis eine eher untergeordnete Rolle. Die Darstellung der „sonstigen Niederschrift" beschränkt sich auf grundlegende Ausführungen am Ende dieser Ziffer I.

→ Niederschrift über Willenserklärungen S. 81

→ Vermerk S. 143

→ Sonstige Niederschrift S. 69

1. Niederschrift über die Beurkundung von Willenserklärungen (§§ 8 bis 35 BeurkG)

a) Anwendungsbereich

Der Notar muss immer dann eine Niederschrift über die Beurkundung von Willenserklärungen anfertigen,

- wenn er zur Beurkundung von Willenserklärungen berufen ist,
- die nach materiellem Recht **der notariellen Form** bedürfen.

Unter einer Willenserklärung versteht man allgemein eine Willensäußerung, die auf die Herbeiführung einer Rechtsfolge gerichtet ist. Das trifft in erster Linie zu auf den Abschluss von **Verträgen.**

Wird vom materiellen Recht der Vertragsabschluss der notariellen Form unterworfen, so hat der Notar eine Niederschrift über die Beurkundung von Willenserklärungen zu errichten. Das gilt insbesondere bei

- Grundstückskaufverträgen,
- Grundstücksübertragungsverträgen,
- Eheverträgen,
- Erbverträgen,
- Verträgen über die Gründung einer GmbH,
- Verträgen über die Abtretung von Geschäftsanteilen an einer GmbH.

Auch **einseitige Erklärungen** können Willenserklärungen darstellen. Erfordert das materielle Recht die notarielle Form, so hat der Notar auch hier eine Niederschrift über die Beurkundung von Willenserklärungen zu errichten. Das gilt insbesondere bei

- Bestellung einer Grundschuld mit Zwangsvollstreckungsunterwerfung,
- Abgabe eines Schuldanerkenntnisses,
- Errichtung eines notariellen Einzeltestaments oder eines gemeinschaftlichen Testaments.

Besteht nach materiellem Recht hingegen keine Pflicht zur notariellen Beurkundung von bestimmten Willenserklärungen, so ist der Notar, wenn er gleichwohl eine notarielle Beurkundung durchführt, auch nicht verpflichtet, eine Niederschrift über die Beurkundung von Willenserklärungen anzufertigen.

Anwendungsbeispiele

- Die Beteiligten bitten den Notar um den Entwurf eines Mietvertrages über ein Grundstück oder eine Wohnung. Ein solcher Mietvertrag bedarf nicht der notariellen Beurkundung. Die Beteiligten könnten folglich den vom Notar entworfenen Mietvertrag ohne weitere Einschaltung des Notars unterzeichnen. Der auf diese Weise abgeschlossene Mietvertrag wäre wirksam. Wünschen die Beteiligten aber eine Unterzeichnung „vor dem Notar", so ist dieser nicht verpflichtet, eine Niederschrift über die Beurkundung von Willenserklärungen aufzunehmen. Die Niederschrift über die Beurkundung von Willenserklärungen enthält sehr viele Formalia und sie muss zwingend verlesen werden. Da nach materiellem Recht beim Mietvertrag kein notarielles Formerfordernis für den Vertragsschluss besteht, könnte sich der Notar den hohen Aufwand der Errichtung einer Niederschrift über die Beurkundung von Willenserklärungen ersparen und sich statt dessen auf die Fertigung eines Vermerkes – nämlich auf die Beglaubigung der Unterschriften der Mietvertragsparteien – beschränken. Das bedeutet: Der Notar hat weniger Formalia zu beachten und er ist nicht zur Verlesung des Mietvertrages verpflichtet.
- Der Notar wird gebeten, eine Vollmacht zum Verkauf von Grundbesitz zu entwerfen. Der Vollmachtgeber möchte diese „vor dem Notar" unterzeichnen. Die Vollmacht zum Verkauf von Grundbesitz ist eine Willenserklärung. Trotzdem

ist der Notar nicht verpflichtet, eine Niederschrift über die Beurkundung von Willenserklärungen aufzunehmen. Denn die Vollmacht zum Verkauf von Grundbesitz wird nach dem materiellen Recht keinem besonderen Formerfordernis unterworfen. § 167 Absatz 2 BGB stellt ausdrücklich klar, dass die Vollmacht nicht der Form bedarf, welche für das Rechtsgeschäft bestimmt ist, auf das sich die Vollmacht bezieht. Mit anderen Worten: Der Grundstückskaufvertrag bedarf zwar nach § 311 b Absatz 1 Satz 1 BGB der notariellen Form; die darauf bezogene Vollmacht bedarf aber – sofern die Vollmacht nicht unwiderruflich ist – dieser Form nicht. Deswegen kann auch hier der Notar wählen, ob er eine – verlesungspflichtige – Niederschrift über die Beurkundung von Willenserklärungen oder einen – nicht-verlesungspflichtigen – Vermerk über die Beglaubigung einer Unterschrift unter einer Grundstücksverkaufsvollmacht fertigt. In der notariellen Praxis erscheint die Grundstücksverkaufsvollmacht in beiden Varianten, wobei die Fertigung einer Niederschrift wohl häufiger anzutreffen ist. Ohne jeglichen notariellen Akt hingegen ist die Grundstücksverkaufsvollmacht nichts wert. Sie wäre zwar materiell rechtlich wirksam (§ 167 Absatz 2 BGB), aber grundbuchlich nicht verwendbar, denn gemäß § 29 Absatz 1 Satz 1 Grundbuchordnung (GBO) akzeptiert das Grundbuchamt nur Vollmachten in notariell beurkundeter oder notariell beglaubigter Form.

b) Beurkundungsverfahren und Inhalt der Niederschrift

Für die Beurkundung von Willenserklärungen schreibt das Beurkundungsgesetz ein recht aufwändiges Verfahren vor; darüber hat der beurkundende Notar eine Niederschrift zu errichten. Dem aufwändigen Beurkundungsverfahren entsprechend hat die Niederschrift einen umfangreichen Inhalt mit einer Vielzahl an Formalia. Der Inhalt der Niederschrift über die Beurkundung von Willenserklärungen lautet im Überblick wie folgt:

- Ort und Tag der Urkundsverhandlung
- Bezeichnung des Notars
- Bezeichnung der Beteiligten
- Feststellungen zur Identität der Beteiligten
- Feststellungen zur Geschäftsfähigkeit der Beteiligten (nur bei Zweifeln an der Geschäftsfähigkeit, „schwerer Krankheit" oder bei Verfügungen von Todes wegen)
- Erklärungen der Beteiligten einschließlich Anlagen
- Schlussvermerk
- Unterschriften der Beteiligten und des Notars

Der Notar – oder eine andere Person in seiner Gegenwart – muss die Niederschrift den Beteiligten vollständig vorlesen. Den Notar treffen ferner umfangreiche Prüfungs- und Belehrungspflichten. Ist ein Beteiligter der Sprache, in der beurkundet wird, nicht hinreichend mächtig, ist ein Dolmetscher hinzuziehen. Dieser hat die in der Urkundssprache verlesene Urkunde Wort für Wort in die Sprache zu übersetzen, die von der sprachunkundigen Person verstanden wird.

§§ 39 bis 43 BeurkG

→ Vermerk S. 143

2. Vermerk (§§ 39 bis 43 BeurkG)

a) Anwendungsbereich

Das Beurkundungsgesetz gestattet es dem Notar, bei „einfachen Zeugnissen" auf die Errichtung einer Niederschrift zu verzichten und stattdessen auf die Form des Vermerks zurückzugreifen (§ 39 BeurkG). Als einfaches Zeugnis kommen vor allem in Betracht

- die Beglaubigung einer Unterschrift
- die Beglaubigung eines Handzeichens
- die Beglaubigung einer Abschrift.

Die Aufzählung hat keinen abschließenden Charakter. So sind beispielsweise auch

- die Lebensbescheinigung
- die Vertretungsbescheinigung
- die Firmenbescheinigung

einfache Zeugnisse.

b) Beurkundungsverfahren und Inhalt des Vermerks

Für den Vermerk gestattet das Beurkundungsgesetz ein erheblich vereinfachtes Beurkundungsverfahren. Es entfallen beispielsweise die Pflicht zur Verlesung des Vermerks und in weitem Umfang auch die bei der Niederschrift bestehenden Prüfungs- und Belehrungspflichten. Auch ein Dolmetscher muss nicht zwingend hinzugezogen werden, wenn ein Beteiligter sprachunkundig ist. Dem vereinfachten Beurkundungsverfahren entsprechend weist der Vermerk auch seinem Inhalt nach wesentlich weniger Formalia auf.

Der Vermerk hat – verallgemeinert – den folgenden Inhalt:

- Zeugnis (beispielsweise Beglaubigung der Unterschrift)
- Ort und Tag der Ausstellung
- Unterschrift des Notars
- Siegel des Notars

Ein Vermerk betreffend die Beglaubigung einer Unterschrift könnte beispielsweise wie folgt lauten.

Formulierungsbeispiel

Die vor mir gefertigte Unterschrift des Herrn Karl Kurt,
geboren am 18. Mai 1968,
wohnhaft in 50935 Köln, Bachemer Straße 13,

ausgewiesen durch Bundespersonalausweis,
wird hiermit beglaubigt.

Düsseldorf, den 15. Oktober 2010

Dr. Schröder, Notar (Siegel)

Dass der Vermerk einen im Vergleich zur Niederschrift über die Beurkundung von Willenserklärungen deutlich reduzierten Inhalt aufweist und das zugrunde liegende Beurkundungsverfahren erheblich einfacher gestaltet ist, ist gerechtfertigt durch die relativ unkomplizierten Sachverhalte, auf die der Vermerk angewendet wird. Es wäre tatsächlich unangemessen, (beispielsweise) die schlichte Beglaubigung einer Unterschrift einem so aufwändigen Verfahren wie dem Verfahren zur Beurkundung von Willenserklärungen zu unterwerfen.

3. Sonstige Niederschrift über andere Erklärungen als Willenserklärungen sowie sonstige Tatsachen und Vorgänge (§§ 36 bis 38 BeurkG)

§§ 36 bis 38 BeurkG

a) Überblick

Der Notar hat nach dem bisher Gesagten

- bei der Beurkundung von Willenserklärungen, die der notariellen Form bedürfen, eine Niederschrift und
- bei einfachen Zeugnissen einen Vermerk zu fertigen.

Für den Rest – das sind in der Sprache des Beurkundungsgesetzes „andere Erklärungen als Willenserklärungen sowie sonstige Tatsachen und Vorgänge" – schreibt § 37 BeurkG ebenfalls die Anfertigung einer Niederschrift (im Folgenden kurz „sonstige Niederschrift" genannt) vor, die allerdings einen anderen Inhalt als die Niederschrift über die Beurkundung von Willenserklärungen hat und anderen Verfahrensvorschriften unterliegt.

b) Beurkundungsverfahren und Inhalt der sonstigen Niederschrift

Die Niederschrift über andere Erklärungen als Willenserklärungen sowie sonstige Tatsachen und Vorgänge muss/soll gemäß § 37 BeurkG enthalten

- Ort und Tag der Errichtung der Urkunde (Soll-Vorschrift)
- Bezeichnung des Notars (Muss-Vorschrift)
- Bericht über seine Wahrnehmung (Muss-Vorschrift)
- Ort und Tag der Wahrnehmung des Notars (Soll-Vorschrift)
- Unterschrift des Notars (Muss-Vorschrift)

Die sonstige Niederschrift hat somit – wie aus der nachfolgenden Gegenüberstellung hervorgeht – einen gegenüber der formal strengeren Niederschrift über die Beurkundung von Willenserklärungen deutlich reduzierten Inhalt.

Sonstige Niederschrift	Niederschrift über die Beurkundung von Willenserklärungen
Ort und Tag der Errichtung der Urkunde	Ort und Tag der Urkundsverhandlung
Bezeichnung des Notars	Bezeichnung des Notars
	Bezeichnung der Beteiligten
	Feststellungen zur Identität der Beteiligten
	ggf. Feststellungen zur Geschäftsfähigkeit der Beteiligten
Bericht über die Wahrnehmung des Notars	Erklärungen der Beteiligten
Ort und Tag der Wahrnehmung des Notars	
	Schlussvermerk
Unterschrift des Notars	Unterschriften der Beteiligten und des Notars

Aber nicht nur der Inhalt der Niederschrift, vor allem auch das zugrunde liegende Beurkundungsverfahren erscheint bei der sonstigen Niederschrift deutlich reduziert. Die sonstige Niederschrift ist beispielsweise nicht verlesungspflichtig. Die Prüfungs- und Belehrungspflichten des Notars entfallen bei der sonstigen Niederschrift fast vollständig. Die Hinzuziehung eines Dolmetschers, die bei der Niederschrift über die Beurkundung von Willenserklärungen in bestimmten Situationen unverzichtbar ist, ist bei der sonstigen Niederschrift entbehrlich.

c) Anwendungsbereich

Die sonstige Niederschrift hat in der notariellen Praxis nur einen eingeschränkten Anwendungsbereich. Diese Art der Niederschrift soll deswegen in dieser Ziffer auch nur kurz vorgestellt werden. Auf eine vertiefte Darstellung wird verzichtet. Dass der Anwendungsbereich sehr eingeschränkt ist, mag überraschen, wenn man sich verdeutlicht, dass viele (mehr oder weniger) praxisrelevante Vorgänge, wie insbesondere

- Eide oder eidesstattliche Versicherungen (Ziffer aa)
- Versammlungsbeschlüsse (Ziffer bb)
- Wechselproteste (Ziffer cc)
- notarielle Inventare, zum Beispiel Nachlassverzeichnisse (Ziffer dd)

„andere Erklärungen als Willenserklärungen sowie sonstige Tatsachen und Vorgänge“ darstellen.

Aber nicht für alle der genannten „anderen Erklärungen als Willenserklärungen sowie sonstige Tatsachen und Vorgänge“ ist eine sonstige Niederschrift zu fertigen, wie die folgenden Ausführungen belegen.

aa) Eide und eidesstattliche Versicherungen

Bei der Abgabe eines Eides oder einer eidesstattlichen Versicherung ist der Anwendungsbereich der sonstigen Niederschrift nicht eröffnet. Aufgrund ausdrücklicher Zuweisung in § 38 BeurkG ist die Abgabe eines Eides oder einer eidesstattlichen Versicherung den Vorschriften über die Beurkundung von Willenserklärungen unterstellt. **§ 38 BeurkG**

Merke:
Obwohl es sich bei der Abgabe eines Eides oder einer eidesstattlichen Versicherung nicht um eine Willenserklärung handelt, wird diese beurkundungsrechtlich doch wie eine solche behandelt.

Der Notar protokolliert eidesstattliche Versicherungen vor allem bei der Beantragung eines Erbscheins. Dem Nachlassgericht sind bestimmte Tatsachen, beispielsweise die Nicht-Existenz weiterer Verfügungen von Todes wegen, durch Abgabe einer eidesstattlichen Versicherung des Antragstellers nachzuweisen.

bb) Versammlungsbeschlüsse

Die in der notariellen Praxis regelmäßig auftretenden Versammlungsbeschlüsse sind die der juristischen Personen

- Aktiengesellschaft
- Gesellschaft mit beschränkter Haftung.

Die Versammlungsbeschlüsse anderer Gesellschaften, insbesondere der Personengesellschaften

- Gesellschaft bürgerlichen Rechts
- Offene Handelsgesellschaft
- Kommanditgesellschaft

bedürfen nicht der notariellen Form und spielen deswegen in der Beurkundungspraxis keine bedeutende Rolle.

Versammlungsbeschlüsse werden nicht als Willenserklärungen angesehen, denn solche Beschlüsse zielen nicht darauf ab, eine bestimmte Rechtsfolge auszulösen. Vielmehr dienen sie der internen Willensbildung der Gesellschaft. Das, was beschlossen wurde, wird anschließend von den handlungsbefugten Organen der Gesellschaft umgesetzt. Diese Umsetzung könnte – je nach Beschlussgegenstand – dann die Abgabe von Willenserklärungen nach sich ziehen. Zwingend ist das aber nicht.

Anwendungsbeispiele für Versammlungsbeschlüsse

Die Hauptversammlung der Aktiengesellschaft beschließt die Sitzverlegung von Stuttgart nach München. Der Vorstand wird zur Umsetzung des Beschlusses eine Handelsregisteranmeldung unterzeichnen, in welcher die Sitzverlegung bekanntgegeben wird. In diesem Fall kommt es überhaupt nicht zur Abgabe einer Willenserklärung.

Die Hauptversammlung der Aktiengesellschaft beschließt den Verkauf eines ganzen Geschäftsbereichs der Gesellschaft, damit sich diese in Zukunft auf das Kerngeschäft konzentrieren kann. Der Vorstand wird zur Umsetzung des Beschlusses Verkaufsverhandlungen mit Interessenten führen. Am Ende des Prozesses kommt es zum Abschluss eines Kaufvertrages und somit zur Abgabe von Willenserklärungen.

Da Versammlungsbeschlüsse keine Willenserklärungen sind, ist für sie grundsätzlich der Anwendungsbereich der sonstigen Niederschrift eröffnet. Die meisten Niederschriften über Versammlungsbeschlüsse folgen trotzdem anderen Vorschriften, wie die nachfolgenden Ausführungen belegen.

➢ Aktiengesellschaft

Die Beschlüsse der Hauptversammlung einer Aktiengesellschaft sind gemäß § 130 Absatz 1 Satz 1 AktG notariell zu beurkunden.

§ 130 AktG

Das einzuhaltende Beurkundungsverfahren und der Inhalt der darüber zu errichtenden notariellen Niederschrift werden allerdings spezialgesetzlich in § 130 Absätze 2 bis 4 AktG geregelt. Diese spezielle Regelung geht der allgemeinen Regelung in §§ 36 bis 38 BeurkG vor, § 65 BeurkG.

Die Protokollierung von Versammlungsbeschlüssen ist aus diesem Grunde dem Anwendungsbereich der sonstigen Niederschrift nach den Vorschriften des BeurkG entzogen.

➢ Gesellschaft mit beschränkter Haftung

Die Versammlungsbeschlüsse der Gesellschafter einer Gesellschaft mit beschränkter Haftung müssen insbesondere dann notariell beurkundet werden, wenn sie eine Änderung des Gesellschaftsvertrages zum Gegenstand haben (§ 53 Absatz 2 GmbHG). Weitere Beurkundungspflichten bestehen nach dem Umwandlungsgesetz oder im Einzelfall bei Zustimmungsbeschlüssen. In den anderen Fällen genügt die privatschriftliche Form.

§ 53 Absatz 2 GmbHG

Anwendungsbeispiele für satzungsändernde Beschlüsse

Die Wahl und die Abberufung eines Geschäftsführers müssen bei der Gesellschaft mit beschränkter Haftung nicht notariell beurkundet werden. Privatschriftliche Beschlussfassung genügt, denn die Satzung der GmbH wird durch solche Beschlüsse nicht geändert und es gibt auch keine sonstige Vorschrift, die eine Beurkundungspflicht anordnet.

Die Änderung des Gesellschaftsnamens (Firma) oder des Unternehmensgegenstandes sowie die Verlegung des Sitzes der Gesellschaft sind notariell zu beurkunden, da sie satzungsändernden Inhalt haben.

Für die Protokollierung der Versammlungsbeschlüsse der GmbH-Gesellschafter fehlt eine § 130 AktG vergleichbare, spezielle beurkundungsrechtliche Vorschrift, so dass die Protokollierung dieser Versammlungsbeschlüsse in den Anwendungsbereich der §§ 36 bis 38 BeurkG fiele mit der Folge, dass „eigentlich" eine sonstige Niederschrift zu errichten wäre.

Es wird aber allgemein als zweckmäßig erachtet und hat sich auf breitester Front durchgesetzt, Versammlungsbeschlüsse der GmbH-Gesellschafter nach den Vorschriften über die Beurkundung von Willenserklärungen zu protokollieren, obwohl eine gesetzliche Pflicht zur Anwendung dieses aufwändigen Beurkundungsverfahrens nicht besteht. Dahinter steht die Überzeugung, dass man bei der Protokollierung von Versammlungsbeschlüssen der GmbH-Gesellschafter auf bestimmte tragende Grundsätze des Beurkundungsverfahrens für Willenserklärungen nicht verzichten möchte, insbesondere auf

- die Feststellung der Identität der Gesellschafter,
- die Verlesung der Beschlüsse,
- die Unterzeichnung durch alle Gesellschafter.

Im Normalfall wird somit bei der Protokollierung von Versammlungsbeschlüssen der GmbH-Gesellschafter von der Errichtung einer sonstigen Niederschrift abgesehen. Sollte aber in vereinzelten Situationen die Errichtung einer Niederschrift über die Abgabe von Willenserklärungen zum Zwecke der Protokollierung eines Versammlungsbeschlusses beurkundungsrechtliche Schwierigkeiten auslösen, ist es wichtig zu wissen, dass der Notar in diesem Bereich über große Gestaltungsfreiheit verfügt. Da das Beurkundungsgesetz eigentlich nur eine sonstige Niederschrift verlangt, kann der Notar in einzelnen Aspekten oder im Ganzen von der Einhaltung der strengeren Vorschriften für die Beurkundung von Willenserklärungen absehen, wenn das Endprodukt des notariellen Protokolls den weniger strengen Vorschriften der §§ 36 bis 38 BeurkG noch genügt.

Fallbeispiele zur Anwendung der Vorschriften über sonstige Niederschriften

- **[Der russische Gesellschafter]** Eine aus zwei Gesellschaftern bestehende GmbH möchte in notarieller Urkunde die Änderung des Unternehmensgegenstandes beschließen. Einer der Gesellschafter ist der deutschen Sprache, in der beurkundet wird, nicht mächtig. Er spricht nur russisch. Als Dolmetscher käme der zweite Gesellschafter in Betracht. **Fall-Lösung:** Bei der Beurkundung von Willenserklärungen dürfen Beteiligte in Anwendung von § 16 Absatz 3 Satz 2 in Verbindung mit § 6 Absatz 1 Nr. 1 BeurkG nicht gleichzeitig Dolmetscher sein. § 16 BeurkG ist auf die Beurkundung sonstiger Erklärungen nicht anwendbar. Der Mitgesellschafter kann deswegen als Dolmetscher eingesetzt werden.

- Die GmbH verfügt über 35 Gesellschafter; man scheut den Aufwand, diese alle im Urkundeneingang namentlich mit Geburtsdatum und Wohnanschrift aufzuführen. **Fall-Lösung:** Der Notar wird eine sonstige Niederschrift anfertigen. Er wird dieser Niederschrift eine Anwesenheitsliste beifügen, in der alle anwesenden Gesellschafter verzeichnet sind. Die sonstige Niederschrift inklusive Anwesenheitsliste ist nicht verlesungspflichtig.

Vorsicht ist aber geboten bei sogenannten **gemischten Beurkundungen.** Darunter versteht man Beurkundungen,

- die teilweise den strengen Vorschriften über die Beurkundung von Willenserklärungen und
- teilweise den weniger strengen Vorschriften über die Beurkundung sonstiger Erklärungen sowie sonstiger Tatsachen und Vorgänge unterliegen.

Anwendungsbeispiel zu einer gemischten Beurkundung

Es wird (a) eine Kapitalerhöhung beurkundet (sonstige Erklärung), (b) anschließend erklärt einer der Gesellschafter die Übernahme des neu gebildeten Geschäftsanteils (Willenserklärung).

Die gemischten Beurkundungen müssen insgesamt den strengeren beurkundungsrechtlichen Vorschriften, also den Vorschriften über die Beurkundung von Willenserklärungen, genügen.

Fallbeispiel zu einer gemischten Beurkundung

→ Der russische Gesellschafter S. 73

[Der russische Gesellschafter (Abwandlung)] Eine aus zwei Gesellschaftern bestehende GmbH möchte in notarieller Urkunde das Stammkapital erhöhen. In derselben Urkunde erklärt derjenige Gesellschafter, der der deutschen Sprache nicht hinreichend mächtig ist, die Übernahme des durch die Kapitalerhöhung neu gebildeten Geschäftsanteils. **Fall-Lösung:** Da die Übernahme des neu gebildeten Geschäftsanteils eine Willenserklärung ist, muss die gesamte Urkundsverhandlung den strengen Vorschriften über die Beurkundung von Willenserklärungen genügen. Der andere Gesellschafter darf deswegen hier nicht dolmetschen, denn er ist Beteiligter und deswegen als Dolmetscher ausgeschlossen (§ 16 Absatz 3 Satz 2 in Verbindung mit § 6 Absatz 1 Nr. 1 BeurkG).

cc) Wechselproteste

➢ Spezielle beurkundungsrechtliche Vorschriften

Für die Protokollierung eines Wechselprotestes existieren ebenfalls spezielle beurkundungsrechtliche Vorschriften in Artikel 79 bis 87 Wechselgesetz (WG), welche die Anwendung des § 37 BeurkG ausschließen (§ 65 BeurkG).

➢ Exkurs: Sinn und Zweck eines Wechsels

Dem Wechsel liegt im Normalfall ein **Drei-Personen-Verhältnis** zugrunde. Es gibt

- den Aussteller des Wechsels,
- den Bezogenen,
- den Wechselnehmer.

Der Aussteller ist Gläubiger des Bezogenen und gleichzeitig Schuldner des Wechselnehmers. Das bedeutet: Der Aussteller des Wechsels hat einen Zahlungsanspruch gegen den Bezogenen, und er ist seinerseits aus einem anderen Rechtsgrund verpflichtet, an den Wechselnehmer zu zahlen.

Anwendungsbeispiel zum Wechsel

Albert ist Baustofflieferant. Er hat einen Anspruch auf Zahlung von € 4.000,00 gegen den Bauunternehmer Bruno. Albert ist seinerseits der Commerzbank gegenüber zur Rückzahlung eines Darlehens über € 12.000,00 verpflichtet. Die laufenden monatlichen Raten kann er nicht aufbringen, es fehlt ihm an finanziellen Mitteln.

Albert könnte in dieser Situation einen Wechsel ausstellen, wenn Bruno und die Commerzbank damit einverstanden sind. Bezogener wäre Bruno, Wechselnehmer die Commerzbank. Sofern der Wechsel ordnungsgemäß durchgeführt wird zahlt Bruno am Zahlungstag € 4.000,00 an die Commerzbank. Damit erlischt seine Schuld gegenüber Albert. Und die Commerzbank verbucht die Zahlung des Bruno auf dem Darlehenskonto des Albert, dessen Darlehensverbindlichkeit gegenüber der Commerzbank fortan nur noch € 8.000,00 beträgt.

Der Wechsel führt im Ergebnis zu einer **Vereinfachung der Zahlungswege:** Bruno muss nicht an Albert und Albert muss nicht an die Commerzbank zahlen. Vielmehr zahlt Bruno direkt an die Commerzbank, mit der er überhaupt keine vertragliche Beziehung unterhält.

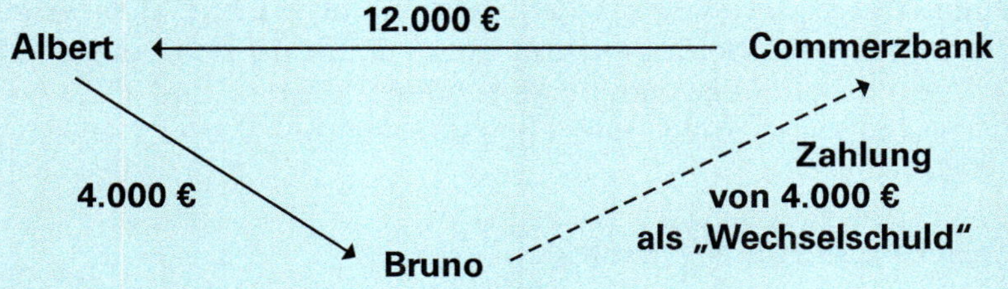

Mit einem Wechsel lässt sich aber mehr erreichen als lediglich eine Vereinfachung der Zahlungswege. Die im vorangegangenen Anwendungsbeispiel beschriebene Direktzahlung von Bruno an die Commerzbank ließe sich theoretisch auch auf anderem Wege herbeiführen. Albert könnte seinen Zahlungsanspruch gegen Bruno an die Commerzbank abtreten. Oder aber er weist ihn an, direkt an die Commerzbank zu zahlen. Die Commerzbank dürfte sich aber regelmäßig weder mit einer Abtretung noch mit einer Anweisung einverstanden erklären. Beiden Maßnahmen – Abtretung und Anweisung – haftet nämlich die Schwäche an, dass die Commerzbank vom Bruno nur dann und nur in dem Umfang Zahlung verlangen kann, wie es der Vertrag zwischen Bruno und Albert zulässt. Der Zahlungsanspruch der Commerzbank gerät bei Abtretung und Anweisung in Abhängigkeit zum Kaufvertrag zwischen Bruno und Albert.

Anwendungsbeispiele zu Abtretung und Anweisung

- **[Mangelware-Fall]** Bruno mindert den Kaufpreis für die von Albert gelieferten Baustoffe, weil diese mangelhaft waren oder aber er erklärt sogar wegen des Mangels die Rückgängigmachung des Kaufvertrages. Diese Einwände müsste die Commerzbank bei Abtretung des Zahlungsanspruchs oder bei Anweisung an Bruno, an die Commerzbank zu zahlen gegen sich gelten lassen; bei Minderung bekäme die Commerzbank weniger Geld, bei Rückgängigmachung bekäme sie gar nichts. Da die Commerzbank nicht wissen kann, welche Einwendungen und Einreden dem Schuldner (Bruno) aus dem Kaufvertrag (Albert – Bruno) zustehen, wird sie sich regelmäßig nicht mit der Abtretung der Ansprüche oder einer Zahlungsanweisung zufrieden geben.
- Bruno steht eine Gegenforderung gegen seinen Warenlieferanten Albert zu. Mit dieser Forderung hat er vor der Abtretung/Anweisung bereits die Aufrechnung erklärt. Die beiderseits bestehenden Forderungen wurden auf diese Weise gegeneinander aufgehoben und die Commerzbank steht „mit leeren Händen" da.

Die Commerzbank wird Wert legen auf einen Anspruch, der stärker ausgestaltet ist als der Zahlungsanspruch bei Abtretung oder Anweisung. Und dieser Wunsch wird der Commerzbank bei einem Wechsel erfüllt.

Dem Wechsel haftet die im Anwendungsbeispiel beschriebene Schwäche der Abtretung und der Anweisung nicht an. Durch den Wechsel wird ein Forderungsrecht des Wechselnehmers begründet, welches **vom Bestehen und vom Inhalt des Vertrages,** aus dem der Zahlungsanspruch folgt, **unabhängig ist.** Akzeptiert der Bezogene einen Wechsel, so verpflichtet er sich damit auch dem Wechselnehmer gegenüber grundsätzlich uneingeschränkt zur Zahlung und verzichtet auf die Geltendmachung möglicherweise bestehender Einreden und Einwendungen, die sich aus dem mit dem Aussteller abgeschlossenen Vertrag ableiten lassen (Artikel 17 WG).

Anwendungsbeispiel zum Wechsel

→ Mangelware-Fall S. 76

Im Mangelware-Fall wäre Bruno, sofern er den Wechsel akzeptiert, der Commerzbank gegenüber auch dann uneingeschränkt zur Zahlung verpflichtet, wenn die von Albert gelieferte Ware mangelhaft ist und Bruno Albert gegenüber den Kaufpreis mindert oder sogar vom Vertrag zurücktritt.

Merke:

Durch den Wechsel wird ein Forderungsrecht des Wechselnehmers begründet, welches vom Bestehen und vom Inhalt des Vertrages, aus dem der Zahlungsanspruch folgt, unabhängig ist. Diese besondere Rechtsfolge rechtfertigt die Existenz des Wechsels und sie unterscheidet ihn von der Forderungsabtretung und von der an den Schuldner gerichteten Zahlungsanweisung.

➢ Exkurs: Wechsel im Zwei-Personen-Verhältnis und im Mehr-Personen-Verhältnis

Es wurde gesagt, dass dem Wechsel im Normalfall ein Drei-Personen-Verhältnis zugrunde liegt. Das ist zu relativieren.

Ein Wechsel ist auch in einem **Zwei-Personen-Verhältnis** denkbar, nämlich dann, wenn der Aussteller (zunächst) sich selbst als Wechselnehmer einsetzt. Man spricht von einem Wechsel „an eigene Order". Ein Wechsel an eigene Order erscheint aber nur dann sinnvoll, wenn sich der Aussteller mit dem Gedanken trägt, den Wechsel zu einem späteren Zeitpunkt an einen seiner Gläubiger zu übertragen. Mit der Übertragung, die zwar nicht immer, im Normalfall aber „Indossament" heißt, wird eine andere Person Wechselnehmer. Auf diese Weise entsteht dann wieder ein Drei-Personen-Verhältnis.

Anwendungsbeispiel zum Wechsel an eigene Order

Albert stellt zunächst einen Wechsel an eigene Order aus. Bruno akzeptiert diesen Wechsel. Albert kann den Wechsel später auf einen seiner Gläubiger, zum Beispiel die Commerzbank, übertragen („indossieren"). Dann kann die Commerzbank vom Bezogenen (Bruno) Zahlung verlangen.

Aus dem üblichen Drei-Personen-Verhältnis kann beim Wechsel auch ein Vier-Personen-Verhältnis oder sogar noch mehr, nämlich ein **nach oben offenes Mehr-Personen-Verhältnis** entstehen. Und darin liegt aus der Sicht eines potenziellen Wechselnehmers der zweite große Vorteil eines Wechsels. Dem aktuellen Wechselnehmer haften nicht nur Aussteller und Bezogener auf Erfüllung der Wechselschuld; es haftet darüber hinaus gesamtschuldnerisch jeder vorhergehende Wechselnehmer, sofern er den Wechsel – wie im Regelfall – durch Indossament auf seinen Nachfolger übertragen hat (Artikel 15 WG)! Für den potenziellen Wechselnehmer bietet ein Wechsel eine umso größere Sicherheit, durch je mehr Hände der Wechsel gegangen ist, denn mit jedem Indossament steigt die Zahl der Zahlungsverpflichteten.

Merke:

Der Wechsel hat aus Sicht des Wechselnehmers somit zwei große Vorteile:

- **Zum einen wird durch den Wechsel ein Forderungsrecht des Wechselnehmers begründet, welches vom Bestehen und vom Inhalt des Vertrages, aus dem der Zahlungsanspruch folgt, unabhängig ist.**
- **Zum anderen haften dem aktuellen Wechselnehmer nicht nur Aussteller und Bezogener auf Erfüllung der Wechselschuld; es haftet darüber hinaus gesamtschuldnerisch jeder vorhergehende Wechselnehmer, sofern er den Wechsel – wie im Regelfall – durch Indossament auf seinen Nachfolger übertragen hat!**

➢ **Exkurs: Sinn und Zweck des Wechselprotestes**

Der Rückgriff des aktuellen Wechselnehmers auf alle anderen Beteiligten als den Bezogenen ist allerdings nur möglich, wenn im Falle des Zahlungsausfalls rechtzeitig **„Protest mangels Zahlung"** erhoben wird (Artikel 43 WG). Und an dieser Stelle kommt der Notar mit dem Wechsel in Berührung. Der Notar ist **„Protestbeamter"**. Der Notar begibt sich im Auftrag des aktuellen Wechselnehmers zum vereinbarten Zahlungsort. Er erhebt dort im Namen des aktuellen Wechselnehmers „Protest mangels Zahlung", wenn er – wie üblich – niemanden antrifft, der bereit und fähig ist, die Wechselschuld zu erfüllen. Über die Protesterhebung hat der Notar eine **Protesturkunde** zu errichten.

Beachte:

Auch bei einem Scheck ist ein Rückgriff auf andere Beteiligte erst nach Erhebung eines Protestes möglich. Auch dieser Protest kann durch eine öffentliche vom Notar errichtete Urkunde erfolgen (§ 40 Nr. 1 ScheckG). Der Protest kann aber auch auf andere Weise – ohne dass es der Einschaltung des Notars bedarf – erhoben werden, und zwar durch eine schriftliche datierte Erklärung des Bezogenen (§ 40 Nr. 2 ScheckG) oder durch eine datierte Erklärung einer Abrechnungsstelle (= Kreditinstitut), dass der Scheck rechtzeitig eingeliefert und nicht bezahlt worden ist (§ 40 Nr. 3 ScheckG). Da die Protesterhebung beim Scheck also ohne Einschaltung des Notars möglich ist, verzichtet man dort auch auf die Einschaltung des Notars.

Der vereinbarte Zahlungsort ist auf dem Wechsel vermerkt. Es handelt sich höchst selten um eine Privatadresse. Üblicherweise ist Zahlungsort ein bestimmtes Kreditinstitut, meistens die Hausbank des Bezogenen.

Merke:

Der aktuelle Wechselnehmer kann nur dann bei den anderen Wechselbeteiligten, vor allem bei den früheren Wechselnehmern, Rückgriff nehmen, wenn er rechtzeitig Protest mangels Zahlung erhebt. Die Protesterhebung erfolgt durch den Notar, der darüber eine Niederschrift anzufertigen hat.

➢ **Exkurs: Ordnungsgemäße Errichtung der Protesturkunde**

Die Protesterhebung ist fristgebunden. Sie hat **innerhalb von zwei Werktagen nach Zahlungsfälligkeit** zu erfolgen.

Verfalltag	Zahltag	Protesttage	
		1. Werktag nach Zahltag	2. Werktag nach Zahltag
Montag	Montag	Dienstag	Mittwoch
Dienstag	Dienstag	Mittwoch	Donnerstag
Mittwoch	Mittwoch	Donnerstag	Freitag
Donnerstag	Donnerstag	Freitag	Montag
Freitag	Freitag	Montag	Dienstag
Samstag	Montag	Dienstag	Mittwoch
Sonntag	Montag	Dienstag	Mittwoch

Der Notar wird über die Protesterhebung eine Niederschrift errichten. Der Protest ist keine Willenserklärung, sondern Tatsachenerklärung.

Die Protesturkunde könnte wie folgt lauten:

Nr. 5/2010 der Protestsammelakte Köln, den 3. November 2010

Im Auftrag der Commerzbank Aktiengesellschaft, Frankfurt am Main, begab ich mich heute zum Geschäftslokal der Sparkasse KölnBonn, Lindenstraße 5 in 50667 Köln als Zahlstelle, um den angehefteten Wechsel vorzuzeigen. Den Bezogenen selbst traf ich dort nicht an. Es war jedoch die Bankangestellte Silke Franz anwesend, die ich unter Vorlage des Wechsels zur Zahlung der Wechselsumme aufforderte. Diese Aufforderung blieb ohne Erfolg.

Ich erhob darauf für den Auftraggeber gegen den Bezogenen, Herrn Bruno Ballmann, geboren am 14. Juni 1986, wohnhaft in 51234 Köln, Hauptstraße 13, Protest mangels Zahlung.

Krämer, Notar
(Siegel)

➢ Exkurs: Wechseleinzugsabkommen der Kreditinstitute aus dem Jahre 1970

In der Praxis kommt verbreitet das Wechseleinzugsabkommen der Kreditinstitute aus dem Jahre 1970 zur Anwendung. Nach diesem Abkommen wird ein Wechsel nicht durch Indossament von einem Kreditinstitut auf das andere übertragen. Vielmehr setzt das Kreditinstitut, welches erster Wechselnehmer ist und den Wechsel auf ein anderes Kreditinstitut zu übertragen wünscht, einfach seinen Stempel auf den Wechsel und fügt diesem hinzu: „Vollmacht gemäß Wechselabkommen". Das Kreditinstitut, auf welches der Wechsel auf diese Weise übertragen wird, erscheint auf dem Wechsel nicht – und ebenso wenig mögliche andere Kreditinstitute, auf die der Wechsel weiter übertragen wird. Protest ist zu erheben von dem Kreditinstitut, welches am Ende Wechselnehmer geworden ist, und zwar im Auftrag des Kreditinstitutes, welches aus dem auf dem Wechsel befindlichen Stempel als erster Wechselnehmer in Erscheinung getreten ist.

→ Indossament S. 77

Anwendungsbeispiel zum Wechseleinzugsabkommen

Der Baustofflieferant Albert hat einen Anspruch auf Zahlung von € 4.000,00 gegen den Bauunternehmer Bruno. Albert stellt einen Wechsel über € 4.000,00 „an eigene Order" aus, den Bruno akzeptiert. Als Albert dringend Geld benötigt, indossiert er den Wechsel an seine Hausbank, die Commerzbank, und erhält ein kurzfristiges Darlehen. Albert bedrängt den nach wie vor säumigen Bruno, endlich seine Schuld über € 4.000,00 zu begleichen, damit Albert seiner Hausbank das Darlehen zurückzahlen kann. Bruno gelingt es, seine Hausbank, die Sparkasse KölnBonn zu einer Darlehensgewährung über € 4.000,00 zu überreden. Mit dem Geld möchte Bruno seine Schuld gegenüber Albert begleichen. Das Geld wird direkt an die Commerzbank gezahlt, die darauf hin das Darlehenskonto des Albert auf 0 stellt. Den Wechsel übergibt die Commerzbank der Sparkasse KölnBonn. Zahlt der Bruno das Darlehen (spätestens) am Zahlungstag nicht zurück, wird die Sparkasse KölnBonn durch einen Notar Protest mangels Zahlung erheben, und zwar – wegen des Wechselabkommens – im Namen der Commerzbank, die durch ihren auf dem Wechsel befindlichen Stempel legitimiert ist.

dd) Nachlassverzeichnisse

Das notarielle Nachlassverzeichnis unterfällt den Vorschriften über die Beurkundung anderer Erklärungen als Willenserklärungen sowie sonstiger Tatsachen und Vorgänge.

Ein notarielles Nachlassverzeichnis kann beispielsweise ein Pflichtteilsberechtigter vom eingesetzten Erben verlangen, wenn er vom Erben seinen Pflichtteil erhalten will. Der Pflichtteilsberechtigte muss zur Wahrung und Durchsetzung seiner Rechte in Erfahrung bringen, welche Nachlassgegenstände und vor allem welcher Nachlasswert vorhanden sind. Bei der Ermittlung des Nachlasswertes kann dem Pflichtteilsberechtigten das notarielle Nachlassverzeichnis hilfreich sein. Es liefert ihm einen Überblick über die vorhandenen Nachlassgegenstände (nicht aber über deren Wert). Auf gesicherter Tatsachengrundlage kann (und muss) der Pflichtteilsberechtigte dann den Nachlasswert ermitteln und seinen Pflichtteilsanspruch konkret beziffern.

Der Text einer sonstigen Niederschrift könnte am Beispiel des notariellen Nachlassverzeichnisses beispielsweise wie folgt lauten.

Formulierungsbeispiel zum notariellen Nachlassverzeichnis

Urkundenrolle Nummer 1825/2015

Ich,

Dr. Peter Schröder

Notar mit dem Amtssitz in Düsseldorf

wurde von Frau Gerda Weinfeld geborene Roth, geboren am 5. Oktober 1937, wohnhaft 40215 Düsseldorf, Oberbilker Allee 51, beauftragt, den Bestand des Nachlasses des am 22. April 2013 verstorbenen Erich Weinfeld, ihres Ehegatten, in einem notariell aufgenommenen Verzeichnis festzustellen.

Frau Weinfeld wurde durch Urteil des Landgerichts Düsseldorf (Aktenzeichen 16 O 270/13) vom 4. November 2014 auf die Klage der nicht-ehelichen Tochter des Herrn Weinfeld, Frau Maria Schleemann, wohnhaft in 43219 Halle, Maarweg 43, zur Auskunft über den Nachlass durch Vorlage eines notariell aufgenommenen Nachlassverzeichnisses verurteilt.

Ich, der amtierende Notar, habe in Wahrnehmung der mir übertragenen Aufgabe das in der Anlage zu dieser Niederschrift enthaltene Nachlassverzeichnis aufgenommen. Die im Nachlassverzeichnis enthaltenen Angaben habe ich wie folgt ermittelt:

Zunächst habe ich Frau Weinfeld die Gliederung des in der Anlage enthaltenen Nachlassverzeichnisses übersandt mit der Bitte, dieses gewissenhaft auszufüllen und mir zurückzusenden. Gleichzeitig habe ich mir von Frau Weinfeld Vollmacht erteilen lassen zur Anfrage bei Geldinstituten, Bausparkassen, Finanzämtern und dem Grundbuchamt. Die von diesen erteilte Auskünfte sind berücksichtigt.

Schließlich habe ich am 15. Dezember 2015 im Beisein von Frau Weinfeld eine Wohnungsbesichtigung durchgeführt und die zum Hausrat gehörenden Gegenstände sowie andere bewegliche körperliche Gegenstände erfasst.

Frau Weinfeld wurde während der Erstellung des Nachlassverzeichnisses von mir wiederholt auf ihre Pflicht, wahrheitsgemäße Angaben zu machen, hingewiesen.

Frau Weinfeld und Frau Schleemann, vertreten durch ihren Rechtsanwalt, haben den Entwurf eines vorläufigen Verzeichnisses mit dem Stand nach der Wohnungsbegehung vom 17. Dezember 2015 erhalten mit der Bitte um Stellungnahme. Von ihrem Recht, bei der Errichtung des Nachlassverzeichnisses anwesend zu sein, haben sie keinen Gebrauch gemacht (§ 2314 Absatz 1 Satz 2 BGB).

Düsseldorf, den 28. Dezember 2015

Dr. Peter Schröder, Notar

II. Beurkundungsverfahren und Inhalt einer Niederschrift über die Beurkundung von Willenserklärungen (§§ 8 bis 35 BeurkG)

§§ 8 bis 35 BeurkG

Einer Niederschrift über die Beurkundung von Willenserklärungen liegt das im Folgenden beschriebene Beurkundungsverfahren zugrunde; darüber ist eine Niederschrift mit dem nachfolgend beschriebenen Inhalt zu errichten.

1. Ort und Tag der Urkundsverhandlung

Die Niederschrift über die Beurkundung von Willenserklärungen beginnt mit der Angabe des Ortes und des Tages der Urkundsverhandlung.

Formulierungsbeispiel zur Angabe von Ort und Tag der Urkundsverhandlung

Verhandelt zu Düsseldorf am 25. Oktober 2010

§ 9 Absatz 2 BeurkG

Hierbei handelt es sich um eine **„Soll-Vorschrift“** (§ 9 Absatz 2 BeurkG). Das bedeutet: Fehlen die Angaben zu Ort und Tag der Beurkundung, so führt dieser Mangel nicht zur Unwirksamkeit der notariellen Urkunde. Die Beurkundung ist ungeachtet der Verletzung von § 9 Absatz 2 BeurkG wirksam.

Findet die **Beurkundung** nicht in den Amtsräumen des Notars, sondern **auswärts** statt, so ist es üblich, dieses bei Angabe des Ortes der Urkundsverhandlung klarzustellen.

Formulierungsbeispiel bei Auswärtsbeurkundung

Verhandelt zu Düsseldorf in der Schlossstraße 23, wohin sich der Notar auf Ersuchen der Beteiligten begeben hat, am 25. Oktober 2010

2. Bezeichnung des Notars

Es schließt sich an die Bezeichnung des Notars.

Formulierungsbeispiel zur Bezeichnung des Notars

Vor mir, Dr. Peter Schröder, Notar mit dem Amtssitz in Düsseldorf

§ 9 Absatz 1 Satz 1 Nr. 1 BeurkG

Hierbei handelt es sich um eine **„Muss-Vorschrift"** (§ 9 Absatz 1 Satz 1 Nr. 1 BeurkG). Das bedeutet: Wird der Notar nicht oder nicht eindeutig in der Niederschrift bezeichnet, so ist die gesamte Niederschrift unwirksam!

Es ist kaum denkbar, dass in einer notariellen (verlesungspflichtigen) Niederschrift die Bezeichnung des beurkundenden Notars vergessen wird. Das Risiko einer Unwirksamkeit wegen Verstoßes gegen § 9 Absatz 1 Satz 1 Nr. 1 BeurkG kann sich aber ergeben, wenn der Notar amtlich vertreten wird. Dann ist im Urkundseingang durch eine geeignete Formulierung auf die Notarvertretung hinzuweisen.

Formulierungsbeispiele bei Notarvertretung

Vor mir, Notarassessor Dr. Klaus Wienand als amtlich bestellter Vertreter von Dr. Peter Schröder, Notar mit dem Amtssitz in Düsseldorf

Vor mir, Notarassessor Dr. Klaus Wienand als amtlich bestellter Vertreter des amtlich bestellten Notariatsverwalters Dr. Andreas Huber anstelle von Dr. Peter Schröder, Notar mit dem Amtssitz in Düsseldorf

Unterbleibt ein Hinweis auf die Notarvertretung, dann wird im Urkundseingang fälschlicherweise als Urkundsperson der in Wahrheit vertretene Notar ausgewiesen, während die Urkunde unterzeichnet wird von dem Notarvertreter. Nach der Rechtsprechung liegt in einem solchen Fall ein aus dem Inhalt der Urkunde nicht vollständig lösbarer Widerspruch vor. Da die Urkundsperson nicht zweifelsfrei bestimmbar ist, liegt ein Verstoß gegen § 9 Absatz 1 Satz 1 Nr. 1 BeurkG vor, der zur Unwirksamkeit der gesamten Urkunde führt.

3. Bezeichnung der Beteiligten

§ 9 Absatz 1 Satz 1 Nr. 1 BeurkG

Ferner sind in der Niederschrift die Beteiligten genau zu bezeichnen. Die Bezeichnung der Beteiligten ist eine **„Muss-Vorschrift"** (§ 9 Absatz 1 Satz 1 Nr. 1 BeurkG).

Es lassen sich zwei Arten von Beteiligten unterscheiden, und zwar

- die Beteiligten im materiellen Sinn (Ziffer a) und
- die Beteiligten im formellen Sinn (Ziffer b).

Im **materiellen Sinn** beteiligt sind die Personen, die eigene Willenserklärungen abgeben oder – durch einen Vertreter – abgeben lassen beziehungsweise denen gegenüber oder dessen Vertreter gegenüber Willenserklärungen eines anderen abgegeben werden. Die Beteiligten im materiellen Sinne werden durch die abgegebenen Willenserklärungen in eigener Person berechtigt oder verpflichtet. Die Beteiligten im materiellen Sinn sind an der Beurkundung auch dann beteiligt, wenn sie bei der Urkundsverhandlung gar nicht körperlich anwesend sind.

Merke:
Die Beteiligten im materiellen Sinne werden durch die abgegebenen Willenserklärungen in eigener Person berechtigt oder verpflichtet.

Im **formellen Sinn** beteiligt sind hingegen die Erschienenen, deren im eigenen oder fremden Namen abgegebene Erklärungen beurkundet werden (§ 6 Absatz 2 BeurkG). Ist der Beteiligte im materiellen Sinne nicht persönlich anwesend und wird er deswegen vertreten, so bleibt er gleichwohl Beteiligter im materiellen Sinn. Sein bei Beurkundung anwesender Vertreter ist Beteiligter im formellen Sinn. Er gibt dann Erklärungen im fremden Namen ab.

§ 6 Absatz 2 BeurkG

Beide Arten von Beteiligten müssen im Urkundseingang bezeichnet werden.

a) Beteiligte im materiellen Sinne

Da der Beteiligte im materiellen Sinne durch die abgegebenen Willenserklärungen in eigener Person berechtigt oder verpflichtet wird, muss er Rechtsfähigkeit besitzen, also die Fähigkeit, Träger von Rechten und Pflichten zu sein.

Beteiligter im materiellen Sinne können also sein

- natürliche Personen (Ziffer aa)
- juristische Personen (Ziffer bb)
- Personengesellschaften (Ziffer cc)

aa) Natürliche Personen

Beteiligter im materiellen Sinne können zunächst einmal natürliche Personen sein. Dementsprechend sind beispielsweise Frau Luise Schmidt oder Herr Georg Stein Beteiligte im materiellen Sinne. Die Staatsangehörigkeit der natürlichen Person spielt keine Rolle. Frau Luise Schmidt kann auch dann Beteiligte im materiellen Sinne sein, wenn sie nicht die deutsche, sondern eine beliebige ausländische Staatsangehörigkeit besitzt.

Ob die natürliche Person volljährig oder minderjährig, gesund oder geistig behindert ist, ist ebenfalls nicht von Belang. Auch Minderjährige und geistig behinderte Personen sind rechtsfähig und können folglich Beteiligte im materiellen Sinne sein. Minderjährige und geistig behinderte Personen sind nur nicht geschäftsfähig. Aber eine fehlende Geschäftsfähigkeit steht der Beteiligung im materiellen Sinne nicht entgegen. Die fehlende Geschäftsfähigkeit hat lediglich zur Folge, dass der Beteiligte im materiellen Sinne in der notariellen Urkunde vertreten werden muss durch seinen gesetzlichen Vertreter – bei Minderjährigen die Eltern, bei geistig behinderten Erwachsenen der gerichtlich eingesetzte Betreuer.

Natürliche Personen werden in der notariellen Niederschrift über die Beurkundung von Willenserklärungen üblicherweise durch

- Vornamen
- Namen
- Geburtsdatum
- Wohnadresse oder Geschäftsadresse

§ 10 Absatz 2 BeurkG

eindeutig bezeichnet (§ 10 Absatz 2 BeurkG).

Nicht vorgeschrieben, aber immer noch gelegentlich anzutreffen ist die zusätzliche Nennung des erlernten oder ausgeübten Berufes.

Formulierungsbeispiel zur Bezeichnung einer natürlichen Person

Frau Luise Schmidt geborene Karlsberg, Friseurin, geboren am 10. April 1976, wohnhaft in 58234 Troisdorf, Alte Gasse 13

Bei Urkunden, die an das Handelsregister oder ein ähnliches – für jedermann öffentlich einsehbares – Register übermittelt werden, sind aus Datenschutzgründen die folgenden Besonderheiten zu beachten:

- Gemäß § 5 Absatz 1 Satz 4 DONot kann von der Angabe der Wohnanschrift (nicht des Wohnortes) abgesehen werden, wenn die Urkunde zur Übermittlung an das Handelsregister oder ein ähnliches Register bestimmt ist und Zweifel und Verwechslungen ausgeschlossen sind.
- Gemäß § 5 Absatz 1 Satz 5 DONot kann anstelle der Wohnanschrift und des Wohnortes einer natürlichen Person auch deren Geschäfts- oder Dienstanschrift einschließlich des Geschäfts- oder Dienstortes angegeben werden, wenn die Person geschäftlich oder dienstlich auftritt.
- Übermittelt der Notar Dokumente elektronisch in öffentlich beglaubigter Form an das Handelsregister oder ein ähnliches Register, regelt § 5a Satz 1 DONot, dass Wohnanschriften, Seriennummern von Ausweisdokumenten sowie Kontoverbindungen nicht in das Dokument aufgenommen oder unkenntlich gemacht werden sollen.

bb) Juristische Personen

Auch juristische Personen können Beteiligte im materiellen Sinne sein. Unter einer juristischen Person versteht man allgemein eine Zusammenfassung von Personen oder Sachen zu einem rechtlichen Gebilde, welchem von der Rechtsordnung Rechtsfähigkeit verliehen wurde und welches aus diesem Grunde Träger von Rechten und Pflichten sein kann. Wieviele verschiedene juristische Personen existieren, verdeutlicht die nachfolgende Übersicht.

Juristische Personen (JP) des deutschen Rechts		Juristische Personen (JP) ausländischer Rechtsordnungen
JP des Privatrechts	JP des öffentlichen Rechts	
✓ AG ✓ GmbH ✓ e.V. ✓ u.a.	Körperschaften ✓ BRD ✓ Land NRW ✓ Stadt Köln ✓ Kreis Lippe Anstalten Stiftungen	✓ Private limited company nach englischem Recht ✓ Société anonyme (SA) nach französischem Recht ✓ u.a.

Man kann die juristischen Personen des Privatrechts von den juristischen Personen des öffentlichen Rechts unterscheiden. Die juristischen Personen des Privatrechts haben ihren Entstehungsgrund in den Vorschriften des Privatrechts, die juristischen Personen des öffentlichen Rechts haben ihren Entstehungsgrund in den Vorschriften des öffentlichen Rechts.

Von den **juristischen Personen des Privatrechts** sind in der Rechtspraxis besonders häufig anzutreffen:

- die Aktiengesellschaft (AG),
- die Gesellschaft mit beschränkter Haftung (GmbH) und
- der (ins Vereinsregister) eingetragene Verein (e.V.).

Fallbeispiel zu den juristischen Personen des Privatrechts

[Sängergruppe-Fall] Fünf Freunde haben sich zur Sängergruppe „Waldeslust" zusammengeschlossen. Alle die Sängerguppe betreffenden Entscheidungen sollen nach dem Willen der Gründungsmitglieder mit Einstimmigkeit getroffen werden. Dieses gilt auch für die Aufnahme weiterer Sangesfreunde. Hinzukommt, dass die Gruppe eine gemeinsame Kasse führen will, in die die fünf Freunde jedes halbe Jahr einen Betrag von 50 Euro einzahlen. Von dem in der Kasse befindlichen Geld soll im Namen aller Freunde insbesondere neues Equipment, wie beispielsweise neue Notenständer und Gesangsbücher, gekauft werden. Die Eintragung in das Vereinsregister wird von den fünf Freunden nicht gewünscht. Ist die Sängergruppe eine juristische Person?

Fall-Lösung: Die Sängergruppe „Waldeslust" könnte eine juristische Person des Privatrechts sein, weil sich der Zusammenschluss von Freunden zum gemeinsamen Singen ersichtlich nach den Vorschriften des Privatrechts, insbesondere nach den Vorschriften des BGB, und nicht nach den Vorschriften des öffentlichen Rechts richtet.

(Fortsetzung nächste Seite)

Es ist allerdings zu berücksichtigen, dass nicht jede Zusammenfassung von natürlichen Personen automatisch eine juristische Person ist. Eine Personenmehrheit ist vielmehr nur dann juristische Person, wenn sie die von der Rechtsordnung dafür aufgestellten Voraussetzungen erfüllt. Betrachtet man alle vom Gesetzgeber „zur Verfügung gestellten" juristischen Personen des Privatrechts, so könnte die Sängergruppe „Waldeslust" allenfalls die Voraussetzungen des Vereins im Sinne des BGB erfüllen.

Nach dem BGB ist aber nur der im Vereinsregister eingetragene Verein als juristische Person rechtsfähig. Der nicht eingetragene Verein ist jedenfalls nicht rechtsfähig und somit auch keine juristische Person (§ 21 BGB). Da sich die fünf Freunde nicht ins Vereinsregister eintragen lassen wollten, ist ihr Zusammenschluss keine juristische Person.

Die Sängergruppe „Waldeslust" könnte aber möglicherweise eine Gesellschaft bürgerlichen Rechts sein. Dann käme ihr als solche Rechtsfähigkeit zu und die Möglichkeit, Beteiligter im materiellen Sinne zu sein. Das ist weiter unten näher zu untersuchen.

Innerhalb der Gruppe der **juristischen Personen des öffentlichen Rechts** unterscheidet man

- die Körperschaften des öffentlichen Rechts,
- die Anstalten des öffentlichen Rechts und
- die Stiftungen des öffentlichen Rechts.

Von den juristischen Personen des öffentlichen Rechts sind in der Rechtspraxis besonders häufig die Körperschaften des öffentlichen Rechts anzutreffen. Zu ihnen zählen namentlich:

- die Bundesrepublik Deutschland,
- die Bundesländer, zum Beispiel Nordrhein-Westfalen oder Bayern,
- die kreisfreien Städte, zum Beispiel Köln oder München,
- die kreisangehörigen Gemeinden,
- die Landkreise und
- die Kirchengemeinden.

Juristische Personen gibt es nicht nur in Deutschland, sondern auch in ausländischen Rechtsordnungen. Der Notarfachangestellte kennt aus seiner beruflichen Praxis wahrscheinlich die mit Zweigniederlassungen auch in Deutschland verbreitete private limited company nach englischem Recht, vielleicht auch die französische Aktiengesellschaft, die société anonyme, und weitere **juristische Personen ausländischer Rechtsordnungen.** Für die juristischen Personen des ausländischen Rechts gilt im Grundsatz nichts anderes als für die natürlichen Personen mit ausländischer Staatsangehörigkeit: Auch juristische Personen ausländischer Rechtsordnungen können Beteiligter im materiellen Sinne sein.

Juristische Personen werden in der notariellen Niederschrift über die Beurkundung von Willenserklärungen üblicherweise durch

- Namen
- gegebenenfalls: Registernummer
- Sitz
- Geschäftsadresse

eindeutig bezeichnet (§ 10 Absatz 2 BeurkG).

§ 10 Absatz 2 BeurkG

Formulierungsbeispiel zur Bezeichnung einer juristischen Person

Bertis Fischfutter GmbH, eingetragen im Handelsregister des Amtsgerichts Köln unter der Registernummer HR B 12345, mit Sitz in Köln und der inländischen Geschäftsanschrift 50823 Köln, Venloer Straße 23

Stadt München, Rathausplatz 1, 80001 München

cc) Personengesellschaften

Die Personengesellschaften stehen zwischen den natürlichen Personen und den juristischen Personen: Personengesellschaften sind zwar keine juristischen Personen, werden vom Gesetz aber recht weitgehend wie solche behandelt.

Den Personengesellschaften gehören vor allem

- die Offene Handelsgesellschaft (OHG),
- die Kommanditgesellschaft (KG) und
- die Gesellschaft bürgerlichen Rechts (GbR)

an.

➢ OHG und KG

Trifft man auf eine OHG oder auf eine KG, so kann man sicher sein, es mit einem Unternehmen zu tun zu haben. Per gesetzlicher Definition handelt es sich bei einer OHG und einer KG um eine Gesellschaft, die entweder eigenes Vermögen verwaltet oder aber um einen Gewerbetrieb, oftmals sogar um ein Handelsgewerbe.

➢ GbR

Was für ein Gebilde sich hingegen hinter einer GbR verbirgt, lässt sich nicht mit derselben Sicherheit sagen. Denn während die OHG und die KG Gesellschaften bzw. Gewerbebetriebe sind, liegt eine GbR schon dann vor, wenn sich die Gesellschafter zur „Erreichung eines gemeinsamen Zwecks“ (§ 705 BGB) zusammenschließen. Diese im Vergleich zur OHG und zur KG sehr vage Formulierung macht die GbR unangefochten zu der vielgestaltigsten Personengesellschaft des deutschen Rechts.

Natürlich kann sich hinter der GbR ein **Unternehmen** verbergen, das einer OHG oder einer KG in wirtschaftlicher und rechtlicher Hinsicht vergleichbar ist. Insbesondere kleine und mittelgroße Unternehmen aus den unterschiedlichsten Wirtschaftszweigen wählen häufig die Rechtsform der GbR. So stößt man beispielsweise auf die Fischer & Bruns Dachdecker GbR, auf die Müller & Meier Architekten GbR und auf die Schmitz & Denker Rechtsanwälte GbR.

Die Erscheinungsformen der GbR enden hier aber nicht. Im Gegenteil: Sie fangen gerade erst an! Die GbR ist beispielsweise auch eine gängige Organisationsform, wenn sich zwei oder mehrere Unternehmen zur gemeinsamen Durchführung eines Großprojekts zusammenschließen, etwa zum Bau eines Flughafens oder zur Errichtung eines Streckenabschnitts einer Bundesautobahn. Die GbR ist hier kein Unternehmen, sondern eine **Unternehmung.** Diese Unternehmung trägt häufig die Bezeichnung Arbeitsgemeinschaft, kurz ARGE. Unternehmungen in diesem Sinne könnten beispielsweise heißen: „ARGE Münchener Flughafen" oder „ARGE Bundesautobahn 1".

Die GbR tritt aber auch in ganz anderen Zusammenhängen in Erscheinung, und zwar in Zusammenhängen, in denen nicht einmal die Vertragsbeteiligten selbst das Bewusstsein haben, mit ihrer Einigung einen Gesellschaftsvertrag abgeschlossen zu haben: Die Arbeitskollegen, die sich zu einer **Lotto-Tippgemeinschaft** zusammengeschlossen haben, sind eine GbR. Und die Berufsschüler, die zweimal pro Woche eine **Fahrgemeinschaft** bilden, um zur entfernt gelegenen Berufsschule zu gelangen, sind auch eine GbR. Erwerben zwei Geschäftspartner in Gewinnerzielungsabsicht ein Grundstück, können sie dieses auch in GbR erwerben, denn schon die bloße **Erhaltung und Verwaltung eines gemeinschaftlichen Gegenstandes** wird von der Rechtsprechung als „Erreichung eines gemeinsamen Zwecks" im Sinne des § 705 BGB anerkannt. Und was beliebigen Geschäftspartnern gestattet ist, soll auch Eheleuten nicht verwehrt sein. Auch Eheleute können ohne Angabe von Gründen und ohne dass es irgendeiner Rechtfertigung dafür bedürfte, eine GbR gründen und mit dieser Grundstücke erwerben. Mit einem Unternehmen oder mit einer Unternehmung haben diese Erscheinungsformen der GbR tatsächlich gar nichts mehr zu tun.

➢ Rechtsfähigkeit der OHG und KG

Die Personengesellschaften sind – wie eingangs gesagt – zwar keine juristischen Personen, werden vom Gesetz aber recht weitgehend wie solche behandelt. Das Gesetz bestimmt in §§ 105 Absatz 2, 161 Absatz 2 HGB ausdrücklich, dass die OHG und die KG unter ihrem Namen (in der Gesetzessprache „Firma" genannt)

- Rechte erwerben und
- Verbindlichkeiten eingehen können.

Darüber hinaus können sie

- Eigentum und andere dingliche Rechte an Grundstücken erwerben,
- vor Gericht klagen und
- verklagt werden.

Für die OHG und die KG bedeutet dieses: Sie sind rechtsfähig, können also Träger von Rechten und Pflichten sein. Nicht die Gesellschafter, sondern die Personengesellschaft selbst ist Partei eines Vertrages.

➢ Rechtsfähigkeit der GbR

Für die GbR fehlte lange Zeit eine den §§ 105, 161 HGB entsprechende Vorschrift.

Nachdem das Recht der GbR jedoch zum 1. Januar 2024 eine umfassende Neuregelung erfahren hat, ist nunmehr auch für die GbR in § 705 BGB ausdrücklich festgeschrieben, dass diese unter bestimmten Voraussetzungen Träger von Rechten und Pflichten (rechtsfähig) sein kann. Gemäß § 705 Absatz 2 BGB ist eine GbR rechtsfähig, wenn sie nach dem gemeinsamen Willen der Gesellschafter am Rechtsverkehr teilnehmen soll. Etwas anderes gilt hingegen, wenn sie den Gesellschaftern lediglich zur Ausgestaltung ihres Rechtsverhältnisses untereinander dient, also nicht nach außen auftreten soll (sog. Innen-GbR). In diesem Fall handelt es sich um eine nicht rechtsfähige GbR. Es existieren folglich zwei Formen der GbR.

Seit dem 1. Januar 2024 besteht gemäß § 707 Absatz 1 BGB nunmehr auch die Möglichkeit, eine GbR in einem eigens dafür vorgesehenen öffentlichen Register **(„Gesellschaftsregister“)** einzutragen. Die Eintragung ist den Gesellschaftern jedoch grundsätzlich freigestellt. Notwendig ist die Eintragung nur in Ausnahmefällen, beispielsweise wenn eine GbR in ein anderes Register eingetragen werden soll. Auf die Rechtsfähigkeit der GbR hat die Eintragung keine Auswirkungen.

Fallbeispiel zur Rechtsfähigkeit einer GbR

→ Sänger-gruppe-Fall S. 85

[Sängergruppe-Fall (Fortsetzung)] Die Sängergruppe „Waldeslust“ war – wie oben festgestellt – schon deswegen keine juristische Person, weil nur der ins Vereinsregister eingetragene Verein als juristische Person anerkannt ist und eine solche Eintragung hier unterblieben ist.

Die Sängergruppe könnte mangels Eintragung ins Vereinsregister entweder ein nicht rechtsfähiger Verein oder eine (rechtsfähige) GbR sein. GbR und Verein ist gemeinsam, dass es sich jeweils um einen auf Dauer angelegten Zusammenschluss von Personen zur Verwirklichung eines gemeinsamen Zwecks, hier des gemeinschaftlichen Singens, handelt. Der entscheidende Unterschied besteht darin, dass der Verein eine körperschaftliche Verfassung aufweist und die GbR nicht. Eine körperschaftliche Verfassung kommt vor allem

- in einem gemeinsamen Namen,
- in der Vertretung durch einen Vorstand und
- in der Unabhängigkeit vom Wechsel der Mitglieder

zum Ausdruck.

Auf den konkreten Fall bezogen bedeutet das: Zwar hat die Sängergruppe „Waldeslust“ einen gemeinsamen Namen. Sie wird aber nicht durch einen Vorstand vertreten. Vielmehr wollen alle fünf Gründungsmitglieder alle den Verein betreffenden Entscheidungen gemeinsam treffen. *(Fortsetzung nächste Seite)*

Ob die Sängergruppe „Waldeslust" vom Wechsel der Mitglieder unabhängig sein soll, ist ebenfalls zweifelhaft. Den Gründungsmitgliedern war besonders daran gelegen, unter sich zu bleiben, denn jeder sollte der Aufnahme eines neuen Mitglieds widersprechen können. Insgesamt ist somit davon auszugehen, dass der Sängergruppe „Waldeslust" eine körperschaftliche Verfassung fehlt. Es handelt sich bei der Sängergruppe somit um eine GbR. Diese ist auch rechtsfähig und damit Beteiligter im materiellen Sinne, da sie nach dem Willen der fünf Freunde im Rechtsverkehr auftreten soll und im Namen der Gruppe („Waldeslust") beispielsweise Notenständer und Gesangsbücher gekauft werden sollen. Hinzukommt, dass die GbR nach dem Willen der Gesellschafter auch über ein eigenes Vermögen in Form der Gemeinschaftskasse verfügen soll. Der Umstand, dass die GbR nicht im Gesellschaftsregister eingetragen ist, steht ihrer Rechtsfähigkeit nicht entgegen, da eine Eintragung den Gesellschaftern freigestellt ist.

➢ Bezeichnung einer Personengesellschaft in der notariellen Niederschrift

Personengesellschaften werden in der notariellen Niederschrift über die Beurkundung von Willenserklärungen üblicherweise durch

- Namen
- gegebenenfalls: Registernummer
- Sitz
- Geschäftsadresse

§ 10 Absatz 2 BeurkG eindeutig bezeichnet (§ 10 Absatz 2 BeurkG).

Formulierungsbeispiel zur Bezeichnung einer Personengesellschaft

Bertis Fischfutter OHG, eingetragen im Handelsregister des Amtsgerichts Köln unter der Registernummer HR A 1234, mit Sitz in Köln und der inländischen Geschäftsanschrift 50823 Köln, Venloer Straße 23

b) Beteiligte im formellen Sinne

Unter einem Beteiligten im formellen Sinne versteht man eine Person, die formal an der Beurkundung – in welcher Funktion auch immer – beteiligt ist. Beteiligter im formellen Sinne sind vor allem neben den persönlich teilnehmenden Beteiligten im materiellen Sinn deren

- gesetzliche Vertreter (Ziffer aa)
- gewillkürte Vertreter (Ziffer bb)
- Vertreter ohne Vertretungsmacht (Ziffer cc).

Auf alle Arten der Beteiligung im materiellen Sinne, also auf

- natürliche Personen
- juristische Personen und
- Personengesellschaften

kann jede Art der Beteiligung im formellen Sinne, also

- gesetzliche Vertretung
- gewillkürte Vertretung
- Vertretung ohne Vertretungsmacht

zur Anwendung gelangen. Die häufigsten Kombinationen sollen im Folgenden näher vorgestellt werden.

aa) Gesetzliche Vertreter

➢ Natürliche Personen

Bei natürlichen Personen gibt es vor allem zwei Anwendungsfälle der gesetzlichen Vertretung. Diese betreffen Minderjährige und volljährige Personen mit (körperlichen oder geistigen) Defiziten. Minderjährige werden regelmäßig durch ihre Eltern, volljährige Personen mit Defiziten durch einen Betreuer vertreten.

- **Minderjährige**

Minderjährige werden grundsätzlich durch ihre **Eltern gemeinschaftlich** vertreten, § 1629 Absatz 1 Satz 2 BGB. Es ist nicht erforderlich, dem beurkundenden Notar – etwa durch Vorlage einer Abstammungsurkunde oder ähnlichem – nachzuweisen, dass die handelnden Eltern gesetzlicher Vertreter des Minderjährigen sind.

§ 1629 Absatz 1 Satz 2 BGB

Formulierungsbeispiel für die Vertretung eines Minderjährigen durch beide Elternteile

[...] als Erwerber der minderjährige, am 13. Dezember 2005 geborene Paul Krüger, wohnhaft bei seinen Eltern, vertreten durch seine Eltern, die Eheleute Peter Paul Krüger, geboren am 11. April 1970, und Christine Krüger geborene Schwarz, geboren am 17. Juni 1969, beide wohnhaft in 50935 Köln, Beethovenstraße 41 [...]

Bei **Geschäften des täglichen Lebens** wird angenommen, dass sich die Eltern gegenseitig bevollmächtigt haben, den Minderjährigen alleine zu vertreten. In diesem Fall genügt das rechtsgeschäftliche Handeln eines Elternteils.

Anwendungsbeispiele für Geschäfte des täglichen Lebens

Der Vater kauft zusammen mit dem Minderjährigen ein Spielzeug. Die Mutter kauft zusammen mit dem Minderjährigen Kleidung. In beiden Fällen kann der jeweils handelnde Elternteil trotz der grundsätzlich bestehenden gemeinschaftlichen Vertretungsbefugnis der Eltern den Minderjährigen allein vertreten. Es wird bei Geschäften des täglichen Lebens unterstellt, dass sich die Eltern gegenseitig zur alleinigen Vertretung des Minderjährigen bevollmächtigt haben.

Die Errichtung einer notariellen Urkunde stellt niemals ein Geschäft des täglichen Lebens dar. Für die notarielle Praxis spielt folglich diese Ausnahme vom Grundsatz der gemeinschaftlichen Vertretung durch die Eltern keine Rolle.

Ist ein **Elternteil verstorben,** so wird das Kind durch den anderen Elternteil alleine vertreten, § 1680 Absatz 1 BGB. Das Versterben eines Elternteils ist dem Notar nicht nachzuweisen; die Vorlage einer Sterbeurkunde oder ähnliches ist entbehrlich.

§ 1680 Absatz 1 BGB

Formulierungsbeispiel für die Vertretung eines Minderjährigen bei Tod eines Elternteils

[...] als Erwerber der minderjährige, am 13. Dezember 2005 geborene Paul Krüger, wohnhaft bei seiner Mutter, vertreten durch seine Mutter, Frau Christine Krüger geborene Schwarz, geboren am 17. Juni 1969, wohnhaft in 50935 Köln, Beethovenstraße 41; der Vater, Herr Peter Paul Krüger, ist verstorben [...]

Auch nach **Trennung und Scheidung** bleibt es im Regelfall bei der gemeinsamen Sorge der Eltern und damit bei ihrer gemeinschaftlichen Vertretungsberechtigung. Das Familiengericht kann aber auf Antrag die elterliche Sorge einem Elternteil übertragen, wenn sich die Eltern einig sind, dass ein Elternteil allein die gesetzliche Vertretung des minderjährigen Kindes wahrnehmen soll oder wenn Belange des Kindeswohls eine alleinige Vertretung des Kindes durch ein Elternteil erfordern.

Der allein vertretungsberechtigte Elternteil hat seine Vertretungsbefugnis dem Notar durch Vorlage eines Beschlusses des Familiengerichts nachzuweisen.

Formulierungsbeispiel für die Vertretung eines Minderjährigen bei Scheidung der Eltern und ausnahmsweise angeordneter Alleinsorge der Mutter

[...] als Erwerber der minderjährige, am 13. Dezember 2005 geborene Paul Krüger, wohnhaft bei seiner Mutter, vertreten durch seine Mutter als alleinige gesetzliche Vertreterin aufgrund Beschlusses des Amtsgerichts Aachen vom 4. Juni 2018 (AZ 4 X 13/2018), Frau Christine Krüger geborene Schwarz, geboren am 17. Juni 1969, wohnhaft in 50935 Köln, Beethovenstraße 41; der Beschluss über das Sorgerecht hat bei der heutigen Beurkundung in Ausfertigung vorgelegen, eine beglaubigte Abschrift ist dieser Niederschrift beigefügt [...]

Sind die Eltern des Kindes nicht miteinander verheiratet, so steht die elterliche Sorge und damit das Vertretungsrecht allein der Mutter des Kindes zu, § 1626 a Absatz 3 BGB. Die Mutter hat dem Notar ihr Alleinvertretungsrecht nachzuweisen. Das für den Minderjährigen zuständige Jugendamt erteilt eine entsprechende Vertretungsbescheinigung. Das Familiengericht kann aber auch beiden Elternteilen gemeinsam die elterliche Sorge übertragen (§ 1626a Absatz 1 Nr. 3 BGB). Auch in diesem Fall ist dem Notar der familiengerichtliche Beschluss vorzulegen. Nichtverheiratete Eltern können ferner in öffentlicher Urkunde – zuständig ist der Notar und alternativ das Jugendamt – eine gemeinsame Sorgerechtserklärung abgeben. Dann ist bei der Beurkundung eine Ausfertigung dieser Sorgerechtserklärung vorzulegen.

§ 1626 a Absatz 3 BGB

Sind schließlich beide Elternteile verstorben oder wurde ihnen wegen Erziehungsversagens die elterliche Sorge entzogen, so bekommt der Minderjährige einen **Vormund.** Dem Vormund wird vom Amtsgericht eine Bestallungsurkunde erteilt, die er bei Beurkundung dem Notar vorzulegen hat; eine beglaubigte Abschrift ist der Niederschrift beizufügen.

Volljährige mit körperlichen oder geistigen Defiziten

Für Volljährige, die aufgrund körperlicher oder geistiger Defizite ihre eigenen Angelegenheiten nicht selber regeln können, bestellt das Amtsgericht von Amts wegen einen Betreuer. Einen **Betreuer** bekommen beispielsweise der geistig Behinderte und der Kranke, der im Koma liegt. Aber auch ein Blinder oder ein Körperbehinderter, die geistig vollkommen gesund sind, können einen Betreuer bekommen, der ihnen bei der Erledigung ihrer Angelegenheiten zur Seite steht. Ob die Betreuung für sämtliche Lebensbereiche gilt oder inhaltlich eingeschränkt ist, lässt sich der vom Amtsgericht ausgestellten Bestellungsurkunde entnehmen. Diese ist bei einer Beurkundung vorzulegen und wird in beglaubigter Abschrift der Niederschrift beigefügt.

Die notarielle Urkunde darf der **Betreuer** im Namen des Betreuten abschließen, sofern dieses in seinen Zuständigkeitsbereich fällt. Aber auch der **Betreute** selbst kann im Normalfall die notarielle Urkunde ohne Mitwirkung seines Betreuers unterzeichnen. Der Betreute muss dann aber geschäftsfähig sein, was beispielsweise im Falle des Blinden und des Körperbehinderten nicht zweifelhaft erscheint. Ist in der Bestellungsurkunde allerdings ausnahmsweise vermerkt, dass ein **Einwilligungsvorbehalt** besteht, kann der Betreute nur mit Zustimmung seines Betreuers handeln. In diesem Fall – nur in diesem! – kommt die Betreuung einer Entmündigung gleich.

Schenkungsverbot für Eltern, Vormünder und Betreuer

Besonderheiten gelten für die gesetzlichen Vertreter (Eltern, Vormund, Betreuer) im Zusammenhang mit Schenkungen. Eltern ist es grundsätzlich verboten, im Namen des Vertretenen Schenkungen vorzunehmen (§ 1641 Satz 1 BGB). Das gleiche gilt für den Vormund (§ 1798 Absatz 3 Satz 1 BGB). Schenkungen, die ein Betreuer vornimmt, sind zwar nicht grundsätzlich verboten, müssen aber vom Betreuungsgericht genehmigt werden (§ 1854 Nr. 8 BGB).

§ 1641 Satz 1 BGB
§ 1798 Absatz 3 Satz 1 BGB
§ 1854 Nr. 8 BGB

Sonstige gemeinsame Vertretungsverbote für Eltern, Vormünder und Betreuer

Die gesetzlichen Vertreter, Eltern, Vormünder und Betreuer, können in eine Konfliktlage geraten, in der es ihnen schwer fällt, ausschließlich die Interessen der jeweils Vertretenen zu wahren. Damit die gesetzlich Vertretenen in solchen Situationen keinen Schaden erleiden, sind die gesetzlichen Vertreter dann kraft Gesetzes von der Vertretung ausgeschlossen. Statt ihrer wird durch das Amtsgericht ein sogenannter **Ergänzungspfleger** bestellt, der – begrenzt auf die jeweilige Konfliktsituation – die gesetzliche Vertretung ausübt.

Beachte:
Dem Ergänzungspfleger wird vom Amtsgericht eine Bestallungsurkunde ausgestellt, die bei notariellen Beurkundungen vorzulegen und die in Urschrift oder in beglaubigter Abschrift der Niederschrift beizufügen ist.

Eine Konfliktlage in diesem Sinne entsteht vor allem dann, wenn sich der gesetzliche Vertreter auf beiden Seiten eines Rechtsgeschäftes wieder findet, bei welchem die Vertragsparteien unterschiedliche Interessen verfolgen, und zwar einmal „in eigener Sache“ und einmal als gesetzlicher Vertreter. Diese Konstellation nennt das Gesetz **„In-Sich-Geschäft“** (§ 181 BGB).

§ 181 BGB

Anwendungsbeispiel für ein In-Sich-Geschäft

Die Eltern beabsichtigen, ein Grundstück an ihre minderjährige Tochter zu verkaufen. Als Verkäufer könnten sie jeden beliebigen Kaufpreis festlegen, den sie anschließend als Käufer, genauer gesagt: als der gesetzliche Vertreter des Käufers, akzeptieren. Wegen Interessenkonfliktes sind die Eltern in dieser Situation von der gesetzlichen Vertretung ihrer Tochter ausgeschlossen (§§ 1824, 181 BGB in Verbindung mit § 1629 Absatz 2 Satz 1 BGB). Es muss ein Ergänzungspfleger bestellt werden, der die minderjährige Tochter bei Abschluss des Kaufvertrages vertritt und ihre Interessen gegenüber den Eltern wahrt.

§ 1824 Absatz 1 BGB
§ 1629 Absatz 2 Satz 1 BGB
§ 1789 Absatz 2 Satz 2 BGB

Weitere Konfliktlagen normiert § 1824 Absatz 1 BGB, der unmittelbar für den Betreuer gilt, der über gesetzliche Verweisungen aber auch auf die Eltern (§ 1629 Absatz 2 Satz 1 BGB) und auf den Vormund (§ 1789 Absatz 2 Satz 2 BGB) anwendbar ist. Der wichtigste Anwendungsfall findet sich in § 1824 Absatz 1 Nr. 1 BGB. Danach ist die gesetzliche Vertretung ausgeschlossen bei Rechtsgeschäften zwischen dem Vertretenen und einer Person, **die mit dem gesetzlichen Vertreter**

- **verheiratet oder „verpartnert“ oder**
- **in gerader Linie verwandt**

ist. Auch in diesen Konstellationen befürchtet der Gesetzgeber einen Interessenkonflikt, in dem es dem gesetzlichen Vertreter schwer fällt, ausschließlich die Interessen der jeweils Vertretenen zu wahren.

Anwendungsbeispiele für Vertretungsverbote nach § 1824 Absatz 1 Nr. 1 BGB

Die Stiefmutter möchte eine ihr gehörende Eigentumswohnung an ihren Stiefsohn verkaufen.

Der zur alleinigen Sorge berechtigte Vater, der gleichzeitig der Ehemann des Verkäufers ist, ist gemäß § 1824 Absatz 1 Nr. 1 BGB in Verbindung mit § 1629 Absatz 2 Satz 1 BGB von der Vertretung ausgeschlossen.

Der Großvater mütterlicherseits möchte ein Grundstück an sein minderjähriges Enkelkind verkaufen. Die Eltern müssten „eigentlich“ ihr minderjähriges Kind bei Abschluss des Kaufvertrages gemeinschaftlich vertreten. Die Mutter des Kindes ist aber wiederum gemäß § 1824 Absatz 1 Nr. 1 BGB in Verbindung mit § 1629 Absatz 2 Satz 1 BGB von der Vertretung ausgeschlossen. In diesem Fall ist es **keinesfalls** so, dass dann der Vater des Kindes alleine vertreten darf. Vielmehr wird auch der Vater von der Vertretung ausgeschlossen, weil es auch in dieser Situation beim Grundsatz der gemeinschaftlichen Vertretung der Eltern bleibt und diese in der vorliegenden Konstellation wegen der verwandtschaftlichen Verhältnisse der Mutter rechtlich nicht möglich ist. Es muss folglich auch hier ein Ergänzungspfleger bestellt werden.

Ist das Rechtsgeschäft für den Vertretenen allerdings **ausschließlich rechtlich vorteilhaft,** bedarf es nach der Rechtsprechung der Bestellung eines Ergänzungspflegers nicht, und zwar weder bei einem In-Sich-Geschäft noch in den beschriebenen Konstellationen des § 1824 Absatz 1 BGB. Da nämlich das Rechtsgeschäft für den Vertretenen ausschließlich vorteilhaft ist, kann ihm ein Nachteil gar nicht drohen. Bei ausschließlich vorteilhaften Rechtsgeschäften bleibt es somit bei der gesetzlichen Vertretung durch die Eltern.

Ob ein Rechtsgeschäft in diesem Sinne ausschließlich vorteilhaft ist oder nicht, bestimmt sich nicht etwa nach der wirtschaftlichen Vorteilhaftigkeit des Rechtsgeschäfts. Darüber können die Meinungen auseinander gehen.

Anwendungsbeispiel für wirtschaftliche Vorteilhaftigkeit

Eine Eigentumswohnung wird für € 60.000,00 verkauft. Der eine hält das Geschäft aus Käufersicht für wirtschaftlich vorteilhaft, denn er meint, die Eigentumswohnung sei wenigstens € 70.000,00 wert; der andere hält das Geschäft aus Käufersicht für wirtschaftlich nachteilig, denn er meint, die Eigentumswohnung sei höchstens € 50.000,00 wert.

Entscheidend ist vielmehr die rechtliche Vorteilhaftigkeit. Ein Rechtsgeschäft ist für den gesetzlich Vertretenen ausschließlich rechtlich vorteilhaft, wenn der gesetzlich Vertretene durch dieses Rechtsgeschäft **keinen Rechtsverlust** erleidet und auch **in keiner Weise** persönliche **Verpflichtungen übernehmen** muss.

Anwendungsbeispiele für rechtliche Vorteilhaftigkeit

Ein Kaufvertrag kann niemals ausschließlich rechtlich vorteilhaft sein, denn der Kaufvertrag verpflichtet beide Vertragsparteien, den Verkäufer zur Übereignung des Kaufgegenstandes und den Käufer zur Leistung des Kaufpreises. Selbst wenn der Kaufpreis einmal „sensationell" niedrig sein sollte, liegt aus Käufersicht kein ausschließlich rechtlich vorteilhaftes Rechtsgeschäft vor.

Ausschließlich rechtlich vorteilhaft ist aber der Schenkungsvertrag, sofern der gesetzlich Vertretene Beschenkter ist. Der Schenkungsvertrag verpflichtet den Beschenkten zu nichts. Er erleidet auch keinen Rechtsverlust (beispielsweise durch Verzicht auf bestimmte Ansprüche, die ihm vor Abschluss des Schenkungsvertrages zugestanden hätten).

Mittelbare Nachteile bleiben bei der Beurteilung der ausschließlichen rechtlichen Vorteilhaftigkeit allerdings außer Betracht.

Anwendungsbeispiel für (nicht relevante) mittelbare Nachteile

Wird dem gesetzlich Vertretenen „ohne Wenn und Aber" ein Grundstück geschenkt, so ist dieser Vertrag ausschließlich rechtlich vorteilhaft. Dass der gesetzlich Vertretene als neuer Grundstückseigentümer alljährlich die Grundsteuer zahlen muss und dass er für Anlieger- und Erschließungsbeiträge herangezogen werden kann, bleibt als nur mittelbarer Nachteil bei der Beurteilung der ausschließlichen rechtlichen Vorteilhaftigkeit außer Betracht.

Sind die Eltern an der gesetzlichen Vertretung ihres Kindes wegen möglicher Interessenkollision gehindert, so könnte man etwa wie folgt formulieren.

Formulierungsbeispiel bei Vertretung des Minderjährigen durch Ergänzungspfleger

[...] als Verkäufer Eheleute Peter Paul Krüger, geboren am 11. April 1970, und Christine Krüger geborene Schwarz, geboren am 17. Juni 1969, beide wohnhaft in 50935 Köln, Beethovenstraße 41 sowie

als Käufer der minderjährige Sohn der Verkäufer, der am 13. Dezember 2005 geborene Paul Krüger, wohnhaft bei seinen Eltern, vertreten durch Herrn Rechtsanwalt Willi Schiffers in Aachen, Gerichtsstraße 3 als Pfleger aufgrund in Urschrift vorgelegter Bestallungsurkunde des Amtsgerichts Aachen vom 3. März 2010 (AZ VIII 83/2010), die in beglaubigter Abschrift beigefügt ist [...]

Keine Anwendungsfälle der gesetzlichen Vertretung

Es sei darauf hingewiesen, dass die **Eheschließung** eine gegenseitige gesetzliche Vertretung der Ehegatten grundsätzlich **nicht** zur Folge hat. Im gesetzlichen Güterstand der Zugewinngemeinschaft und im durch Ehevertrag begründeten Güterstand der Gütertrennung ist jeder Ehegatte in rechtlicher Hinsicht grundsätzlich nur für sich selbst verantwortlich und zuständig.

Seit dem 1. Januar 2023 gibt es für akute Krankheitssituationen allerdings ein gesetzliches Ehegattennotvertretungsrecht für Gesundheitsangelegenheiten (§ 1358 BGB). Wenn also eine verheiratete Person wegen Bewusstlosigkeit oder Krankheit nicht mehr in der Lage ist, in Gesundheitsangelegenheiten selbst zu entscheiden, darf der Ehegatte grundsätzlich Entscheidungen für sie treffen. Der vertretende Ehegatte kann dann beispielsweise in ärztliche Untersuchungen oder Heilbehandlungen einwilligen oder Krankenhaus- und Behandlungsverträge abschließen. Das Vertretungsrecht gilt dabei jedoch ausschließlich im medizinischen Bereich, erfasst also Entscheidungen der Vermögensvorsorge ausdrücklich nicht. Es endet mit dem Wegfall der Notlage, spätestens jedoch sechs Monaten nach schriftlicher Bescheinigung der gesetzlichen Voraussetzungen der Notlage durch den behandelnden Arzt.

Anwendungsbeispiel für das Ehegattennotvertretungsrecht

Aufgrund eines Skiunfalls befindet sich Christian Heilert bereits seit 6 Wochen im Koma. Der behandelnde Arzt hat bereits vor 6 Wochen festgestellt, dass Herr Heilert aufgrund des Komas nicht dazu in der Lage ist seine medizinischen Angelegenheiten selbst zu regeln. Nun möchte der Arzt ihn an einen Spezialisten für Schädelfrakturen überweisen und muss dafür die Einwilligung seiner Ehefrau einholen. Gedenkt der Spezialist weitere Untersuchungen an Herrn Heilert vorzunehmen, hat er sich hierfür ebenfalls die Einwilligung der Ehefrau einzuholen und sie über die angedachten Untersuchungen aufzuklären.

Auch § 1357 BGB gibt dem Ehegatten das Recht, den anderen Ehegatten bei Geschäften zur Deckung des Lebensbedarfs der Familie zu vertreten (auch „Schlüsselgeschäfte" genannt).

Auch bei der Gütergemeinschaft sind Besonderheiten zu beachten. In Gütergemeinschaft lebende Ehegatten müssen bei Vereinbarung dieses Güterstandes wählen, ob das Vermögen der Eheleute von dem Mann oder der Frau oder von ihnen gemeinschaftlich verwaltet wird. Der verwaltende Ehegatte ist somit grundsätzlich zur Vertretung der „Gütergemeinschaft" berechtigt. Bei Grundstücksverkäufen wirkt sich das Vertretungsrecht des verwaltenden Ehegatten aber nicht entscheidend aus. Es müssen beide Eheleute gemeinsam handeln. Denn der verwaltende Ehegatte bedarf bei Verfügungen über gemeinsamen Grundbesitz stets der Einwilligung des anderen Ehegatten, § 1424 Satz 1 BGB. **§ 1424 Satz 1 BGB**

Testamentsvollstrecker und **Insolvenzverwalter** sind nicht – wie häufig irrtümlich angenommen wird – gesetzliche Vertreter. Der Testamentsvollstrecker handelt für den oder die Erben, denen die Verfügungsbefugnis über den Nachlass fehlt. Und der Insolvenzverwalter handelt für den Insolvenzschuldner, der ebenso wie die Erben Eigentümer ohne Verfügungsbefugnis ist.

Anwendungsbeispiel für Testamentsvollstreckung

Großvater Krüger ist verstorben. In einem privatschriftlichen Testament hatte er seinen Bekannten, den Rechtsanwalt Röhrig, zum Testamentsvollstrecker bestimmt. Dieser hat sich ein Testamentsvollstreckerzeugnis beschafft und will ein zum Nachlass gehörendes Grundstück verkaufen.

Man bezeichnet Testamentsvollstrecker und Insolvenzverwalter richtigerweise als **„Partei kraft Amtes"**.

Formulierungsbeispiel bei Testamentsvollstreckung

[...] als Verkäufer Herr Rechtsanwalt Josef Röhrig, geboren am 20. April 1939, wohnhaft in 50823 Köln, Subbelrather Straße 23, handelnd nicht im eigenen Namen, sondern als Testamentsvollstrecker über den Nachlass des am 20. Oktober 2009 verstorbenen Herrn Adolf Krüger aufgrund Testamentsvollstreckerzeugnisses des Amtsgerichts Köln vom 20. Februar 2010 (AZ 3 VI 284/2009), das in Ausfertigung vorgelegt wurde und von dem eine beglaubigte Abschrift dieser Niederschrift beigefügt ist [...]

➢ **Juristische Personen**

Die **Gesellschaft mit beschränkter Haftung** wird durch den oder die Geschäftsführer, die **Aktiengesellschaft** durch den Vorstand gesetzlich vertreten. Auch der **eingetragene Verein** wird durch seinen Vorstand gesetzlich vertreten. In allen diesen Fällen geben Handelsregister und Vereinsregister zuverlässig Auskunft über die vertretungsberechtigten Personen.

Formulierungsbeispiel für die Vertretung der GmbH durch ihren Geschäftsführer

[...] als Veräußerer für die im Handelsregister des Amtsgerichts Düren unter HR B 1 mit Sitz in Düren eingetragene Gesellschaft mit beschränkter Haftung in Firma Schmidt GmbH mit der inländischen Geschäftsanschrift 52123 Düren, Tivolistraße 1 deren Geschäftsführer Herr Rudolf Müller, geboren am 23. Mai 1985, wohnhaft in 52124 Düren, Tivolistraße 1 [...]

Der Notar wird, sofern seine Urkunde zum Gebrauch bei einem Gericht bestimmt ist, welches mit dem für die betreffende Gesellschaft zuständigen Handels-, Gesellschafts- oder Vereinsregister nicht identisch ist, nach Einsicht in das jeweilige Register die Vertretungsverhältnisse bescheinigen.

Formulierungsbeispiel für eine Vertretungsbescheinigung bei einer GmbH

Aufgrund Einsicht in das Handelsregister des Amtsgerichts Düren vom heutigen Tage bescheinige ich, dass dort unter HR B 1 die Gesellschaft in Firma Schmidt GmbH eingetragen ist und dass Herr Rudolf Müller ihr einzelvertretungsberechtigter Geschäftsführer ist [...]

Die gesetzlichen Vertretungsverhältnisse bei **ausländischen juristischen Personen des Privatrechts** ergeben sich teilweise auch aus öffentlichen Registern. Sofern sich diese in der Praxis als ähnlich zuverlässig wie das deutsche Handelsregister beziehungsweise Vereinsregister bewährt haben, kann der Notar die darin enthaltenen Vertretungsverhältnisse auch seiner Niederschrift zugrunde legen. Auch die Bescheinigung eines im Ausland ansässigen Notars kommt – wie die Bescheinigung der Vertretungsverhältnisse durch einen deutschen Notar – als Vertretungsnachweis in Betracht, sofern das Amt des ausländischen Notars mit dem seines deutschen Kollegen vergleichbar ist. Der Teufel steckt häufig im Detail. Deswegen empfiehlt es sich, bei ausländischen juristischen Personen des Privatrechts möglichst frühzeitig mit den Beteiligten und gegebenenfalls den Registergerichten (zum Beispiel dem zuständigen Grundbuchamt) abzustimmen, welcher Vertretungsnachweis konkret verlangt wird.

Wer zur Vertretung **juristischer Personen des öffentlichen Rechts** berechtigt ist, lässt sich – von wenigen Ausnahmen, etwa den im Handelsregister unter HRA eingetragenen Sparkassen, einmal abgesehen – keinem öffentlichen Register entnehmen. Juristische Personen des öffentlichen Rechts führen aber ganz überwiegend ein Amtssiegel. Wer im Beurkundungstermin behauptet, eine juristische Person des öffentlichen Rechts vertreten zu dürfen, sollte sich – was durchaus üblich ist – im Besitz des Amtssiegels dieser juristischen Person befinden, welches der Unterschrift am Ende der Niederschrift beizudrücken ist. Für den Notar und für möglicherweise einzuschaltende Behörden (Grundbuchamt) begründet die **Beidrückung des Amtssiegels** der juristischen Person die **Vermutung der Ordnungsmäßigkeit ihrer Vertretung.** Notar und Grundbuchamt sind im Normalfall dann nicht mehr verpflichtet und auch nicht berechtigt, die Ordnungsmäßigkeit der Vertretung zu überprüfen und weitere Nachweise zu verlangen. Alternativ kann die Vertretungsberechtigung, wenn ein Amtssiegel der Behörde nicht beigedrückt wird, von der zuständigen Aufsichtsbehörde bescheinigt werden.

Zu den juristischen Personen des öffentlichen Rechts zählt beispielsweise die Gemeinde. Diese wird vertreten durch den Bürgermeister. Aber auch die Sparkassen (nur diese, nicht die Volks- und Raiffeisenbanken und auch nicht andere Privatbanken) gehören hierher. Die Sparkassen sind Anstalten des öffentlichen Rechts und als solche siegelführend.

Die Beidrückung des Amtssiegels dient somit dem Nachweis ordnungsgemäßer Vertretung. Für die **Wirksamkeit** der abgegebenen Erklärungen hingegen ist die Beidrückung des Amtssiegels **bei notarieller Beurkundung nicht erforderlich.**

Einige Gemeindeordnungen der Bundesländer verlangen zwar, dass der Bürgermeister zur ordnungsgemäßen Vertretung der Gemeinde das Amtssiegel beizudrücken hat. Gemäß § 72 BeurkG ersetzt allerdings die öffentliche Beurkundung die nach Landesrecht vorgeschriebene Beidrückung des Amtssiegels.

➢ **Personengesellschaften**

Die offene Handelsgesellschaft **(OHG)** wird gesetzlich vertreten durch ihre Gesellschafter. Nach der gesetzlichen Regelung ist jeder Gesellschafter einzelvertretungsberechtigt. Abweichendes muss ins Handelsregister eingetragen werden.

Die Kommanditgesellschaft **(KG)** wird gesetzlich vertreten durch die persönlich haftenden Gesellschafter. Nach der gesetzlichen Regelung ist jeder persönlich haftende Gesellschafter (Komplementär) einzelvertretungsberechtigt. Abweichendes muss ins Handelsregister eingetragen werden. Die Kommanditisten sind zur Vertretung der Gesellschaft nicht berechtigt.

Da die Vertretungsverhältnisse für die OHG und für die KG aus dem Handelsregister ersichtlich sind, gilt insoweit dasselbe wie für die juristischen Personen des deutschen Privatrechts, insbesondere die GmbH und die AG.

Formulierungsbeispiel für die Vertretung der OHG durch ihren Gesellschafter

[...] als Veräußerer für die im Handelsregister des Amtsgerichts Düren unter HR A 1 mit Sitz in Düren eingetragene offene Handelsgesellschaft in Firma Schmidt OHG mit der inländischen Geschäftsanschrift 52123 Düren, Tivolistraße 1 deren einzelvertretungsberechtigter Gesellschafter Herr Rudolf Müller, geboren am 23. Mai 1985, wohnhaft in 52124 Düren, Tivolistraße 1 [...]

Der Notar wird, sofern seine Urkunde zum Gebrauch bei einem Gericht bestimmt ist, welches mit dem für die betreffende Gesellschaft zuständigen Handelsregister nicht identisch ist, nach Einsicht in das Handelsregister die Vertretungsverhältnisse bescheinigen.

Formulierungsbeispiel für eine Vertretungsbescheinigung bei einer OHG

Aufgrund Einsicht in das Handelsregister des Amtsgerichts Düren vom heutigen Tage bescheinige ich, dass dort unter HR A 1 die Gesellschaft in Firma Schmidt OHG eingetragen ist und dass Herr Rudolf Müller ihr einzelvertretungsberechtigter Gesellschafter ist [...]

Fallbeispiel für die Vertretung bei einer GmbH & Co. KG

Im Handelsregister des Amtsgerichts Düren ist unter HR A 3 eingetragen die Kommanditgesellschaft in Firma Schmidt GmbH & Co. KG. Einziger persönlich haftender Gesellschafter ist die Schmidt Verwaltungs-GmbH, diese ist wiederum eingetragen im Handelsregister des Amtsgerichts Düren unter HR B 5. Dort ist verzeichnet, dass Herr Rudolf Müller einzelvertretungsberechtigter Geschäftsführer der Schmidt Verwaltungs-GmbH ist. Die Schmidt GmbH & Co. KG möchte ein Grundstück verkaufen. Formulieren Sie die bestehenden Vertretungsverhältnisse und eine Vertretungsbescheinigung. *(Fortsetzung nächste Seite)*

Fall-Lösung: […] „als Verkäufer für die im Handelsregister des Amtsgerichts Düren unter HR A 3 mit Sitz in Düren eingetragene Kommanditgesellschaft in Firma Schmidt GmbH & Co. KG und mit der inländischen Geschäftsanschrift 52123 Düren, Tivolistraße 1, diese vertreten durch ihren persönlich haftenden Gesellschafter, die im Handelsregister des Amtsgerichts Düren unter HR B 5 mit Sitz in Düren eingetragene Gesellschaft mit beschränkter Haftung in Firma Schmidt Verwaltungs-GmbH mit der inländischen Geschäftsanschrift 52123 Düren, Tivolistraße 1, diese wiederum vertreten durch ihren Geschäftsführer Herrn Rudolf Müller, geboren am 23. Mai 1985, wohnhaft in 52124 Düren, Tivolistraße 1 […]

Aufgrund Einsicht in das Handelsregister des Amtsgerichts Düren vom heutigen Tage bescheinige ich, dass dort unter HR A 3 die Gesellschaft in Firma Schmidt GmbH & Co. KG eingetragen ist und dass die Schmidt Verwaltungs-GmbH ihr einzelvertretungsberechtigter Gesellschafter ist.

Ferner bescheinige ich aufgrund Einsicht in das Handelsregister des Amtsgerichts Düren vom heutigen Tage, dass dort unter HR B 5 die Gesellschaft in Firma Schmidt Verwaltungs-GmbH eingetragen ist und dass Herr Rudolf Müller ihr einzelvertretungsberechtigter Geschäftsführer ist […]"

Merke:

Bei der GmbH & Co. KG müssen zwei Registerblätter eingesehen werden, und zwar das der KG und das des persönlich haftenden Gesellschafters, der GmbH. Aus letzterem kann man ersehen, wer als Geschäftsführer der GmbH schließlich auch für die KG handeln darf. Aus der Vertretungsbescheinigung muss die Einsichtnahme in beide Registerblätter hervorgehen.

Die Gesellschaft bürgerlichen Rechts **(GbR)** wird nach der gesetzlichen Regelung durch alle ihre Gesellschafter gemeinschaftlich vertreten, solange diese nicht etwas anderes bestimmen (§ 720 Absatz 1 BGB). Haben die Gesellschafter eine hiervon abweichende Regelung getroffen, ist hinsichtlich des Nachweises einer solchen abweichenden Vereinbarung zu differenzieren:

Handelt es sich um eine eGbR, d. h. eine solche, die ins Gesellschaftsregister eingetragen ist, muss sich die Alleinvertretungsbefugnis des Gesellschafters aus dem Register ergeben, da es sich bei der Ausgestaltung der Vertretungsbefugnis gemäß § 707 Absatz 2 Nr. 3, Absatz 3 Satz 1 BGB um eine eintragungspflichtige Tatsache handelt. Ist die Alleinvertretungsbefugnis demnach ins Gesellschaftsregister eingetragen, kann sich der Notar hierauf verlassen, da das Register gemäß § 707a Absatz 3 Satz 1 BGB Publizitätswirkung entfaltet, also das Vertrauen des Rechtsverkehrs in die Richtigkeit der dort eingetragenen Tatsachen schützt.

Ist die GbR hingegen nicht im Gesellschaftsregister eingetragen und behauptet einer von mehreren Gesellschaftern, alleinvertretungsbefugt zu sein, so genügt die bloße Vorlage eines dies bestätigenden Gesellschaftsvertrages nicht. Denn schließlich kann der Notar nicht ausschließen, dass die ursprünglich im Gesellschaftsvertrag vorgesehene Alleinvertretungsbefugnis zwischenzeitlich wieder in eine Gesamtvertretungsbefugnis geändert wurde. Der Notar wird den Gesellschafter in diesem Fall darauf verweisen, dass er entweder gemeinsam mit den übrigen Gesellschaftern handeln oder eine von diesen auf ihn ausgestellte rechtsgeschäftliche Vollmacht im Original oder in Ausfertigung vorlegen soll. Da sich dieses Vorgehen für die Gesellschafter als nicht besonders reizvoll darstellt, besteht für die Gesellschaft ein weiterer Anreiz, die Eintragung der GbR im Gesellschaftsregister voranzutreiben.

→ § 172 BGB bei der Vollmachtsurkunde S. 190

bb) Gewillkürte Vertretung

Die gewillkürte Vertretung beruht nicht auf gesetzlicher Anordnung, sondern auf einer rechtsgeschäftlichen Erklärung des Vertretenen (Vollmacht).

Anwendungsbeispiel für eine gewillkürte Vertretung

Ist ein Erwachsener an der Wahrnehmung eines Notartermins – beispielsweise wegen einer Reise oder einer Krankheit – gehindert, kann er einer Person seines Vertrauens Vollmacht erteilen. Im Notartermin wird er dann durch den Bevollmächtigten vertreten.

Die gewillkürte Vertretung ist bei natürlichen Personen, juristischen Personen und bei Personengesellschaften vorstellbar und auch verbreitet.

➢ Form der Vollmacht

Eine besondere Form ist für die Bevollmächtigung nicht vorgeschrieben, § 167 Absatz 2 BGB. Grundsätzlich wirksam sind somit auch privatschriftlich erteilte Vollmachten, und zwar auch dann, wenn das Rechtsgeschäft, für welches die Vollmacht erteilt wird, der notariellen Form bedarf.

Anwendungsbeispiele für Vollmachten bei formbedürftigen Rechtsgeschäften

Die Abtretung eines Geschäftsanteils an einer GmbH bedarf der notariellen Form, § 15 Absatz 3 GmbHG. Bevollmächtigt ein Gesellschafter eine andere Person, seinen Geschäftsanteil abzutreten, so genügt eine privatschriftliche Vollmacht. Eine notarielle Beurkundung der Vollmacht oder auch nur eine notarielle Beglaubigung der Unterschrift des Abtretenden unter einer Vollmacht ist nicht erforderlich.

Der Verkauf eines Grundstücks bedarf der notariellen Form gemäß § 311 b Absatz 1 Satz 1 BGB. Bevollmächtigt der Verkäufer eine andere Person, in seinem Namen den Grundstückskaufvertrag abzuschließen, so bedarf diese Bevollmächtigung ebenso wenig der notariellen Form. Die privatschriftlich erteilte Vollmacht wäre wirksam und würde für ein wirksames Zustandekommen des Rechtsgeschäfts grundsätzlich genügen. Dem Grundbuchamt gegenüber aber ist die Tatsache der Vollmachterteilung in öffentlich beglaubigter Form nachzuweisen. Es ist somit nur den Besonderheiten des Grundbuchverfahrensrechts geschuldet, dass eine privatschriftlich erteilte Vollmacht für den Vollzug eines Grundstückskaufvertrages unzureichend ist. Das ist der wesentliche Unterschied zum vorangegangenen GmbH-Fall, bei dem dem Grundbuchverfahren vergleichbare spezielle Verfahrensvorschriften nicht existieren.

Sogar eine mündlich erteilte Vollmacht würde nach dem Gesagten für das wirksame Zustandekommen eines GmbH-Anteils-Abtretungsvertrages oder eines Grundstückskaufvertrages genügen.

Formulierungsbeispiel bei Vertretung durch mündlich Bevollmächtigten

[...] als Veräußerer Herr Peter Müller, geboren am 11. Januar 1946, wohnhaft in 51702 Bergneustadt, Alte Wiese 12, hier handelnd

a) im eigenen Namen

b) als Vertreter aufgrund mündlich erteilter Vollmacht für seine Ehefrau Gerda Müller geborene Kapanke, geboren am 13. November 1956, wohnhaft ebenda, mit der Verpflichtung, eine Vollmachtsbestätigung in privatschriftlicher/öffentlich beglaubigter Form nachzureichen [...]

➢ **Ausfertigung und Urschrift der Vollmacht**

Der Notar wird sich grundsätzlich

→ Ausfertigung S. 188

- bei einer **notariell beurkundeten Bevollmächtigung** eine **Ausfertigung** der Vollmachtsurkunde und
- bei einer **Bevollmächtigung in privatschriftlicher Form oder bei einer Bevollmächtigung mit notariell beglaubigter Unterschrift des Vollmachtgebers** die **Urschrift** der Vollmachtsurkunde

vorlegen lassen. Eine einfache Abschrift oder eine notariell beglaubigte Abschrift der Ausfertigung oder der Urschrift wird der Notar nicht akzeptieren. Denn der Notar muss sich nicht nur von der Tatsache der Erteilung, sondern gleichermaßen auch von der Tatsache des Fortbestehens einer einmal erteilten Vollmacht überzeugen. Und dieses kann er nur bei Vorlage einer Ausfertigung einer notariell beurkundeten Vollmacht beziehungsweise bei Vorlage der Urschrift einer privatschriftlichen Vollmacht oder einer Vollmacht mit notariell beglaubigter Unterschrift des Vollmachtgebers. Der rechtlich beratene Vollmachtgeber wird nämlich Ausfertigung/Urschrift der Vollmachtsurkunde vom Bevollmächtigten herausverlangen, wenn die Vollmacht widerrufen wird. Befindet sich der Bevollmächtigte noch im Besitz der Ausfertigung/Urschrift, darf sich der Notar darauf verlassen, dass die Vollmacht nicht widerrufen wurde. Eine nur beglaubigte Abschrift der Vollmachtsurkunde hingegen sagt nichts aus über das Fortbestehen der Vollmacht. Der Bevollmächtigte könnte sich ohne Wissen des Vollmachtgebers zahlreiche beglaubigte Abschriften verschafft haben, bevor er nach Widerruf der Vollmacht die Ausfertigung/Urschrift an den Vollmachtgeber herausgibt.

Formulierungsbeispiele bei Vorlage der Urschrift/Ausfertigung einer Vollmachtsurkunde

[...] als Veräußerer Herr Peter Müller, geboren am 11. Januar 1946, wohnhaft in 51702 Bergneustadt, Alte Wiese 12, hier handelnd

a) im eigenen Namen

b) als bevollmächtigter Vertreter für seine Ehefrau Gerda Müller geborene Kapanke, geboren am 13. November 1956, wohnhaft ebenda; die Vollmachtsurkunde wurde von Herrn Müller in Urschrift vorgelegt, eine beglaubigte Abschrift ist dieser Niederschrift beigefügt [...]

[...] als Veräußerer Herr Peter Müller, geboren am 11. Januar 1946, wohnhaft in 51702 Bergneustadt, Alte Wiese 12, hier handelnd

a) im eigenen Namen

b) als bevollmächtigter Vertreter für seine Ehefrau Gerda Müller geborene Kapanke, geboren am 13. November 1956, wohnhaft ebenda; die Vollmachtsurkunde wurde von Herrn Müller in Ausfertigung vorgelegt, eine beglaubigte Abschrift ist dieser Niederschrift beigefügt [...]

➢ **Sonderfall: Prokura**

Vollmachtsurkunden müssen nicht vorgelegt werden, wenn einer Person Prokura erteilt worden ist. Die Prokura wird nämlich im Handelsregister eingetragen.

Prokura kann nur von einem Kaufmann erteilt werden. Unter einer Prokura versteht man eine Vollmacht mit einem gesetzlich definierten Umfang. Die Prokura ermächtigt zu allen Arten von gerichtlichen und außergerichtlichen Geschäften und Rechtshandlungen, die der Betrieb eines Handelsgewerbes mit sich bringt (§ 49 Absatz 1 HGB). Bei der Prokura kommt es nicht auf den konkreten Geschäftsbetrieb an. Der Umfang der Prokura ist bei jedem Handelsgewerbe vielmehr gleich. Der Geschäftspartner, der mit einem Prokuristen zu tun hat, soll sich keine Gedanken darüber machen müssen, wie weit die Vertretungsbefugnisse des Prokuristen im Einzelfall reichen. Das unterscheidet die Prokura von der im kaufmännischen Verkehr ebenfalls verbreiteten **Handlungsvollmacht.** Diese ermächtigt zu dem, was der Betrieb des Handelsgewerbes, dem das betreffende Unternehmen angehört, gewöhnlich mit sich bringt. Die Handlungsvollmacht wird im Gegensatz zur Prokura nicht ins Handelsregister eingetragen.

§ 49 Absatz 1 HGB

Fallbeispiel zur Prokura

Paul ist als einzelvertretungsberechtigter Prokurist der X-GmbH ins Handelsregister eingetragen. Die X-GmbH reinigt Büroimmobilien. Sie ist seit zehn Jahren Eigentümerin einer Garage, darin werden die Arbeitsmittel aufbewahrt. Weiteren Grundbesitz hat die X-GmbH nie besessen. Die übrigen Geschäftsräume sind angemietet. Paul fragt sich, ob er a) das Garagengrundstück im Namen der X-GmbH verkaufen, b) ein weiteres Garagengrundstück im Namen der X-GmbH hinzuerwerben kann.

Fall-Lösung: a) Der Prokurist ist zur Veräußerung (und zur Belastung) von Grundstücken nur ermächtigt, wenn ihm diese Befugnis besonders erteilt ist (§ 49 Absatz 2 HGB). Die Befugnis zur Veräußerung und Belastung von Grundstücken wird in diesem Fall ausdrücklich ins Handelsregister eingetragen. Wurde dem Paul diese besondere Befugnis nicht erteilt, darf er das Garagengrundstück nicht verkaufen. b) Eine besondere Erlaubnis wird nur zur Veräußerung und zur Belastung von Grundstücken verlangt. Der Erwerb von Grundstücken und die Löschung irgendwelcher Belastungen sind demgegenüber von der Prokura gedeckt. Paul kann folglich ein zweites Garagengrundstück hinzuerwerben. Dass die X-GmbH in der Vergangenheit von einem Fall abgesehen nie Grundstücke erworben hat, ändert daran nichts. *(Fortsetzung nächste Seite)*

§ 49 Absatz 2 HGB

Für den Umfang der Prokura kommt es nicht auf die X-GmbH an, sondern typisiert auf den Betrieb irgendeines Handelsgewerbes. Und der Betrieb irgendeines Handelsgewerbes kann den Erwerb von Grundstücken mit sich bringen. Wäre Paul nicht Prokurist, sondern Handlungsbevollmächtigter, käme es auch nicht konkret auf die X-GmbH an. Für den Umfang der Vertretungsbefugnis wäre dann entscheidend, ob der Erwerb von Grundstücken für eine Gesellschaft, die Büroimmobilien reinigt, üblich ist. Diese Frage lässt sich nicht einfach und eindeutig beantworten, was die Vorteilhaftigkeit der Prokura unter Beweis stellt.

cc) Vertretung ohne Vertretungsmacht

Schließlich besteht noch die Möglichkeit, dass ein nicht-anwesender Vertragsbeteiligter durch eine andere Person vertreten wird, die keine Vertretungsmacht besitzt. Der unterzeichnete Vertrag ist dann zunächst schwebend unwirksam. In diesem Fall wird der Notar nach erfolgter Beurkundung die zur Wirksamkeit und zum Vollzug des Kaufvertrages erforderliche Genehmigung des nicht-anwesenden Vertragsbeteiligten einholen; der Kaufvertrag wird dann rückwirkend auf den Zeitpunkt der Beurkundung wirksam.

Formulierungsbeispiel bei vollmachtloser Vertretung

[...] als Veräußerer Herr Peter Müller, geboren am 11. Dezember 1946, wohnhaft in 51702 Bergneustadt, Alte Wiese 12, hier handelnd

a) im eigenen Namen

b) als Vertreter ohne Vertretungsmacht für seine Ehefrau Gerda Müller geborene Kapanke, geboren am 13. Dezember 1956, wohnhaft ebenda, deren Genehmigung ausdrücklich vorbehaltend, die mit Eingang beim amtierenden Notar allen Beteiligten gegenüber wirksam werden soll [...]

4. Bezeichnung von Zeugen, zweitem Notar, Vertrauensperson, Dolmetscher

Unter Umständen sind noch weitere Personen hinzuziehen, nämlich

- Zeugen, ein zweiter Notar, Vertrauenspersonen (Ziffer a) und
- Dolmetscher (Ziffer b).

Hierbei handelt es sich nicht um Beteiligte im materiellen oder formellen Sinn. Die genannten Personen werden – um sie von den Beteiligten abzugrenzen – auch als **„mitwirkende Personen"** bezeichnet. „Mitwirkende Personen" sind nach den Bestimmungen des Beurkundungsgesetzes nicht zwingend im Urkundeneingang aufzuführen; allerdings geschieht genau dieses durchweg.

a) Zeugen, zweiter Notar, Vertrauensperson

An der Urkundsverhandlung zu beteiligen sind in bestimmten Situationen auch

- Zeugen
- der zweite Notar und
- Vertrauenspersonen.

Die genannten Personen sind stets natürliche Personen. Sie werden – wie andere natürliche Personen auch – durch Angabe von

- Vornamen
- Namen
- Geburtsdatum
- Wohnadresse

eindeutig bezeichnet (§ 10 Absatz 1 BeurkG).

aa) Beurkundung letztwilliger Verfügungen

Bei der Beurkundung von Testamenten und Erbverträgen soll der Notar auf Verlangen der Beteiligten **bis zu zwei Zeugen oder einen zweiten Notar** zuziehen und dieses in der Niederschrift vermerken (§ 29 BeurkG). Eines besonderen Grundes bedarf es hierfür nicht. Es genügt der geäußerte Wunsch eines Beteiligten. **§ 29 BeurkG**

Formulierungsbeispiel für den Verzicht auf die Zuziehung von Zeugen

Auf die Zuziehung von Zeugen oder einem zweiten Notar wird verzichtet.

§ 29 BeurkG stellt eine Ausnahmevorschrift für die Beurkundung letztwilliger Verfügungen dar. Bei Beurkundungen von Willenserklärungen mit einem anderen Gegenstand kommt die Zuziehung von Zeugen oder eines zweiten Notars nur dann in Betracht, wenn dieses durch besondere Gründe in der Person eines Urkundsbeteiligten (beispielsweise Blindheit oder Schreibunfähigkeit) gerechtfertigt erscheint.

bb) Hörbehinderte, Sprachbehinderte, Sehbehinderte

Vermag ein Beteiligter nach seinen Angaben oder nach der Überzeugung des Notars nicht hinreichend

- zu hören,
- zu sprechen oder
- zu sehen,

so soll zu der Beurkundung ein Zeuge oder ein zweiter Notar zugezogen werden (§ 22 Absatz 1 Satz 1 BeurkG). **§ 22 Absatz 1 BeurkG**

Hörbehindert ist, wer taub ist. Hörbehindert ist nicht, wer nur schwerhörig ist, wenn die Behinderung durch lautes Sprechen ausgeglichen werden kann.

Sprachbehindert ist, wer stumm ist. Sprachbehindert ist man nicht, wenn man sich noch mit den Worten „ja" und „nein" verständigen kann.

Sehbehindert ist, wer blind ist. Sehbehindert ist man nicht, wenn man – trotz starker Kurzsichtigkeit – der Verhandlung noch mit dem Sehsinn folgen kann.

Die Beteiligten, und zwar *alle* Beteiligten, nicht nur der behinderte Beteiligte, können auf die Zuziehung eines Zeugen oder einen zweiten Notars verzichten.

Auf Verlangen eines hör- oder sprachbehinderten soll der Notar außerdem einen Gebärdensprachdolmetscher hinzuziehen (§ 22 Absatz 1 Satz 2 BeurkG).

Der Notar soll sowohl die Behinderung als auch die deswegen ergriffenen Maßnahmen in der Niederschrift dokumentieren (§ 22 Absatz 1 Satz 3 BeurkG).

Skizze betreffend das Beurkundungsverfahren bei Hör-, Sprach- und Sehbehinderten

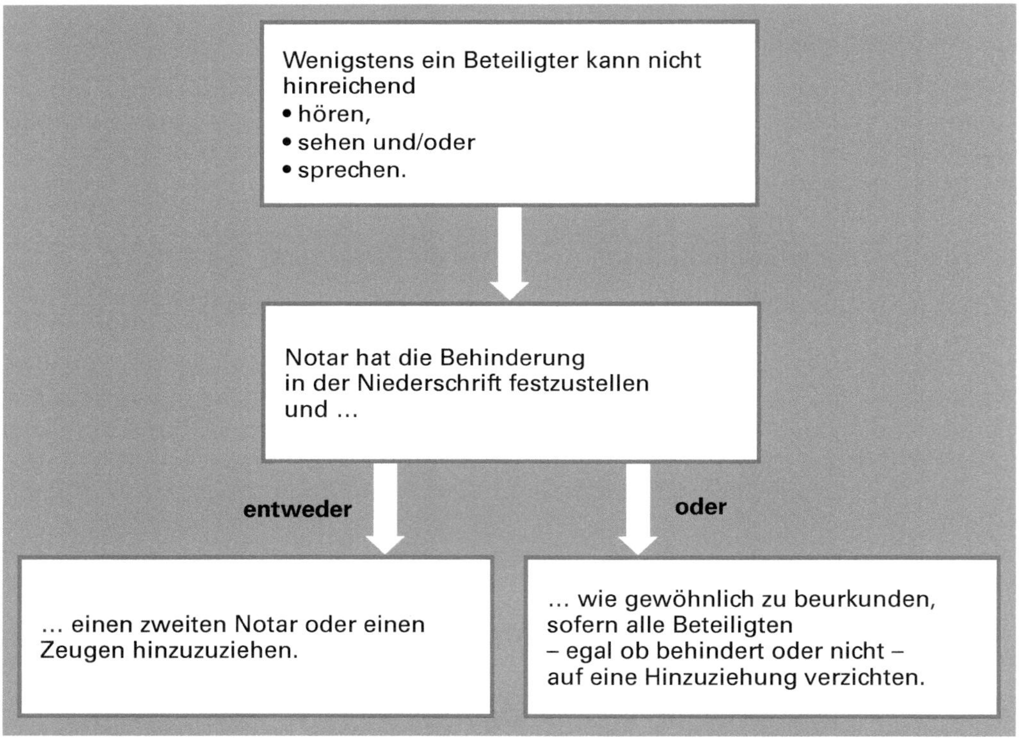

Wer nicht zu hören vermag, dem nutzt – nach dem Verständnis des Gesetzgebers – die Verlesung der Niederschrift nicht. Deswegen muss dem hörbehinderten Beteiligten zwingend die Niederschrift zur Durchsicht vorgelegt werden (§ 23 Satz 1 BeurkG).

§ 23 Satz 1 BeurkG

Beachte:

Bei einem hörbehinderten Beteiligten sollte der Notar auf das Vorlegen zur Durchsicht selbst dann nicht verzichten, wenn der hörbehinderte Beteiligte die Kunst des Lippenlesens beherrscht und dem Notar gegenüber erklärt, er könne trotz der Hörbehinderung dem Verlesen der Niederschrift folgen. § 23 Satz 1 BeurkG ist eine „Muss-Vorschrift", deren Verletzung die Unwirksamkeit der Beurkundung zur Folge hat.

cc) Hör- oder Sprachbehinderte, mit denen eine schriftliche Verständigung nicht möglich ist

Der Gesetzgeber geht davon aus, dass sich Hör- und Sprachbehinderte in erster Linie auf schriftlichem Wege verständigen müssen. Ist eine schriftliche Verständigung mit diesen Personen nicht möglich, bedarf es nach Überzeugung des Gesetzgebers einer Sonderregelung, die sich in § 24 BeurkG wieder findet. **§ 24 BeurkG**

Die in § 24 BeurkG behandelte Fallgruppe stellt sich als Qualifikation/Steigerung der ersten Fallgruppe dar. In der ersten Fallgruppe hat man es lediglich mit Hör-, Sprach- oder Sehbehinderten zu tun, mit denen man sich trotz der Behinderung einwandfrei – entweder mündlich oder schriftlich – verständigen konnte. Diese zweite Fallgruppe ist hingegen dadurch geprägt, dass eine einwandfreie Verständigungsmöglichkeit nicht mehr besteht. → Ziffer bb) S. 105

Beachte:

Der Sehbehinderte ist in § 24 BeurkG nicht genannt, weil seine Behinderung – anders als die Hör- oder Sprachbehinderung – seine Verständigungsmöglichkeiten nicht einschränkt. Der Sehbehinderte kann sich mündlich wie (meistens) auch schriftlich mitteilen. Ist mit ihm eine schriftliche Verständigung nicht möglich, ist das nicht so schlimm. Er wird sich dann mündlich mitteilen, was ohnehin die eindeutig einfachere Verständigungsmöglichkeit darstellt.

Vermag ein Beteiligter nach seinen Angaben oder nach der Überzeugung des Notars nicht hinreichend

- zu hören oder
- zu sprechen
- und sich auch nicht schriftlich zu verständigen,

muss der Notar eine **Vertrauensperson** des Hör- oder Sprachbehinderten zuziehen.

Vertrauensperson in diesem Sinne ist eine Person, die sich mit dem Behinderten zu verständigen vermag und mit deren Zuziehung der Behinderte einverstanden ist.

Unter den genannten Voraussetzungen kann auf die **Zuziehung eines Zeugen oder eines zweiten Notars nicht verzichtet** werden.

Der Notar soll sowohl die Behinderung als auch die deswegen ergriffenen Maßnahmen in der Niederschrift dokumentieren (§ 24 Absatz 1 Satz 2 BeurkG).

Skizze betreffend das Beurkundungsverfahren bei Hör- und Sprachbehinderten, mit denen eine schriftliche Verständigung nicht möglich ist

Wenigstens ein Beteiligter kann nicht hinreichend
- hören und/oder
- sprechen
- und sich auch nicht schriftlich verständigen.

↓

Notar hat die Behinderung/das Defizit in der Niederschrift festzustellen und …

↓

… eine Person hinzuzuziehen, die sich mit dem Beteiligten zu verständigen vermag („Vertrauensperson").

Beachte:

Der gedankliche Ausgangspunkt des Gesetzgebers bei Schaffung des § 24 BeurkG, dass sich hör- und sprachbehinderte Personen in erster Linie auf schriftlichem Wege verständigen, stimmt nicht immer. Deswegen kommt man bei Anwendung von § 24 BeurkG auch nicht immer zu überzeugenden Ergebnissen.

Nur der Sprachbehinderte ist auf schriftliche Verständigung angewiesen; der Hörbehinderte nicht unbedingt. Kann er Lippen lesen und sprechen (das kommt gar nicht mal selten vor), kann er sich in der Urkundenverhandlung einwandfrei mündlich verständigen, ohne dass es auf seine Fähigkeit zur schriftlichen Verständigung überhaupt ankommt. Warum dann eine Vertrauensperson zwingend zugezogen werden muss, ist nicht nachvollziehbar. Diese Unstimmigkeiten sind vom Notar und vom Notarfachangestellten angesichts der eindeutigen gesetzlichen Regelung allerdings zu akzeptieren.

dd) Schreibunfähige

Vermag ein Beteiligter nach seinen Angaben oder nach der Überzeugung des Notars seinen Namen nicht zu schreiben, so muss **ein Zeuge oder ein zweiter Notar** zugezogen werden.

Schreibunfähig ist, wer aus eigener Kraft die eigenhändige Namensunterschrift nicht zu leisten vermag.

Anwendungsbeispiele zur Schreibfähigkeit

Der **Armamputierte** ist nicht schreibunfähig, wenn er mit dem Mund oder mit den Füßen zu schreiben vermag. Der **Gebrechliche** ist nicht schreibunfähig, wenn er „mit gestützter Hand" zu schreiben vermag. Schreibunfähigkeit liegt aber vor, wenn die Hand geführt wird. Der **Analphabet** ist nicht schreibunfähig, wenn er nur seinen Namen, sonst kein weiteres Wort, zu schreiben vermag. Der **Blinde** ist nicht deswegen schreibunfähig, weil man seine Hand mit Stift zu der Stelle führen muss, an der – dann eigenständig – zu unterschreiben ist.

Bei einem Schreibunfähigen kann – anders als bei hör-, sprach- oder sehbehinderten Beteiligten – auf die **Zuziehung eines Zeugen oder eines zweiten Notars nicht verzichtet** werden.

Der Notar soll sowohl die Behinderung/das Defizit als auch die deswegen ergriffenen Maßnahmen in der Niederschrift dokumentieren (§ 25 Satz 2 BeurkG). **§ 25 Satz 2 BeurkG**

Skizze betreffend das Beurkundungsverfahren bei Schreibunfähigkeit

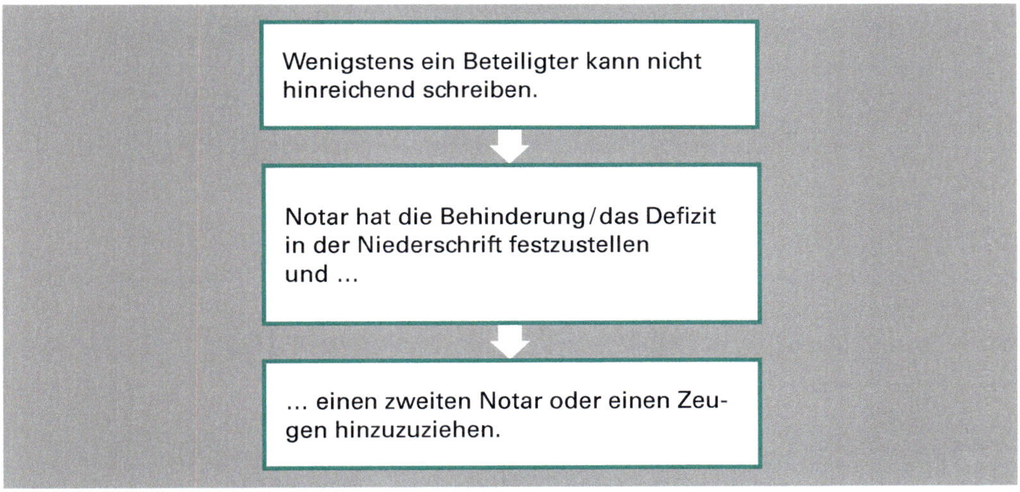

ee) Ausschluss von Personen als Zeugen und als zweiter Notar

Als Zeuge/zweiter Notar ausgeschlossen sind solche Personen, die

- eine zu große Nähe zum Beurkundungsgegenstand
- eine zu große Nähe zum Notar oder
- bestimmte „Defekte"

aufweisen.

➢ Zu große Nähe zum Beurkundungsgegenstand

Eine zu große Nähe zum Beurkundungsgegenstand liegt vor, wenn eine Person

- an der Urkunde selbst beteiligt ist oder durch einen Beteiligten vertreten wird (§ 26 Absatz 1 Nr. 1 BeurkG) **§ 26 Absatz 1 BeurkG**
- aus einer zu beurkundenden Willenserklärung einen rechtlichen Vorteil erlangt (§ 26 Absatz 1 Nr. 2 BeurkG).

Anwendungsbeispiel zum Ausschluss einer Person als Zeugen

Ist der Käufer eines Grundstückskaufvertrages schreibunfähig, so ist es unzulässig, den Verkäufer als Schreibzeugen hinzuzuziehen. Der Verkäufer ist an der Urkunde selbst beteiligt (§ 26 Absatz 1 Nr. 1 BeurkG).

Hingegen könnte die Ehefrau des Verkäufers im Anwendungsbeispiel Schreibzeuge sein, sofern sie am Kaufvertrag – weder als Verkäufer noch als Zustimmende – beteiligt ist. Das setzt allerdings voraus, dass sie aus dem Kaufvertrag keinen rechtlichen Vorteil erlangt. Ein rechtlicher Vorteil liegt vor bei jeder Vermehrung von Rechten sowie bei jeder Verminderung von Pflichten. Ein wirtschaftlicher Vorteil ist weder erforderlich noch ausreichend. Sofern somit der Ehefrau des Verkäufers im Kaufvertrag keine eigenen Rechte eingeräumt oder Pflichten erlassen werden, kann sie selbst dann Zeuge sein, wenn sie wirtschaftliche Vorteile erlangt, beispielsweise dadurch, dass der Kaufpreis auf ein gemeinsames Girokonto der Eheleute oder sogar auf ihr eigenes Girokonto zu überweisen ist.

Auch die Ehefrau des Käufers kommt als Schreibzeuge für den Käufer in Betracht, sofern sie nicht am Kaufvertrag beteiligt ist und ihr daraus auch kein rechtlicher Vorteil erwächst. Dass sie den Kaufgegenstand gemeinsam mit ihrem Ehemann bewohnen wird und von möglichen Mieteinnahmen profitiert, sind wirtschaftliche Vorteile, auf die es hier nicht ankommt.

➢ Zu große Nähe zum Notar

Eine zu große Nähe zum Notar liegt vor, wenn eine Person

- mit dem Notar verheiratet (§ 26 Absatz 1 Nr. 3 BeurkG) oder „verpartnert" ist (§ 26 Absatz 1 Nr. 3a BeurkG)
- mit dem Notar in gerader Linie verwandt ist oder war (§ 26 Absatz 1 Nr. 4 BeurkG)
- zu dem Notar in einem ständigen Dienstverhältnis steht.

Anwendungsbeispiele zum Ausschluss einer Person als Zeuge

Zeuge kann nicht die Tochter des Notars sein, denn sie ist mit ihm in gerader Linie verwandt (§ 26 Absatz 1 Nr. 4 BeurkG). Das gilt auch für den seltenen Fall, dass das Verwandtschaftsverhältnis aufgrund einer Adoption der Tochter erloschen ist. Dann war die Tochter mit dem Notar in gerader Linie verwandt.

➢ „Defekte"

Zeuge/zweiter Notar soll schließlich auch nicht sein, wer

§ 26 Absatz 2 BeurkG

- minderjährig (§ 26 Absatz 2 Nr. 2 BeurkG)
- geisteskrank (§ 26 Absatz 2 Nr. 3 BeurkG)
- hörbehindert, sprachbehindert oder sehbehindert (§ 26 Absatz 2 Nr. 4 BeurkG)
- schreibunfähig (§ 26 Absatz 2 Nr. 5 BeurkG)
- sprachunkundig (§ 26 Absatz 2 Nr. 6 BeurkG)

ist.

ff) Ausschluss von Personen als Vertrauensperson

Die Ausschlussgründe für eine Person, die als Vertrauensperson zugezogen werden soll, sind deutlich enger gefasst als die für Zeugen geltenden Ausschlussgründe. Der Grund ist darin zu sehen, dass als Vertrauensperson von vornherein überhaupt nur wenige Personen in Betracht kommen. Würde man die Ausschlussgründe ähnlich weit fassen wie man es bei Zeugen tut, so blieben häufig überhaupt keine Personen mehr übrig, die man als Vertrauenspersonen zuziehen könnte.

Die Vertrauensperson zeichnet aus, dass sie sich mit einem hör- oder sprachbehinderten Beteiligten, mit dem eine schriftliche Verständigung nicht möglich ist, verständigen kann.

Vor diesem Hintergrund sind als **Vertrauenspersonen** lediglich solche Personen **ausgeschlossen,** die

- aus einer zu beurkundenden Willenserklärung einen rechtlichen Vorteil erlangen (§ 24 Absatz 2 BeurkG). **§ 24 Absatz 2 BeurkG**

Anwendungsbeispiel für den Ausschluss einer Person als Vertrauensperson

Dass die Vertrauensperson zugleich Urkundsbeteiligter im materiellen Sinn ist, disqualifiziert sie noch nicht. Es kommt vielmehr entscheidend darauf an, ob ihr durch die Urkunde ein rechtlicher Vorteil zugewendet wird. Ist die Person als Beschenkter an der Urkunde beteiligt, kann sie nicht zugleich Vertrauensperson sein, denn zu ihren Gunsten wird durch die Urkunde das Recht begründet, den geschenkten Gegenstand einzufordern. Das ist ein rechtlicher Vorteil. Ist die Person allerdings als Schenkgeber an der Urkunde beteiligt, kann sie Vertrauensperson sein, denn dann erleidet sie durch den Vertrag nur rechtliche Nachteile. Das disqualifiziert sie nach dem Wortlaut des § 24 Absatz 2 BeurkG als Vertrauensperson keineswegs.

b) Dolmetscher

Unter bestimmten Voraussetzungen ist auch ein Dolmetscher zuzuziehen. Auch dieser ist mitwirkende Person und als solche wird er im Urkundeneingang aufgeführt.

aa) Voraussetzungen für die Zuziehung eines Dolmetschers

Ist ein Beteiligter der Urkundensprache (im Regelfall also der deutschen Sprache) nach seinen Angaben oder nach der Überzeugung des Notars nicht hinreichend kundig, so muss der Notar einen Dolmetscher zuziehen. Auf die Zuziehung kann **nicht verzichtet** werden. Der Dolmetscher muss den gesamten Wortlaut der Urkunde in die fremde Sprache übersetzen. Mit einer zusammenfassenden oder sinngemäßen Übersetzung darf er sich nicht begnügen. Der Notar soll den Dolmetscher sogar vereidigen, dass er wahrheitsgemäß und vollständig übersetzt. Darauf kann von *allen* Beteiligten verzichtet werden.

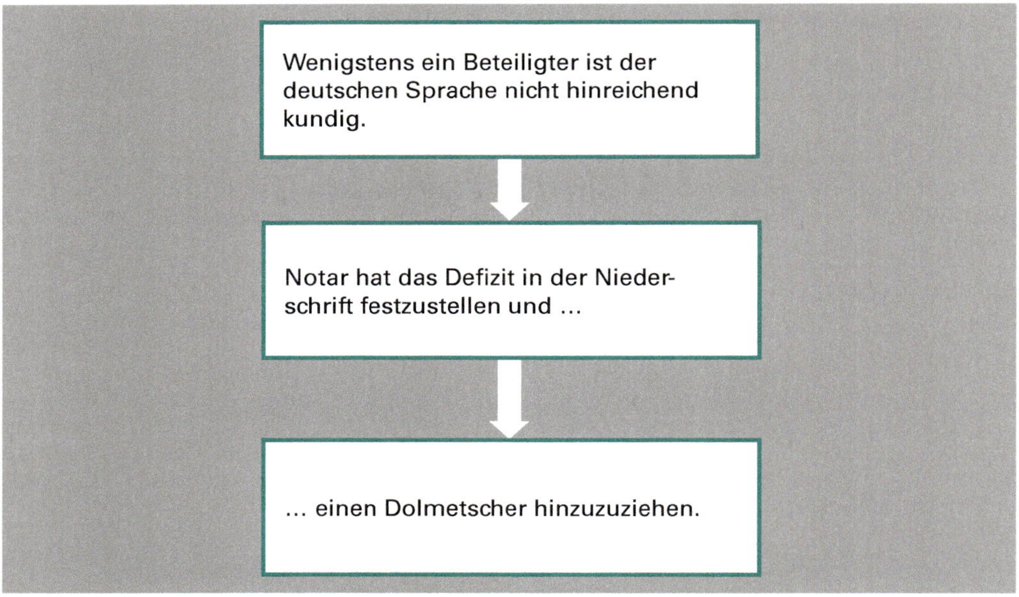

Als Dolmetscher kommt grundsätzlich jeder in Betracht, der die sprachlichen Voraussetzungen erfüllt. Es muss sich keinesfalls um einen hauptberuflichen oder allgemein vereidigten Dolmetscher handeln. Auch der beurkundende Notar selbst darf dolmetschen. Häufig dolmetschen Nachbarn, Freunde oder Familienangehörige im weiteren Sinne; enge Familienangehörige sind regelmäßig wegen eines unzulässigen Näheverhältnisses ausgeschlossen.

§ 16 Absatz 2 Satz 2 BeurkG

Wenn die sprachunkundige Person dieses verlangt, ist eine schriftliche Übersetzung der Niederschrift beizufügen (§ 16 Absatz 2 Satz 2 BeurkG).

Beachte:

Die schriftliche Übersetzung ist nicht die Alternative zur mündlichen Übersetzung in der Urkundenverhandlung. Die schriftliche Übersetzung kann nur zusätzlich zur unabdingbaren mündlichen Übersetzung verlangt werden, damit der Urkundsbeteiligte zu einem späteren Zeitpunkt ohne fremde Hilfe in der Notarurkunde lesen kann.

Meistens unterbleibt die an sich sinnvolle Beifügung einer schriftlichen Übersetzung schon aus Zeit- und Kostengründen. Die Anfertigung einer schriftlichen Übersetzung der Urkunde ist – wie die Zuziehung eines Dolmetschers – vom Urkundsbeteiligten selbst zu veranlassen und auch von diesem zu bezahlen. Der Notar kümmert sich grundsätzlich nicht darum. Erscheint zum Termin eine sprachunkundige Person ohne Dolmetscher, so wird der Notar die Beurkundung ablehnen; wird im Termin keine schriftliche Übersetzung vorgelegt, so wird der Notar der Niederschrift eine Übersetzung auch nicht beifügen können.

§ 16 Absatz 1, Absatz 2 Satz 4 BeurkG

Der Notar soll sowohl die Sprachunkundigkeit als auch die deswegen ergriffenen Maßnahmen in der Niederschrift dokumentieren (§ 16 Absatz 1, Absatz 2 Satz 4 BeurkG).

bb) Ausschluss von Personen als Dolmetscher

Die Gründe, die zum Ausschluss einer Person als Dolmetscher führen, decken sich mit den Gründen, die auch den Ausschluss des Notars zur Folge haben (§ 16 Absatz 3 Satz 2 BeurkG). Diese sind in §§ 6 und 7 BeurkG geregelt. Sie werden weiter unten im Detail dargestellt. Hier genügt die Feststellung, dass Dolmetscher/Notar bei **§ 16 Absatz 3 Satz 2 BeurkG**

- zu großer Nähe zum Beurkundungsgegenstand
- zu großer Nähe zu einem Urkundsbeteiligten

die Mitwirkung untersagt ist.

5. Feststellungen zur Identität der Beteiligten

a) Grundsätze der Identitätsfeststellung

Der Notar hat in der notariellen Niederschrift anzugeben,
- ob er die Beteiligten kennt („von Person bekannt") oder
- wie er sich Gewissheit über ihre Person verschafft hat.

Hierbei handelt es sich um eine „Soll-Vorschrift" (§ 10 Absatz 2 Satz 1 BeurkG). Die Verletzung der Vorschrift führt demnach nicht zur Unwirksamkeit der Beurkundung. **§ 10 Absatz 2 Satz 1 BeurkG**

Ist ein Beteiligter dem Notar nicht von Person bekannt, so existieren in der Praxis zwei Möglichkeiten der Identitätsfeststellung:

➢ Vorlage eines amtlichen Lichtbildausweises

Die sicherste Möglichkeit der Identitätsfeststellung ist die Vorlage eines amtlichen Lichtbildausweises. Als solcher kommen vor allem

- der Personalausweis oder
- der Reisepass

in Betracht; aber auch die Vorlage – beispielsweise –

- des Führerscheins,
- des Schwerbehindertenausweises,
- des Dienstausweises einer Behörde

genügt für die Identitätsfeststellung durch den Notar.

Deutsche Staatsangehörige und EU-Ausländer einschließlich Staatsangehörige der Schweiz und Staatsangehörige von Island, Liechtenstein und Norwegen können sich ausweisen durch gültigen Personalausweis oder Reisepass.

Andere Staatsangehörige können sich nur durch gültigen ausländischen Pass oder mit Lichtbild versehenen deutschen Passersatz ausweisen.

Fallbeispiel

Ein chinesischer Staatsangehöriger wünscht die Beglaubigung seiner Unterschrift unter einer Verkaufsvollmacht. Zum Zwecke der Identitätsfeststellung legt er einen gültigen chinesischen Personalausweis vor. Zulässig? *(Fortsetzung nächste Seite)*

Fall-Lösungen: Nein. Ein chinesischer Staatsangehöriger kann sich nicht durch ausländischen Personalausweis ausweisen. Er muss einen chinesischen Reisepass oder einen deutschen Passersatz mit Lichtbild vorlegen.

Auf die Gültigkeit des vorgelegten amtlichen Lichtbildausweises kommt es nicht an. Der Notar kann sich auch von der Identität eines Beteiligten aufgrund eines abgelaufenen amtlichen Ausweispapiers überzeugen.

→ Verschärfung im Anwendungsbereich des Geldwäschegesetzes S. 115

Nur im Anwendungsbereich des Gesetzes über das Aufspüren von Gewinnen aus schweren Straftaten (kurz: Geldwäschegesetz) gelten strengere Anforderungen an die Identitätsfeststellung.

Unzureichend ist die Vorlage des Dienstausweises eines privaten Unternehmens, zum Beispiel des mit Foto versehenen Firmenausweises der BAYER AG. Hierbei fehlt es an dem Erfordernis eines *amtlichen* Ausweispapieres.

➢ Identitätsfeststellung durch Erkennungszeugen

Alternative zur Vorlage eines amtlichen Ausweispapieres ist eine Identitätsfestellung durch Erkennungszeugen. Als Erkennungszeugen kommen nur Personen in Betracht,

- die der **Notar selbst als zuverlässig kennt** und
- die weder **Beteiligte** sind noch zu einem Beteiligten in **enger** – verwandtschaftlicher oder freundschaftlicher – **Beziehung** stehen.

Fallbeispiele zur Eignung als Erkennungszeuge

Fallbeispiel 1: Frau Karlsberg möchte eine Grundschuld zugunsten der Volksbank Mülheim beurkunden. Ihre Tochter ist angestellt beim beurkundenden Notar und würde gerne Erkennungszeuge sein, weil ihre Mutter den Personalausweis nicht vorlegen kann. **Fall-Lösung:** Die Tochter der Frau Karlsberg kommt als Erkennungszeuge nicht in Betracht. Sie mag zwar dem Notar eine zuverlässige Mitarbeiterin sein. Der Funktion als Erkennungszeuge steht aber entgegen, dass sie mit der Urkundsbeteiligten eng, nämlich in gerader Linie, verwandt ist.

Fallbeispiel 2: Wie vor, als Erkennungszeuge bietet sich aber der Bürovorsteher des Notars an. Dieser ist mit Frau Karlsberg weder verwandt noch mit ihr näher befreundet. Er kennt sie aber von gelegentlichen Besuchen bei der Tochter der Frau Karlsberg, seiner Kollegin. **Fall-Lösung:** Der Bürovorsteher kann Erkennungszeuge sein und dem Notar die Urkundsbeteiligte vorstellen. Der Bürovorsteher ist dem Notar als zuverlässig bekannt; der Bürovorsteher ist an der Urkundsverhandlung selbst unbeteiligt; er steht auch nicht in enger Beziehung zur Urkundsbeteiligten.

Im letztgenannten Fallbeispiel könnte man wie folgt formulieren.

Formulierungsbeispiel bei Einschaltung eines Erkennungszeugen

[...] Frau Britta Karlsberg geborene Polenz, Friseurin, geboren am 10. April 1976, wohnhaft in 58234 Troisdorf, Alte Gasse 13, dem Notar vorgestellt durch den bei ihm beschäftigten und ihm von Person bekannten Notariatsbürovorsteher Kurt Früh [...]

➢ Identitätsfeststellung aufgrund besonderer Indizien?

Abzulehnen ist eine Identitätsfeststellung außerhalb der beiden zuvor behandelten Fallgruppen aufgrund besonderer Indizien.

Fallbeispiele zur Identitätsfeststellung aufgrund besonderer Indizien

Fallbeispiel 1: Der Urkundsbeteiligte kann keinen amtlichen Lichtbildausweis vorlegen. Er ist aber im Besitz diverser Karten und Ausweise, die alle auf den Namen des Urkundsbeteiligten lauten. Er sagt dem Notar: „Natürlich bin ich es. Oder glauben Sie, ich hätte alle diese Karten und Ausweise gestohlen?"

Fallbeispiel 2: Der Urkundsbeteiligte kann überhaupt keine Karten oder Ausweise, die auf seinen Namen lauten, vorlegen. Er kann dem Notar aber sachlich richtige Details aus früheren Urkunden mitteilen, die er bei dem Amtsvorgänger des Notars beurkundet haben will. Er sagt dem Notar: „Natürlich bin ich es. Woher sollte ich sonst mein Wissen über diese ganzen früheren Vorgänge beziehen?"

Fallbeispiel 3: Der Notar wird zu einer Auswärtsbeurkundung gebeten. Auf der Klingel, die er bei seinem Eintreffen betätigt, steht der Name des Urkundsbeteiligten. Die Person, die dem Notar die Tür öffnet, stellt sich mit dem auf der Klingel befindlichen Namen vor und bittet den Notar herein. Die Person kann sich nicht ausweisen, hält dem Notar aber entgegen: „Natürlich bin ich es. Oder glauben Sie, ich bin hier eingebrochen?"

Fall-Lösungen: In allen genannten Fallbeispielen spricht eine mehr oder weniger große Wahrscheinlichkeit dafür, dass die Person, die sich nicht ordnungsgemäß auszuweisen vermag, tatsächlich der richtige Urkundsbeteiligte ist. Trotzdem kann der Notar nicht hundertprozentig sicher sein. Aber gerade das verlangt das Gesetz, wenn es vom Notar „Gewissheit" über die Person des Beteiligten verlangt. Der Notar darf folglich nicht auf die Richtigkeit bloßer Indizien vertrauen. In allen Fallbeispielen wird er auf die Vorlage eines amtlichen Lichtbildausweises oder auf die Vorstellung durch einen Erkennungszeugen bestehen, wenn ihm der Urkundsbeteiligte nicht von Person bekannt ist.

b) Verschärfung im Anwendungsbereich des Geldwäschegesetzes

Im Anwendungsbereich des Geldwäschegesetzes gelten strengere Anforderungen an die Identitätsfeststellung, sofern dem Notar ein Urkundsbeteiligter nicht von Person bekannt ist.

Eine Identitätsfeststellung durch Erkennungszeugen ist hier nicht möglich, ebenso wenig eine Identitätsfeststellung mittels eines Führerscheins oder eines abgelaufenen Personalausweises oder Reisepasses.

➢ Exkurs

Das Geldwäschegesetz erlegt dem Notar über die Pflicht zur Identitätsfeststellung hinausgehende besondere Sorgfaltspflichten auf. So muss der Notar auch Nachforschungen darüber anstellen, ob es sich bei den formell beteiligten Personen auch um die wirtschaftlich berechtigten Personen handelt. Das bedeutet, der Notar muss überprüfen, ob die formell Beteiligten aus eigenem Antrieb handeln oder ob sie nur „Strohmänner" sind, die als Marionetten für einen anderen handeln, der „hinter der ganzen Angelegenheit" steckt und der unentdeckt bleiben will.

Besondere Schwierigkeiten und besonderen Aufwand verursacht die Suche nach dem wirtschaftlich Berechtigten, wenn nicht eine natürliche Person formell beteiligt ist, sondern eine Gesellschaft, beispielsweise eine GmbH. Dann sind zur Identifizierung des wirtschaftlich Berechtigten weitere Maßnahmen notwendig, insbesondere die Einsichtnahme in den Gesellschaftsvertrag, in die Liste der Gesellschafter sowie ins Handelsregister und ins Transparenzregister. Das gilt sowohl für Gesellschaften auf Verkäuferseite als auch für Gesellschaften auf Käuferseite.

c) Pflicht zur Beurkundung ohne Identitätsfeststellung

Der Notar ist nicht befugt, die Beurkundung abzulehnen, wenn er sich über die Identität eines Urkundsbeteiligten keine Gewissheit verschaffen kann, von den Beteiligten aber gleichwohl die Aufnahme der Niederschrift verlangt wird. Gemäß § 10 Absatz 2 Satz 2 BeurkG soll der Notar in diesem Fall seine Zweifel an der Identität des Urkundsbeteiligten in der Niederschrift zum Ausdruck bringen.

Formulierungsbeispiel bei zweifelhafter Identität der Beteiligten

Frau Schäfer konnte sich nicht zur Person ausweisen. Sie sagte zu, dem Notar unverzüglich einen amtlichen Lichtbildausweis nachzureichen. Alle Beteiligten baten um die sofortige Beurkundung. Sie wiesen den Notar jedoch an, die Urkunde erst zu vollziehen, sobald sich Frau Schäfer dem Notar gegenüber ordnungsgemäß ausgewiesen hat.

Legt der betreffende Urkundsbeteiligte später einen amtlichen Lichtbildausweis vor, so könnte der Notar/Notarvertreter, welcher die frühere Beurkundung durchgeführt hat, den folgenden Vermerk auf der Urschrift der Niederschrift anbringen.

Formulierungsbeispiel bei später nachgeholter Identitätsfeststellung

Frau Schäfer legte mir heute ihren Bundespersonalausweis vor. Dadurch habe ich mir Gewissheit über ihre Identität verschafft.

Düsseldorf, den 22. Oktober 2010

Notar Dr. Schröder

(Siegel)

Der vorhergehende Vermerk muss zwingend von demjenigen gefertigt werden, der die frühere Beurkundung durchgeführt hat. Diese Urkundsperson muss sich Gewissheit verschaffen, dass er bei der früheren Beurkundung die richtigen Urkundsbeteiligten vor sich hatte.

Fallbeispiel zur späteren Identitätsfeststellung

Notarvertreter Klaus hat zugunsten der A-Bank eine Grundschuldbestellung beurkundet. Urkundsbeteiligte war eine Frau, die vorgab, Frau Ilse Müller zu sein. Sie konnte sich nicht ausweisen. Auf ihren Wunsch hin wurde trotzdem beurkundet. Die Frau legt einige Tage nach der Beurkundung ihren Bundespersonalausweis vor. Notarvertreter Klaus ist nicht mehr im Büro. Der damals vertretene Notar ist mittlerweile aus dem Urlaub zurückgekehrt und hat die Amtsgeschäfte wieder übernommen. Kann der Notar die Identitätsfeststellung „vollenden"? **Fall-Lösung:** Nein. Frau Müller muss den amtlichen Lichtbildausweis dem Notarvertreter Klaus vorlegen, denn dieser muss sich Gewissheit verschaffen, dass er es damals mit Frau Müller zu tun hatte. Es nutzt nichts, dass Frau Müller dem vertretenen Notar den Lichtbildausweis vorlegt, denn dieser kann gar nicht wissen, wer während seiner Abwesenheit beim Notarvertreter etwas beurkundet hat.

Da die Vertretungszeit des Notarvertreters Klaus mittlerweile abgelaufen ist, als Frau Müller ihren amtlichen Lichtbildausweis vorlegt, wird es kompliziert: Entweder die ganze Beurkundung wird beim vertretenen Notar wiederholt, dann war alles frühere umsonst. Oder der vertretene Notar lässt Notarvertreter Klaus noch einmal durch den zuständigen Landgerichtspräsidenten zum Vertreter bestellen, damit er den Vermerk über die Identitätsfeststellung auf der Urschrift anbringen kann.

6. Feststellungen zur Geschäftsfähigkeit der Beteiligten

a) Notarielle Beurkundung erfordert Geschäftsfähigkeit

Fehlt einem Beteiligten nach der Überzeugung des Notars die erforderliche Geschäftsfähigkeit, so soll gemäß § 11 Absatz 1 Satz 1 BeurkG die Beurkundung abgelehnt werden. Von einem Geschäftsunfähigen abgegebene Willenserklärungen wären unwirksam, die notarielle Beurkundung wäre wertlos.

§ 11 Absatz 1 Satz 1 BeurkG

Die notarielle Beurkundung könnte sogar gefährlich sein, wenn Dritte auf die Wirksamkeit der notariell beurkundeten Willenserklärungen vertrauen oder eine Behörde – beispielsweise das Grundbuchamt – die unwirksamen Willenserklärungen in Unkenntnis des wahren Sachverhalts zur Grundlage einer Registereintragung macht.

b) Grundsatz: Geschäftsfähigkeit ist nicht ausdrücklich festzustellen

Der Notar hat die erforderliche Geschäftsfähigkeit der Beteiligten von Amts wegen zu prüfen; er ist aber grundsätzlich nicht verpflichtet und es ist auch nicht üblich, die positiv festgestellte Geschäftsfähigkeit im Urkundeneingang ausdrücklich zu erwähnen.

Das Vorliegen der erforderlichen Geschäftsfähigkeit stellt in den Augen des Gesetzgebers den statistischen Regelfall dar, der Gesetzgeber hält eine ausdrückliche Erwähnung der meistens selbstverständlich vorhandenen Geschäftsfähigkeit deswegen auch für unnötig.

c) Ausnahmen

In bestimmten Ausnahmefällen hat der Notar allerdings eine ausdrückliche Feststellung zur vorhandenen Geschäftsfähigkeit der Beteiligten zu treffen.

➢ Verfügungen von Todes wegen

§ 28 BeurkG

Beurkundet der Notar eine Verfügung von Todes wegen, also einen Erbvertrag oder ein Testament, so soll er gemäß § 28 BeurkG seine Wahrnehmungen über die erforderliche Geschäftsfähigkeit des Erblassers in der Niederschrift vermerken („Soll-Vorschrift").

Formulierungsbeispiel zur Feststellung der Geschäftsfähigkeit

Der Notar hat sich durch die Verhandlung von der erforderlichen Geschäftsfähigkeit der Erschienenen überzeugt.

➢ Konkrete Zweifel an der vorhandenen Geschäftsfähigkeit

§ 11 Absatz 1 Satz 2 BeurkG

Bestehen in einem konkreten Fall Zweifel an der erforderlichen Geschäftsfähigkeit der Beteiligten, so soll der Notar diese Zweifel gemäß § 11 Absatz 1 Satz 2 BeurkG in der Niederschrift vermerken („Soll-Vorschrift").

Der standardmäßige Satz, dass sich der Notar vom Vorliegen der erforderlichen Geschäftsfähigkeit überzeugt hat, genügt hier nicht. Unter Umständen kann es auch sinnvoll sein, dem Beteiligten aufzugeben, ein ärztliches Attest vorzulegen, welches die erforderliche Geschäftsfähigkeit unter Beweis stellt. Der Notar muss sich zwar selbst vom Vorhandensein der erforderlichen Geschäftsfähigkeit überzeugen. Er darf seine eigene Überzeugung nicht durch die des attestierenden Arztes ersetzen. Aber selbstverständlich kann die Meinung eines studierten Mediziners dem Notar bei der Herausbildung einer eigenen Überzeugung hilfreich sein.

→ Unechte Verweisung S. 129

Wird ein ärztliches Attest vorgelegt, sollte dieses der notariellen Niederschrift beigefügt werden (unechte Verweisung).

➢ Schwer Kranke

§ 11 Absatz 2 BeurkG

Gemäß § 11 Absatz 2 BeurkG soll der Notar auch bei schwer Kranken ausdrückliche Feststellungen zur Geschäftsfähigkeit treffen. Bestehen bei schwer kranken Beteiligten konkrete Zweifel an der Geschäftsfähigkeit, hat § 11 Absatz 2 BeurkG neben dem zuvor behandelten § 11 Absatz 1 Satz 2 BeurkG keinen eigenen Anwendungsbereich.

§ 11 Absatz 2 BeurkG verpflichtet den Notar bei schwer Kranken aber auch dann zu Festellungen über die Geschäftsfähigkeit, wenn die Geschäftsfähigkeit für den Notar überhaupt nicht zweifelhaft ist.

Anwendungsbeispiel zu einem schwer kranken Urkundsbeteiligten

Der Notar beurkundet einen Grundstückskaufvertrag. Der Verkäufer hat wegen eines Gehirntumors nur noch wenige Wochen zu leben. Dies ist dem Notar auch bekannt. In der Urkundsverhandlung, die in den Räumen des Notars statt findet, zeigen sich aber keine Auffälligkeiten.

Dass der Notar bei schwer Kranken ausdrückliche Feststellungen zur Geschäftsfähigkeit treffen soll, liegt daran, dass erfahrungsgemäß Willenserklärungen von schwer Kranken – nach Verlust der Geschäftsfähigkeit oder nach Ableben des Erklärenden – häufiger als Willenserklärungen anderer Personen angefochten werden. Es wird eingewandt, im Zeitpunkt der Abgabe der Willenserklärung sei die erforderliche Geschäftsfähigkeit nicht mehr vorhanden gewesen. Um über diesen wichtigen Punkt möglichst wenige Zweifel zuzulassen, ist es dem Notar vorgeschrieben, ausdrückliche Feststellungen über die Geschäftsfähigkeit zu treffen.

7. Erklärungen der Beteiligten einschließlich Anlagen

Die Niederschrift muss die Wiedergabe der Willenserklärungen der Beteiligten enthalten.

Der Inhalt dieser Willenserklärungen ist im Rahmen dieses Bandes zum Beurkundungsrecht nicht darzustellen. Er wird dem angehenden Notarfachangestellten erst zu einem späteren Zeitpunkt in seiner Ausbildung vermittelt, und zwar dann, wenn er die allgemeinen Lehren des Beurkundungsrechtes hinter sich gelassen hat und sich einzelnen Rechtsgebieten, wie dem Grundstücksrecht und den Grundstücksverträgen, dem Familien- und dem Erbrecht sowie dem Handels- und Gesellschaftsrecht, zuwendet.

Bereits an dieser Stelle ist aber auf zwei Inhalte notarieller Niederschriften einzugehen, denen unabhängig vom Inhalt des Rechtsgeschäfts große praktische Bedeutung beizumessen ist. Sie gehören zum Allgemeinen Teil des Beurkundungsrechtes und sind aus diesem Grunde schon an dieser Stelle zu behandeln. Die Rede ist von

- den **Prüfungs- und Belehrungspflichten,** die dem Notar bei der Beurkundung von Willenserklärungen obliegen (Ziffer a),
- den **Verweisungsmöglichkeiten,** die dem Notar zur Verfahrensvereinfachung eröffnet sind (Ziffer b).

a) Prüfungs- und Belehrungspflichten des Notars

Den Notar treffen bei der Beurkundung einer Niederschrift über die Abgabe von Willenserklärungen weitreichende Prüfungs- und Belehrungspflichten. Diese sind verankert in §§ 17 bis 21 BeurkG, die allerdings keine abschließende Regelung dieser äußerst haftungsträchtigen Materie darstellen.

§ 17 Absatz 1 BeurkG

Nach § 17 Absatz 1 BeurkG hat der Notar bei der Beurkundung einer Niederschrift über die Abgabe von Willenserklärungen

- den **Willen der Beteiligten** zu **erforschen** (Ziffer aa),
- den **Sachverhalt** zu **klären** (Ziffer bb),
- über die **rechtliche Tragweite** des Geschäfts zu **belehren** (Ziffer cc)
- die **Erklärungen der Beteiligten** klar und unzweideutig in der Niederschrift **wiederzugeben** (Ziffer dd) und
- über **Zweifel** an der Wirksamkeit des Rechtsgeschäfts zu **belehren** (Ziffer ee).

aa) „... den Willen der Beteiligten zu erforschen"

Der Notar hat den Willen der Beteiligten zu erforschen. Diese Aufgabe entfällt, wenn die Beteiligten dem Notar in klaren und verständlichen Worten mitteilen, was sie von ihm wollen. Dann kann sich der Notar darauf beschränken, den Ausführungen der Beteiligten aufmerksam zuzuhören und sich Notizen für den Urkundenentwurf zu machen.

Anwendungsbeispiel

Zwei Personen erscheinen beim Notar, legen einen Grundbuchauszug vor und verkünden, dass die eine Person den im Grundbuchauszug verzeichneten Grundbesitz für einen Kaufpreis von € 100.000,00 an die andere Person verkaufen möchte.

Häufig muss sich der Notar aber davor hüten, die Erklärungen der Beteiligten allzu wörtlich zu nehmen. Das tatsächlich Erklärte kann das tatsächlich Gewollte verschleiern! In welcher Situation das so ist, muss der Notar erkennen. Dann kommt der Aufgabe, den Willen der Beteiligten zu erforschen, eine ganz entscheidende Bedeutung zu.

Fallbeispiele zur „Erforschungspflicht" des Notars

Fallbeispiel 1: Der Erschienene erklärt dem Notar, er möchte nach seinem Ableben sein gesamtes Vermögen seiner Tochter *vermachen.* Er bittet den Notar, ein entsprechendes Testament aufzusetzen. **Fall-Lösung:** Das deutsche Erbrecht unterscheidet grundlegend zwischen einem Vermächtnis und einer Erbeinsetzung. Bei diesen beiden Arten der Zuwendung handelt sich um ganz eigene Kategorien, die völlig unterschiedlichen Regeln unterworfen sind. Etwas vereinfacht lässt sich sagen: Wer einen einzelnen Gegenstand erhalten soll, ist Vermächtnisnehmer; wer den gesamten Nachlass erhalten soll, ist Erbe. Der Erschienene wollte vermutlich seine Tochter als Erbin einsetzen. Nimmt ihn der Notar hingegen beim Wort und entwirft ein Testament mit dem Inhalt „Vermächtnis", dürfte das den Willen des Testators verfehlen.

Fallbeispiel 2: Eheleute erklären gegenüber dem Notar, sie wollen Gütertrennung vereinbaren. Sie bitten den Notar, einen entsprechenden Ehevertrag zu entwerfen. **Fall-Lösung:** Der Notar sollte nicht versäumen zu fragen, warum die Eheleute Gütertrennung vereinbaren wollen. Dem Wunsch nach Vereinbarung von Gütertrennung liegt oftmals die Fehlvorstellung zugrunde, der eine Ehegatte hafte für die Geschäftsschulden des anderen Ehegatten und diese Haftung könne man durch Vereinbarung von Gütertrennung ausschließen. Richtig ist aber, dass eine Haftung des einen Ehegatten für die Geschäftsschulden des anderen Ehegatten bereits im gesetzlichen Güterstand der Zugewinngemeinschaft ausgeschlossen ist. Die Vereinbarung von Gütertrennung wäre – in Bezug auf den gewünschten Haftungsausschluss – völlig überflüssig; in Bezug auf die weiteren rechtlichen Folgen der Gütertrennung wäre eine solche Vereinbarung häufig auch nachteilig. Meistens liegt sie nicht im Interesse der Beteiligten.

Selbstredend ist der Aufgabe, den Willen der Beteiligten zu erforschen, bei juristischen Laien größere Bedeutung beizumessen als bei rechtlich und geschäftlich erfahrenen Personen.

Anwendungsbeispiel

Wird der Wunsch nach Vereinbarung von Gütertrennung dem Notar nicht von den Eheleuten selbst vorgetragen, sondern von einem von den Eheleuten kontaktieren Rechtsanwalt, so darf der Notar davon ausgehen, dass der Rechtsanwalt die rechtlichen Zusammenhänge kennt.

bb) „... den Sachverhalt zu klären"

Der Notar hat nicht nur den Willen der Beteiligten zu erforschen. Er hat auch den Sachverhalt zu klären. Im eingangs geschilderten Idealfall, in dem die Beteiligten dem Notar in klaren und verständlichen Worten mitteilen, was sie von ihm wollen, kann sich der Notar darauf beschränken, lückenhafte Angaben durch gezieltes Nachfragen ergänzen zu lassen.

Anwendungsbeispiel

Die erschienenen Personen erklären unter Vorlage eines Grundbuchauszuges, dass die eine Person den im Grundbuchauszug verzeichneten Grundbesitz für einen Kaufpreis von € 100.000,00 an die andere Person verkaufen möchte. Der Notar wird Details der Einigung klären, an welche die Vertragsbeteiligten vielleicht nicht gedacht haben, beispielsweise Details zur Kaufpreisfälligkeit, zum Besitzübergang und zur Tragung von Erschließungsbeiträgen. Stößt der Notar bei Durchsicht des Grundbuchauszuges auf eine Vielzahl eingetragener Grundpfandrechte, wird er beispielsweise auch nachfragen, ob der vereinbarte Kaufpreis ausreichen wird, die Forderungen der eingetragenen Gläubiger vollständig zu befriedigen.

Aber auch bei der Klärung des Sachverhalts muss sich der Notar davor hüten, die Erklärungen der Beteiligten allzu wörtlich zu nehmen. Wieder kann das tatsächlich Erklärte den wahren Sachverhalt verschleiern!

Fallbeispiele zur „Aufklärungspflicht" des Notars

Fallbeispiel 1: Eheleute erklären dem Notar, dass ihnen das Wohnhaus gemeinsam gehört und dass der Grund und Boden, auf dem es steht, Alleineigentum der Ehefrau ist. Den Grund und Boden hat sie nämlich unbebaut von ihren Eltern erhalten.

Fall-Lösung: Im deutschen Zivilrecht ist das aufstehende Gebäude im Normalfall wesentlicher Bestandteil des Grundstücks, auf dem es steht, § 94 Absatz 1 Satz 1 BGB. Das bedeutet zugleich: Der Eigentümer des Grundstücks ist ohne weiteres auch Eigentümer des aufstehenden Gebäudes. Dass der Eigentümer des Grund und Bodens einmal nicht Eigentümer des aufstehenden Hauses ist, kommt in der Praxis eigentlich nur bei Bestellung von Erbbaurechten vor. Die eingangs geschilderte Erklärung der Eheleute dürfte meistens nicht in dem Sinne zu verstehen sein, dass ein Erbbaurecht bestellt wurde. *(Fortsetzung nächste Seite)*

Die Eheleute bringen mit Erklärungen wie der vorerwähnten vielmehr ihre – juristisch fehlerhafte – Rechtsauffassung zum Ausdruck, das Haus müsse beiden gehören, weil sie es mit gemeinsamen Mitteln gebaut haben. Eine Einsichtnahme ins Grundbuch wird in Fällen wie dem geschilderten meistens ergeben, dass die Ehefrau alleiniger Eigentümer des Gebäudes ist, weil sie als alleiniger Eigentümer des Grund und Bodens im Grundbuch eingetragen steht.

Fallbeispiel 2: Zwei Brüder erklären dem Notar, dass dem einen das Erdgeschoss und dass dem anderen das Obergeschoss des gemeinsam gekauften Hauses gehört. **Fall-Lösung:** Dass die Stockwerke eines Hauses unterschiedlichen Personen jeweils zu Alleineigentum gehören, ist grundsätzlich nur bei der Bildung von Wohnungs- oder Teileigentum möglich. Die Erklärung der Brüder muss aber keineswegs in diesem Sinne gemeint sein. Möglicherweise haben sie sich bloß beim gemeinsamen Ankauf des Hauses darauf verständigt, dass der eine das Erdgeschoss und der andere das Obergeschoss nutzen darf. Vielleicht haben sie diese Nutzungsregelung auch als sogenannte Miteigentümervereinbarung nach § 1010 BGB in Abteilung II des Grundbuchs eintragen lassen. Auch in dieser Hinsicht hat der Notar den von den Beteiligten (juristisch falsch) geschilderten Sachverhalt zu klären.

cc) „... über die rechtliche Tragweite des Geschäfts zu belehren"

Die dem Notar zugewiesenen Aufgaben, den Willen der Beteiligten zu erforschen und den Sachverhalt zu klären, erledigt der Notar normalerweise im Vorfeld der Beurkundung, häufig anlässlich eines Besprechungstermins, in dem der Entwurfsauftrag erteilt wird.

Die Belehrung über die rechtliche Tragweite des Geschäfts kann auch im Vorfeld der Beurkundung erfolgen. Belehrungen werden häufig aber auch während der Beurkundungsverhandlung erteilt.

Der Gesetzgeber hat im Beurkundungsgesetz eine Reihe von Sachverhalten ausgewählt, über die der Notar einen ausdrücklichen Hinweis in die Niederschrift aufnehmen muss. Die Auswahl des Gesetzgebers vermittelt einen eher willkürlichen Eindruck.

§ 17 Absatz 3 Satz 1 BeurkG

Ausdrücklich zu belehren ist nach dem Wortlaut des Beurkundungsgesetzes über

- die Anwendung ausländischen Rechts (§ 17 Absatz 3 Satz 1 BeurkG)
- **§ 18 BeurkG** erforderliche gerichtliche und behördliche Genehmigungen (§ 18 BeurkG)
- **§ 19 BeurkG** das Erfordernis der Vorlage der Unbedenklichkeitsbescheinigung für die Eigentumsumschreibung beim Grundbuchamt (§ 19 BeurkG)
- **§ 20 BeurkG** gesetzliche Vorkaufsrechte bei der Veräußerung von Grundstücken (§ 20 BeurkG)
- **§ 20 a BeurkG** die Möglichkeit, eine Vorsorgevollmacht im Zentralen Vorsorgeregister der Bundesnotarkammer registrieren zu lassen (§ 20 a BeurkG)
- **§ 21 Absatz 1 BeurkG** die Risiken Geschäfte, die Grundbuchrechte betreffen, ohne vorherige Grundbucheinsicht abzuschließen (§ 21 Absatz 1 BeurkG)
- **§ 21 Absatz 2 BeurkG** die Tatsache, ob bei Abtretung oder Belastung eines Briefpfandrechtes der Brief vorgelegen hat (§ 21 Absatz 2 BeurkG).

Der Inhalt dieser Liste erschließt sich dem angehenden Notarfachangestellten im ersten Ausbildungsjahr noch nicht vollständig. Erst bei intensiverer Befassung mit den einzelnen Rechtsgebieten, insbesondere dem Grundstücksrecht, werden die Zusammenhänge nachvollziehbarer.

Hinzuweisen ist darauf, dass die vom Gesetzgeber zusammengestellte Liste notwendiger Belehrungen in keinem Fall abschließenden Charakter hat. Auch in (vielen) anderen Fällen hat die Rechtsprechung Belehrungspflichten angenommen. Andererseits ist zu betonen, dass der Notar – von den ausdrücklich in §§ 17 bis 21 BeurkG geregelten Sachverhalten abgesehen – grundsätzlich nicht verpflichtet ist, die Belehrungen in der Niederschrift zu dokumentieren. Er kann sich auch auf eine mündliche Belehrung beschränken, die keinen schriftlichen Niederschlag findet, wenn er befürchtet, die Urkunde anderenfalls zu überfrachten.

Aus der Pflicht, über die *rechtliche* Tragweite des Geschäfts zu belehren, lässt sich ableiten, dass eine Belehrung über die *wirtschaftliche* Tragweite eines Geschäfts vom Notar nicht geschuldet wird.

Anwendungsbeispiele zur Belehrungspflicht

Beispiel 1: Es gehört nicht zu den Aufgaben des Notars, den Käufer darauf hinzuweisen, dass der mit dem Verkäufer verhandelte Kaufpreis für ein bestimmtes Grundstück viel zu hoch oder viel zu niedrig ist. Selbst wenn der Notar über sehr gute Marktkenntnisse verfügt und weiß, was ein bestimmtes Grundstück wert ist, hat er sich einer Äußerung zu enthalten. Sonst würde er die ihm obliegende Amtspflicht zur Unparteilichkeit verletzen.

Beispiel 2: Dem Notar ist es auch nicht gestattet, die wirtschaftliche Situation eines bestimmten Grundstücksverkäufers zu überprüfen und – gegebenenfalls – den Käufer auf die fehlende Solvenz des Verkäufers hinzuweisen. Auch dieses beträfe die wirtschaftliche Tragweite, nicht die rechtliche Tragweite des Geschäfts. Wieder würde der Notar seine Pflicht zur Unparteilichkeit verletzen.

Allerdings ist es die Aufgabe des Notars, durch geeignete Vertragsgestaltung sicherzustellen, dass kein Beteiligter bei einer wirtschaftlichen Krise seines Vertragspartners einen wirtschaftlichen Schaden erleidet.

dd) „... die Erklärungen der Beteiligten klar und unzweideutig in der Niederschrift wiederzugeben"

Wie der Notar die Erklärungen der Beteiligten klar und unzweideutig in der Niederschrift wiederzugeben hat (§ 17 Absatz 1 Satz 1 BeurkG), wird dem angehenden Notarfachangestellten erst zu einem späteren Zeitpunkt – und zwar in den anderen Bänden dieser Lehrbuchreihe – vermittelt, wenn er die allgemeinen Lehren des Beurkundungsrechtes hinter sich gelassen hat und sich einzelnen Rechtsgebieten, wie dem Grundstücksrecht und den Grundstücksverträgen, dem Familien- und dem Erbrecht sowie dem Handels- und Gesellschaftsrecht, zuwendet.

ee) „... über Zweifel an der Wirksamkeit des Rechtsgeschäfts belehren"

Bestehen Zweifel, ob das Geschäft dem Gesetz oder dem wahren Willen der Beteiligten entspricht, so sollen die Bedenken mit den Beteiligten erörtert werden. Zweifelt der Notar an der Wirksamkeit des Geschäfts und bestehen die Beteiligten auf die Beurkundung, so soll der Notar in der Niederschrift auf die bestehenden Zweifel hinweisen.

Das alles setzt voraus, dass der Notar die Gesetzmäßigkeit und die Wirksamkeit der von ihm beurkundeten Erklärungen einer eingehenden Prüfung unterzieht. Der Notar ist nicht nur für seine eigenen Formulierungen verantwortlich; er ist auch verantwortlich für von dritter Seite gefertigte Entwürfe, wenn sie durch ihn beurkundet werden.

Beachte:

Diese Prüfungspflicht vermag zu rechtfertigen, dass der Notar auch für die Beurkundung eines fremden – beispielsweise von einem Rechtsanwalt vorbereiteten – Entwurfs dieselbe Beurkundungsgebühr erhält wie bei selbst vorbereiteten Urkunden.

ff) Ausgestaltung des Beurkundungsverfahrens

§ 17 Absatz 2a Satz 1 BeurkG

§ 17 Absatz 2a Satz 1 BeurkG beschränkt sich auf die eher vage Aussage, der Notar habe das Beurkundungsverfahren so zu gestalten, dass die Einhaltung der vorstehenden Pflichten (aa) bis ee)) gewährleistet ist.

Präzisere und diesen vagen Inhalt ergänzende Vorgaben enthält demgegenüber eine Richtlinienempfehlung der Bundesnotarkammer vom 29. Januar 1999 betreffend die Amtspflichten und sonstigen Pflichten der Mitglieder der Notarkammer, der sich die meisten örtlichen Notarkammern nahezu inhaltsgleich angeschlossen haben (vergleiche beispielsweise Richtlinien für die Amtspflichten und sonstigen Pflichten der Mitglieder der Rheinischen Notarkammer vom 17. Februar 2000).

Die Richtlinienempfehlung der Bundesnotarkammer verbietet insbesondere

- die systematische Beurkundung mit Vertretern ohne Vertretungsmacht
- die systematische Beurkundung mit einem bevollmächtigten Vertreter, soweit nicht sichergestellt ist, dass der Vollmachtgeber über den Inhalt des abzuschließenden Rechtsgeschäfts belehrt werden konnte
- systematische Beurkundung mit Mitarbeitern des Notars, ausgenommen Vollzugsgeschäfte
- systematische Aufspaltung von Verträgen in Angebot und Annahme
- gleichzeitige Aufnahme von mehr als fünf Niederschriften mit verschiedenen Beteiligten
- zweckwidrige Auslagerung geschäftswesentlicher Vereinbarungen in Bezugsurkunden.

Allen verbotenen Verfahrensweisen ist gemeinsam, dass bei ihrer Anwendung zwei sehr wichtige Anliegen des Beurkundungsverfahrens beeinträchtigt, teilweise sogar außer Kraft gesetzt werden, und zwar die **Belehrungs-** und die **Verhandlungsfunktion.**

➢ **Belehrungsfunktion**

Der Notar kann die Beteiligten zwar auch auf schriftlichem oder fernmündlichem Wege über die rechtliche Bedeutung eines Rechtsgeschäfts belehren. Die aber ganz ohne Zweifel effektivste und intensivste Art der Belehrung stellt das persönliche Gespräch am Beurkundungstisch des Notars dar. Im Idealfall sollte dieses Gespräch nicht zu irgendeinem beliebigen Zeitpunkt stattfinden, sondern während der Urkundsverhandlung. Während der Urkundsverhandlung wird den Beteiligten nämlich am deutlichsten ihre eigene Betroffenheit vor Augen geführt. Dort begreifen sie am besten, dass sich die Belehrungen des Notars nicht auf theoretische Rechtsausführungen beziehen, sondern auf ihre eigenen Rechte, Pflichten und Risiken.

Wer im Beurkundungstermin nicht persönlich erscheint, sondern **vollmachtlos vertreten** wird, den werden die Belehrungen des Notars gar nicht oder jedenfalls nicht so nachdrücklich erreichen wie bei persönlicher Anwesenheit. Er genehmigt später die Urkunde, bei deren Unterzeichnung er vollmachtlos vertreten wurde, entweder zwischen „Tür und Angel" beim Urkundsnotar oder gar bei einem anderen Notar, der für den Inhalt der zu genehmigenden Urkunde überhaupt nicht verantwortlich ist. Noch dazu erfolgt die Genehmigung zu einem Zeitpunkt, wo psychologisch „alles schon gelaufen ist", mag auch das Rechtsgeschäft mangels Genehmigung noch schwebend unwirksam sein.

Merke:

Verboten wird nicht schlechthin die Beurkundung mit Vertretern ohne Vertretungsmacht. Verboten wird die *systematische* Beurkundung mit Vertretern ohne Vertretungsmacht. Eine systematische Beurkundung mit Vertretern ohne Vertretungsmacht in diesem Sinne liegt vor, wenn diese Art der Beurkundung nicht als Ausnahme angesehen wird, sondern von vorneherein auf Wiederholung angelegt ist. Teilweise wird der Begriff der systematischen Beurkundung noch strenger ausgelegt, wenn er nämlich mit „planmäßig und missbräuchlich" übersetzt wird (Notarkammer Frankfurt am Main).

Fallbeispiel zur systematischen Beurkundung mit einem vollmachtlosen Vertreter

[Bauträger-Fall] Bauträger Leo plant die Errichtung und den Verkauf von 30 Reihenhäusern. Zu diesem Zweck sollen Bauträgerverträge beurkundet werden. Da der Bauträger zeitraubende Rückfragen der Käufer befürchtet, schlägt er dem Notar vor, dass nur der Bauträger zum Beurkundungstermin erscheint und dort im eigenen Namen wie auch als vollmachtloser Vertreter der jeweiligen Käufer den Vertrag abschließt. Die Käufer könnten dann zu einem späteren Zeitpunkt die Genehmigung in notariell beglaubigter Form erklären. Bestehen Bedenken gegen den Vorschlag des Bauträgers? *(Fortsetzung nächste Seite)*

Fall-Lösung: Ja. Dem Notar ist es gemäß der für ihn verbindlichen Richtlinie seiner örtlichen Notarkammer betreffend seine Amtspflichten verboten, systematisch mit Vertretern ohne Vertretungsmacht zu beurkunden. Eine solche systematische Beurkundung ist hier gegeben, weil der Bauträger bei allen 30 Kaufverträgen nach diesem Schema vorgehen möchte. Das Problem bei der systematischen Beurkundung mit Vertretern ohne Vertretungsmacht ist, dass die vollmachtlos vertretene Vertragspartei, hier der Käufer, nicht so optimal belehrt werden kann wie es zu seiner rechtlichen Absicherung geboten erscheint. Die fehlende Belehrung im Beurkundungstermin lässt sich nicht angemessen bei einer späteren Genehmigung im Wege der Unterschriftsbeglaubigung nachholen.

Auch bei den anderen „verbotenen" Verhaltensweisen besteht das Risiko, dass die Beteiligten die Belehrungen des Notars nicht erreichen. Das liegt bei den meisten Tatbeständen auf der Hand und soll hier nur noch kursorisch ausgeführt werden.

- Wird mit einem **bevollmächtigten Vertreter** systematisch beurkundet, so erreichen die Belehrungen des Notars den Vollmachtgeber regelmäßig nicht. Dieser könnte notariell nur bei Beurkundung oder Beglaubigung der Vollmacht belehrt werden. Aber das ist reine Theorie. Für bestimmte Rechtsgeschäfte, beispielsweise die Abtretung von GmbH-Geschäftsanteilen, genügt eine privatschriftliche Vollmacht; der Vollmachtgeber müsste überhaupt keinen Notar aufsuchen. Aber selbst wenn der Vollmachtgeber beim Notar erscheint, wird das Rechtsgeschäft, zu dessen Abschluss jemand bevollmächtigt wird, inhaltlich noch viel zu unbestimmt für eine sinnvolle Belehrung sein.
- Wird mit **Mitarbeitern des Notars** systematisch beurkundet, so erscheinen diejenigen, die das Geschäft eigentlich angeht, wiederum nicht beim Notar.
- Am ehesten ist die gebotene Belehrung des Beteiligten noch sichergestellt bei **Vertragsannahme in separater Urkunde.** Der Annehmende hat zwar auch hier die wesentlichen Vertragsinhalte, die stets in der zeitlich vorausgehenden Angebotsurkunde niedergelegt sind, bereits verpasst. Allerdings ist der die Annahme beurkundende Notar zur Belehrung über den gesamten Vertragsinhalt verpflichtet, auch wenn er mit der Errichtung der Angebotsurkunde nichts zu tun hatte.
- Bei gleichzeitiger Beurkundung von **mehr als fünf Niederschriften** mit unterschiedlichen Beteiligten besteht die Gefahr, dass die Urkundsverhandlung den Charakter einer unübersichtlichen „Massenveranstaltung" annimmt, unter der auch die Belehrungen des Notars leiden.
- Die notarielle Belehrungspflicht erstreckt sich zwar auch auf **Bezugsurkunden**. Theoretisch sollte also ausgeschlossen sein, dass bei einem Beteiligten auf diese Weise ein Belehrungsdefizit entsteht. In der Praxis ist aber festzustellen, dass umfangreiche Bezugsurkunden die Durchdringung des Inhalts erschweren. Vor diesem Hintergrund könnte die Qualität der Belehrung Schaden nehmen, insbesondere dann, wenn geschäftswesentliche Vereinbarungen zweckwidrig, also auf eine Art und Weise ausgelagert werden, mit der man redlicherweise nicht zu rechnen braucht.

➢ Verhandlungsfunktion

Die „verbotenen" Verhaltensweisen ziehen nicht nur das Risiko eines Belehrungsdefizits nach sich. Auch die Verhandlungsfunktion ist jedenfalls immer dann beeinträchtigt, wenn nicht alle Beteiligte im Beurkundungstermin versammelt sind. Ergibt sich im Beurkundungstermin die Notwendigkeit weiterer Vertragsverhandlungen, kann darauf nicht angemessen reagiert werden, wenn sich ein Beteiligter alleine im Beurkundungstermin befindet oder wenn er sich einer Person ohne Entscheidungsbefugnisse gegenüber sieht, beispielsweise einem vollmachtlosen Vertreter oder einem Mitarbeiter des Notars. Der anwesende Beteiligte hat hier nur die Möglichkeit, die Änderung der notariellen Urkunde eigenmächtig zu beschließen in der Hoffnung, der nicht anwesende Beteiligte werde die Änderung später akzeptieren. Oder der anwesende Beteiligte verzichtet auf die eigentlich notwendige Änderung der Urkunde, um die zur Vertragswirksamkeit erforderliche Genehmigung des abwesenden Beteiligten nicht zu gefährden.

Fallbeispiel zur systematischen Beurkundung mit einem vollmachtlosen Vertreter

[Bauträger-Fall (Abwandlung)] Bauträger Leo schlägt dem Notar vor, dass die Käufer alleine zum Termin erscheinen und dort im eigenen Namen wie auch als vollmachtloser Vertreter des Bauträgers den Vertrag abschließen. Der Bauträger werde zu einem späteren Zeitpunkt die Genehmigung in notariell beglaubigter Form erklären. Bestehen Bedenken gegen den Vorschlag des Leo? **Fall-Lösung:** Ja. Die systematische Beurkundung mit Vertretern ohne Vertretungsmacht ist dem Notar auch dann verboten, wenn der in besonderem Maße schutzbedürftige Beteiligte, hier: der Verbraucher, bei der Beurkundung zugegen und der weniger schutzbedürftige Beteiligte, hier: der Bauträger, abwesend ist. Hier wird zwar der Verbraucher von den Belehrungen des Notars erreicht. Der Verbraucher wird aber um die Möglichkeit gebracht, sich im Beurkundungstermin noch einmal aus erster Hand durch den sachkundigen Bauträger beraten zu lassen und in Nachverhandlungen einzutreten, sollte sich dieses bei der Beurkundung als notwendig erweisen.

→ Bauträger-Fall S. 125

b) Verweisungen

In allen notariellen Niederschriften über die Beurkundung von Willenserklärungen, gleich welchen Inhalt sie haben, kann es vorkommen, dass der Notar den Inhalt der Niederschrift auf zweifache Art ergänzt, und zwar durch

- Hinzufügen von Anlagen zur Niederschrift
- Bezugnahme auf andere notarielle Niederschriften.

Fallbeispiele zur Ergänzung der notariellen Niederschrift (Lösungen folgen später)

Fallbeispiel 1: Der Notar beurkundet ein Testament. Da der Testator erkrankt ist und einen desorientierten Eindruck hinterlässt, legt er dem Notar auf dessen Verlangen ein Attest des behandelnden Hausarztes vor, das die Geschäftsfähigkeit des Testators unter Beweis stellt. Der Notar möchte das ärztliche Attest dem Testament als Anlage beifügen. *(Fortsetzung nächste Seite)*

Fallbeispiel 2: Verkäufer und Käufer sind sich über den Verkauf eines Hauses einig. Der Verkäufer soll nach dem übereinstimmenden Willen beider Parteien das Recht haben, das verkaufte Haus für zwei Jahre ab dem Zeitpunkt der Beurkundung aufgrund eines Mietvertrages zu bewohnen. Die Beteiligten haben sich in einem Schreibwarenladen einen Formularmietvertrag von Haus & Grund besorgt und diesen bereits gemeinsam ausgefüllt. Nun soll er dem Grundstückskaufvertrag als Anlage beigefügt werden.

Fallbeispiel 3: Verkäufer und Käufer sind sich über den Verkauf einer Grundstücksteilfläche einig. Sie haben durch einen öffentlich bestellten Vermessungsingenieur einen Lageplan anfertigen lassen, aus dem ersichtlich ist, welche 500 m² große Fläche aus dem insgesamt 1.200 m² großen Grundstück verkauft werden soll. Der Lageplan soll dem Grundstückskaufvertrag als Anlage beigefügt werden.

Fallbeispiel 4: Albert und Beate wollen einen Ehevertrag vereinbaren und darin unter anderem festhalten, wer von beiden welche Gegenstände in die Ehewohnung eingebracht hat. Zu diesem Zweck fertigen sie ein Verzeichnis an, in dem Alberts und Beates Besitztümer aufgelistet sind. Der Notar möchte diese Liste seiner Niederschrift über den Ehevertrag beifügen.

Fallbeispiel 5: Bauträger Löwe möchte 20 Reihenhäuser in einer Neubausiedlung errichten und an Interessenten veräußern. Das Gesetz schreibt vor, dass nicht nur der Grundstückskaufvertrag, sondern auch die vom Bauträger zu erbringende Bauleistung notariell zu beurkunden ist. Die Bauleistung ist enthalten in einer Bauleistungsbeschreibung, die im Fall des Bauträgers Löwe – was üblichen Standards entspricht – 13 Seiten lang ist. Akribisch wird dort aufgezählt, wieviele Fenster und Türen welchen Herstellers in welchen Räumen einzubauen sind und wieviele Steckdosen in welchem Raum vorhanden sein müssen. Notar und Bauträger suchen nach einer Möglichkeit, die Bauleistungsbeschreibung nicht beim Verkauf jedes einzelnen Reihenhauses verlesen zu müssen.

Das beurkundungsrechtliche Mittel zur Ergänzung einer Niederschrift durch

- Hinzufügen von Anlagen zur Niederschrift
- Bezugnahme auf andere notarielle Niederschriften

ist das der Verweisung. Das Beurkundungsgesetz kennt drei Verweisungen, und zwar

- die Verweisung nach § 9 Absatz 1 BeurkG (Ziffer aa)
- die Verweisung nach § 14 BeurkG (Ziffer bb)
- die Verweisung nach § 13 a BeurkG (Ziffer cc).

Beachte:

Die Möglichkeit der Verweisung kann zu einer erheblichen Vereinfachung des Beurkundungsverfahrens beitragen, insbesondere in den Fällen einer Verweisung nach §§ 14 und 13 a BeurkG.

Alle drei genannten Verweisungen werden auch als **echte Verweisungen** bezeichnet. Die echte Verweisung zeichnet sich dadurch aus, dass sie den Inhalt der Niederschrift tatsächlich ergänzt.

Von den echten Verweisungen sind die **unechten Verweisungen** zu unterscheiden. Eine solche ist im Fallbeispiel 1 dargestellt.

Fall-Lösung zu Fallbeispiel 1: Die Beifügung des ärztlichen Attestes über die Geschäftsfähigkeit des Testators ergänzt nicht den Inhalt der Niederschrift. Der Inhalt der Niederschrift ist mit oder ohne ärztlichem Attest identisch. Die Beifügung des ärztlichen Attestes erfolgt vielmehr ausschließlich zu Dokumentations- und Beweiszwecken. Wer an der Geschäftsfähigkeit des Testators zweifelt, befindet sich in der schwierigen Situation zu beweisen, dass das ärztliche Attest inhaltlich falsch und der Testator geschäftsunfähig war. Hätte der Notar auf die Beifügung des ärztlichen Attestes verzichtet, würde sich derjenige, der die Geschäftsfähigkeit des Testators in Zweifel zieht, in derselben schwierigen Situation befinden. Das ärztliche Attest würde auch losgelöst von der notariellen Urkunde dieselbe Beweiskraft entfalten. Der Vorteil der unechten Verweisung ist im Fallbeispiel 1 ganz einfach, dass das ärztliche Attest nicht lange gesucht werden muss, wenn Zweifel an der Geschäftsfähigkeit des Testators laut werden.

→ Fallbeispiel 1 S. 127

Für die **unechte Verweisung** gelten die nachfolgend dargestellten Verfahrenserfordernisse für echte Verweisungen nicht.

Die **Verweisung nach § 9 Absatz 1 BeurkG** ist der Grundtatbestand der Verweisung. Er ist ohne Ausnahmen auf alle denkbaren (echten) Verweisungen anwendbar. § 9 Absatz 1 BeurkG hat zwar einen sehr weiten Anwendungsbereich, führt aber zu keiner nennenswerten Verfahrenserleichterung für den beurkundenden Notar. Eine Verweisung nach § 9 Absatz 1 BeurkG wird der Notar folglich nur dann in Betracht ziehen, wenn eine Verweisung nach den anderen genannten Vorschriften rechtlich nicht möglich ist.

Die **Verweisungen nach § 14 BeurkG** und **nach § 13 a BeurkG** haben einen sehr eingeschränkten Anwendungsbereich; ist allerdings der jeweilige Anwendungsbereich eröffnet, so können diese Verweisungen zu erheblichen Verfahrenserleichterungen führen: § 14 BeurkG und § 13 a BeurkG können den Notar von der Pflicht zur Verlesung des Dokumentes, auf welches verwiesen wird, entbinden; § 13 a BeurkG kann den Notar darüber hinaus sogar von der Pflicht entbinden, dieses Dokument der Niederschrift beizufügen!

Merke:

Die Verweisung nach § 9 Absatz 1 BeurkG ist der Grundtatbestand der Verweisung. Er ist ohne Ausnahmen auf alle denkbaren Verweisungen anwendbar. § 9 Absatz 1 BeurkG hat zwar einen sehr weiten Anwendungsbereich, führt aber zu keiner nennenswerten Verfahrenserleichterung für den beurkundenden Notar.
Die Verweisungen nach § 14 BeurkG und nach § 13 a BeurkG haben einen sehr eingeschränkten Anwendungsbereich; ist allerdings der jeweilige Anwendungsbereich eröffnet, so können diese Verweisungen zu erheblichen Verfahrenserleichterungen führen.

§ 9 Absatz 1 BeurkG

aa) Verweisung nach § 9 Absatz 1 BeurkG

Gemäß § 9 Absatz 1 Satz 2 BeurkG gelten Erklärungen in einem Schriftstück,

- auf das in der Niederschrift **verwiesen** und
- das dieser **beigefügt** wird,

als in der Niederschrift selbst enthalten.

Und gemäß § 9 Absatz 1 Satz 3 BeurkG gilt Satz 2 entsprechend für das Verweisen und Beifügen von Karten, Zeichnungen und Abbildungen.

Der Vorschrift kann man entnehmen, dass das kommentarlose Beifügen eines Dokumentes (Schriftstück oder Abbildung) nicht genügt, dieses Dokument zum Inhalt der Niederschrift werden zu lassen. Es muss vielmehr durch eine ausdrückliche Verweisung im Text der Niederschrift zum Vertragsinhalt gemacht werden.

→ Fallbeispiel 2 S. 128

Fall-Lösung zu Fallbeispiel 2: Ein Beispiel für eine Verweisung nach **§ 9 Absatz 1 Satz 2 BeurkG** bietet das oben genannte Fallbeispiel 2. Der Mietvertrag, der dem Verkäufer zwei Jahre Bleiberecht in dem verkauften Haus zusichert, darf der Niederschrift über den Grundstückskaufvertrag keinesfalls kommentarlos beigefügt werden. Vielmehr ist im Kaufvertragstext an geeigneter Stelle zu formulieren:

> „Zwischen den Beteiligten kommt aufschiebend bedingt auf den Zeitpunkt des Besitzübergangs der dieser Niederschrift als Anlage beigefügte Mietvertrag zustande. Darauf wird verwiesen."

→ Fallbeispiel 3 S. 128

Fall-Lösung zu Fallbeispiel 3: Ein Beispiel für eine Verweisung nach **§ 9 Absatz 1 Satz 3 BeurkG** bietet das oben genannte Fallbeispiel 3. Das Beifügen eines Lageplans ist erforderlich, um das verkaufte Grundstück eindeutig zu bezeichnen. Ohne Lageplan wäre der Kaufgegenstand zu unbestimmt und der Kaufvertrag nichtig. Auch hier ist eine Verweisung im Kaufvertragstext unbedingt erforderlich. Diese könnte etwa wie folgt lauten:

> „Der Verkäufer verkauft eine noch zu vermessende Teilfläche in Größe von 500 m², die in dem als Anlage zu dieser Urkunde genommenen Lageplan mit den Buchstaben A-B-C-D-A bezeichnet ist. Auf diese Anlage wird verwiesen."

Die Verweisung nach § 9 Absatz 1 BeurkG führt zu keinen nennenswerten Verfahrenserleichterungen. Die Anlagen, auf die verwiesen wird, sind **verlesungspflichtig.** Soweit auf Anlagen verwiesen wird, die ihrer Natur nach nicht verlesungsfähig sind, dieses gilt für Karten, Zeichnungen und Abbildungen, müssen diese den Beteiligten anstelle des Vorlesens zur Durchsicht vorgelegt werden (§ 13 Absatz 1 Satz 1 Halbsatz 2 BeurkG).

Der Inhalt einer Anlage, auf die verwiesen wird, löst ebenfalls die **Prüfungs- und Belehrungspflicht des Notars** aus, genauso als wäre der Inhalt in der Niederschrift selbst enthalten.

Immerhin verlangt es das Gesetz nicht, dass die Anlage, auf die nach § 9 Absatz 1 BeurkG verwiesen wird, von den Beteiligten gesondert **unterschrieben** wird. Vorsichtige Notare hingegen lassen diese Anlagen gleichwohl unterschreiben, um gar keine Zweifel daran aufkommen zu lassen, dass die Anlage Gegenstand der Beurkundung gewesen ist und nicht etwa zu einem späteren Zeitpunkt heimlich der Niederschrift hinzugefügt wurde.

Bringt somit die Verweisung nach § 9 Absatz 1 BeurkG auch keine nennenswerte Verfahrenserleichterung, kann die Verweisung gleichwohl vorteilhaft sein, wie die beiden Fallbeispiele 2 und 3 belegen:

Im Fallbeispiel 2 müsste, wenn das Beurkundungsgesetz eine Verweisung überhaupt nicht zulassen würde, der Inhalt des Mietvertrages in die Niederschrift integriert werden. Man würde vermutlich dann die Lösung finden, den Grundstückskaufvertrag im Teil A und den Mietvertrag im Teil B einer einheitlichen Urkunde zu behandeln. Das wäre sicher zu verschmerzen. Eine auf diese Weise gegliederte Urkunde kann durchaus übersichtlich und in ihrem Aufbau nachvollziehbar sein. Das Erscheinungsbild der Urkunde würde natürlich darunter leiden, denn das Layout des Formularmietvertrages dürfte sich deutlich vom Layout der notariellen Niederschrift unterscheiden. Wäre der Formularmietvertrag Vertragsanlage, würden diese Unterschiede nicht so entscheidend ins Gewicht fallen. Ein zwingendes Argument für die Notwendigkeit einer Verweisung ist das aber nicht. Wen die Unterschiede im Layout stören, der mag sich der Mühe unterziehen, den Formularmietvertrag einmal abschreiben zu lassen, um ihn als eigenes Textdokument verfügbar zu haben.

Im Fallbeispiel 3 müsste, wenn es die Verweisungsmöglichkeit nach § 9 Absatz 1 BeurkG nicht geben würde, der Lageplan, aus dem die verkaufte Teilfläche hervorgeht, in der Niederschrift selbst erscheinen. Die Entwurfserstellung wäre dann zwar etwas umständlicher. Es wäre auch irritierend, wenn der Text der Urkunde durch eine graphische Darstellung unterbrochen wird, aber mit all dem könnte man notfalls „leben".

bb) Verweisung nach § 14 BeurkG

§ 14 BeurkG

Die Verweisung nach § 14 BeurkG hat gegenüber § 9 Absatz 1 BeurkG einen deutlich engeren Anwendungsbereich. Die Vorschrift gilt nicht für alle erdenklichen Dokumente (Schriftstücke, Abbildungen), auf die verwiesen werden soll, sondern nur für

- Bilanzen,
- Inventare,
- Nachlassverzeichnisse oder
- sonstige Bestandsverzeichnisse über Sachen, Rechte und Rechtsverhältnisse.

Fall-Lösung zu Fallbeispiel 4: Ein Beispiel für eine Verweisung nach § 14 BeurkG bietet das oben genannte Fallbeispiel 4. Das von Albert und Beate gefertigte Verzeichnis, in dem Alberts und Beates Besitztümer aufgelistet sind, ist ein sonstiges Verzeichnis über Sachen im Sinne von § 14 BeurkG. *(Fortsetzung nächste Seite)*

→ Fallbeispiel 4 S. 128

Ein weiteres in der notariellen Praxis häufig auftretendes „sonstiges Bestandsverzeichnis über Sachen" ist beim Grundstückskaufvertrag anzutreffen, wenn zusätzlich zum Grundstück mit aufstehendem Gebäude noch bewegliche Gegenstände verkauft werden. Diese werden in einer Anlage zum Grundstückskaufvertrag detailliert aufgelistet.

§ 14 BeurkG ist zu entnehmen, dass im Text der Niederschrift eine ausdrückliche Verweisung auf die Anlage erfolgen muss. Das kommentarlose Beifügen der Anlage genügt wiederum nicht.

§ 14 BeurkG kann zu einer erheblichen Verfahrenserleichterung führen, denn die Beteiligten können hier ausnahmsweise **auf ein Vorlesen verzichten.** Dass auf ein Vorlesen verzichtet wurde, muss zwingend [„Muss-Vorschrift"] in der Niederschrift vermerkt werden (§ 14 Absatz 3 Halbsatz 1 BeurkG).

Statt das Bestandsverzeichnis zu verlesen, soll es den Beteiligten **zur Kenntnisnahme vorgelegt und** von ihnen **unterschrieben** werden; besteht es aus mehreren Seiten, ist jede einzelne Seite zu unterzeichnen (§ 14 Absatz 2 Satz 1 BeurkG). Hierbei handelt es sich um eine Soll-Vorschrift. Das bedeutet: Wird das Bestandsverzeichnis nicht zur Kenntnisnahme vorgelegt oder fehlen die Unterschriften unter dem Bestandsverzeichnis, ist die Urkunde nicht nichtig.

Formulierungsbeispiel für eine Verweisung nach § 14 BeurkG

Die Verweisung auf das „sonstige Bestandsverzeichnis über Sachen" im Fallbeispiel 4 könnte etwa den folgenden Wortlaut haben:

> „Die Beteiligten haben die den Eheleuten jeweils gehörenden Gegenstände des gemeinsamen Haushalts in dem dieser Niederschrift als Anlage beigefügten Bestandsverzeichnis näher beschrieben. Auf dieses Verzeichnis wird verwiesen.
>
> Die Beteiligten verzichten auf ein Verlesen des Verzeichnisses. Das Verzeichnis wurde ihnen zur Kenntnisnahme vorgelegt."

Beachte:

Gemäß § 14 Absatz 1 Satz 2 BeurkG kann auf eine Verlesung auch verzichtet werden hinsichtlich solcher Erklärungen bei Bestellung einer *Hypothek oder Grundschuld,* die nicht im Grundbuch angegeben zu werden brauchen.

Zwingend verlesungspflichtig sind somit bei Hypotheken- und Grundschuldbestellungen Erklärungen betreffend den Grundpfandrechtsgläubiger, den Nennbetrag, die Zinsen und die Nebenleistungen sowie die Zwangsvollstreckungsunterwerfung. Alle sonstigen Erklärungen, beispielsweise betreffend Kündigungsfristen, Sorgfaltspflichten, Zustellungsvollmachten, sind nicht verlesungspflichtig.

cc) Verweisung nach § 13 a BeurkG

§ 13 a BeurkG

Die Verweisung nach § 13 a BeurkG hat – ähnlich wie § 14 BeurkG – gegenüber § 9 Absatz 1 BeurkG einen deutlich engeren Anwendungsbereich. Die Vorschrift gilt nicht für alle erdenklichen Dokumente (Schriftstücke, Abbildungen), auf die verwiesen werden soll, sondern nur für notarielle Niederschriften, die nach den Vorschriften über die Beurkundung von Willenserklärungen errichtet worden sind.

→ Fallbeispiel 5 S. 128

Fall-Lösung zum Fallbeispiel 5: Im Fallbeispiel 5 ist dem Bauträger Löwe zu empfehlen, die Bauleistungsbeschreibung separat bei dem Notar zu beurkunden. Bei späteren Beurkundungen mit Käufern kann dann gemäß § 13 a BeurkG auf die bereits beurkundete Bauleistungsbeschreibung verwiesen werden. Ein erneutes Vorlesen ist dann nicht erforderlich. Der Verweisungstext könnte wie folgt lauten:

> „Dem Käufer ist die in der Urkunde 1259/2010 des amtierenden Notars vom 20. September 2010 niedergelegte Bauleistungsbeschreibung bekannt. Die Beteiligten verweisen auf diese Urkunde, die bei der heutigen Beurkundung in Urschrift vorgelegen hat. Die Beteiligten haben bereits vor der heutigen Beurkundung eine beglaubigte Abschrift dieser Urkunde erhalten.
>
> Die Beteiligten wurden darüber belehrt, dass der Inhalt der Urkunde 1259/2010 mit Abschluss dieses Vertrages für sie verbindlich ist. Die Beteiligten erklärten, dass ihnen der Inhalt der Verweisungsurkunde (nebst Plänen) bekannt ist. Sie verzichten auf ein Verlesen der Urkunde und auf die Vorlage der Pläne zur Durchsicht. Sie verzichten ferner nach Belehrung auf ein Beifügen der Urkunde zur heutigen Niederschrift."

Nach § 13 a BeurkG kann **nicht verwiesen** werden auf Erklärungen, die **notariell beglaubigt** worden sind und erst recht nicht auf Erklärungen in privatschriftlicher Form; auch nicht auf Gerichtsurteile oder gerichtliche Vergleiche. Kraft ausdrücklicher Anordnung in § 13 a Absatz 4 BeurkG kann allerdings verwiesen werden auf Karten oder Zeichnungen, die von einer öffentlichen Behörde innerhalb der Grenzen ihrer Amtsbefugnisse oder von einer mit öffentlichem Glauben versehenen Person innerhalb des ihr zugewiesenen Geschäftskreises mit Unterschrift und Siegel oder Stempel versehen worden sind. Das gilt beispielsweise für Baupläne und Vermessungsunterlagen.

Die Verweisung nach § 13 a BeurkG kann sowohl das Vorlesen der anderen notariellen Niederschrift, auf die verwiesen wird, als auch deren Beifügen entbehrlich machen, sofern die folgenden Voraussetzungen vorliegen **[„Muss-Vorschriften"]:**

- Wiederum muss im Text der Niederschrift **ausdrücklich verwiesen** werden auf die andere notarielle Niederschrift, welche bei dieser Gelegenheit exakt zu bezeichnen ist – mit Datum und Urkundennummer.
- Die Beteiligten müssen erklären, dass ihnen der **Inhalt** der anderen Niederschrift **bekannt** ist.
- Die Beteiligten müssen erklären, dass sie auf die Verlesung der anderen Niederschrift und auch auf ein **Beifügen** zur Niederschrift **verzichten.**

Darüber hinaus hat der Notar die folgenden Formalia zu beachten, deren Verletzung allerdings nicht zur Unwirksamkeit der Verweisung führt **[„Soll-Vorschriften"]:**

- Der Notar soll nur beurkunden, wenn die **Verweisungsurkunde** wenigstens **in beglaubigter Abschrift** bei Beurkundung vorliegt.
- Der Notar soll den Beteiligten die Verweisungsurkunde auf deren Verlangen **übermitteln,** wenn er selbst im Besitz der Urschrift ist; ist er nicht im Besitz der Urschrift, so soll er den Beteiligten wenigstens mitteilen, wo sie die Urschrift einsehen können.

Ist auch die andere Niederschrift weder beizufügen noch zu verlesen, so löst diese andere Niederschrift doch gleichwohl die **Prüfungs- und Belehrungspflichten** aus, genauso als wäre die Verweisungsurkunde mitbeurkundet worden.

Fallbeispiel zur Verweisung nach § 13 a BeurkG

Dem Bauträger Löwe erscheint es zu lästig, sich vom Notar einmal die gesamte Bauleistungsbeschreibung vorlesen zu lassen. Er fragt an, ob man die Bauleistungsbeschreibung nicht als „Bestandsverzeichnis" im Sinne von § 14 BeurkG behandeln und in Anwendung dieser Vorschrift auf ein Verlesen verzichten könnte.

Fall-Lösung: Dem Bauträger Löwe ist zuzugestehen, dass die Bauleistungsbeschreibung eine gewisse Ähnlichkeit mit einem Bestandsverzeichnis hat. Dort wird über viele Seiten im Detail aufgezählt, mit wievielen Fenstern und Türen welchen Herstellers die zu errichtenden Räume auszustatten sind und wieviele Steckdosen in welchen Räumen vorhanden sein müssen. Trotzdem ist die Bauleistungsbeschreibung kein Bestandsverzeichnis im Sinne von § 14 BeurkG. Dieser Vorschrift unterfallen nämlich nur „real existierende Bestände". Der Bauträger, der ein Bauvorhaben erst noch realisieren möchte, kann die Verfahrenserleichterung des § 14 BeurkG nicht für sich beanspruchen. Bauträger Löwe hat keine Wahl: Er muss sich vom Notar die Bauleistungsbeschreibung einmal vorlesen lassen. Dann kann bei den Verkäufen auf die in notarieller Niederschrift enthaltene Bauleistungsbeschreibung gemäß § 13 a BeurkG verwiesen werden.

Übersicht über das vorgeschriebene Beurkundungsverfahren bei Verweisungen

	Verweisen	**Beifügen**	**Verlesen**	**Belehren**	**Unterschreiben**
Verweisung nach § 9 Absatz 1 BeurkG	Ja	Ja	Ja	Ja	**Nein**
Verweisung nach § 14 BeurkG	Ja	Ja	**Nein**	Ja	Ja
Verweisung nach § 13 a BeurkG	Ja	**Nein**	**Nein**	Ja	**Nein**

8. Schlussvermerk

Der übliche Schlussvermerk einer notariellen Niederschrift lautet:

Formulierungsbeispiel

„Diese Niederschrift wurde vorgelesen, genehmigt und eigenhändig, wie folgt, unterschrieben"

Vorlesen muss übrigens nicht zwingend der Notar. Es genügt die Verlesung durch einen Mitarbeiter des Notars oder eine andere unbeteiligte Person. Ob ein Urkundsbeteiligter die Urkunde verlesen darf, wird unterschiedlich bewertet, deswegen sollte sich der Notar darauf nicht einlassen. Der beurkundende Notar muss sich während der gesamten Verlesung im Beurkundungszimmer aufhalten. § 13 Absatz 1 Satz 1 BeurkG ordnet lediglich an, dass die Niederschrift „in Gegenwart des Notars" vorgelesen werden muss.

Fallbeispiel zur Verlesungspflicht der Urkunde

Der beurkundende Notar ist erkältet und hat seine Stimme „verloren". Die notarielle Niederschrift wird von der Auszubildenden Lisa im Beisein des Notars und sämtlicher Urkundsbeteiligter verlesen. Wurde vorschriftsmäßig beurkundet?

Fall-Lösung: Ja. Die Vorschriften des Beurkundungsgesetzes werden nicht verletzt, wenn eine andere Person als der beurkundende Notar die Urkunde verliest. Wichtig ist nur, dass der beurkundende Notar während der gesamten Verlesung anwesend ist.

Der Schlussvermerk ist den tatsächlichen Gegebenheiten anzupassen, insbesondere dann, wenn ein Dolmetscher hinzugezogen oder Anlagen der Niederschrift beigefügt wurden.

Formulierungsbeispiele für Schlussvermerke

Diese Niederschrift wurde vom Notar in deutscher Sprache vorgelesen und vom Dolmetscher in die türkische Sprache übersetzt, alles genehmigt und eigenhändig, wie folgt, unterschrieben.

Diese Niederschrift wurde vorgelesen, die nicht verlesungsfähigen Anlagen wurden den Beteiligten zur Durchsicht vorgelegt, alles genehmigt und eigenhändig, wie folgt, unterschrieben.

9. Unterschriften der Beteiligten und des Notars

➢ Allgemeines

Schließlich ist die Niederschrift von den Beteiligten und vom beurkundenden Notar zu unterschreiben. Der Notar unterzeichnet als Letzter, ansonsten ist eine bestimmte Reihenfolge der Unterzeichnung nicht vorgeschrieben. Der Notar soll der Unterschrift seine Amtsbezeichnung beifügen (§ 13 Absatz 3 Satz 2 BeurkG).

§ 13 Absatz 3 Satz 2 BeurkG

Das Gesetz stellt keine besonderen Anforderungen an die Unterzeichnung der Beteiligten. Die Rechtsprechung verlangt „einen individuellen, einmaligen Schriftzug mit charakteristischen Merkmalen, der sich als Wiedergabe eines Namens darstellt und die Absicht einer vollen Unterschriftsleistung erkennen lässt". Aber das klingt komplizierter als es ist. Wer einfach so wie immer unterschreibt, ist „auf der sicheren Seite". Eine Unterzeichnung mit dem Nachnamen genügt, die Beifügung eines oder mehrerer Vornamen ist nicht erforderlich. Entgegen einer weit verbreiteten Fehlvorstellung ist es auch nicht erforderlich, dass die Unterschrift oder Teile davon leserlich ist.

Als Unterschrift **unzulässig** ist allerdings:

- **Unterzeichnung nur mit dem Vornamen:** Die Rechtsprechung unterstellt hier einen Mangel an Ernstlichkeit, denn notarielle Urkunden unterschreibt man bei vorhandendem Rechtsbindungswillen nicht mit dem Vor-, sondern mit dem Nachnamen.
- Aus denselben Gründen unzulässig ist die **Unterzeichnung mit einer Paraphe,** also mit einer gewollten Kurzform (SL statt Stefan Lange).
- **Unterzeichnung mit drei Kreuzen oder ähnlichen Schriftzeichen:** Hier fehlt es an einem individuellen, einmaligen Schriftzug mit charakteristischen Merkmalen. Drei Kreuze sehen immer gleich aus. Mit entsprechender Begründung könnte man die Unterzeichnung mit arabischen, japanischen oder kyrillischen Schriftzeichen als unzulässig zurückweisen; das tut man aber nicht. Begründung: Wer es gewohnt ist, mit solchen Schriftzeichen zu unterzeichnen, soll sich für die notarielle Niederschrift nicht umgewöhnen müssen. Es gilt auch hier der Grundsatz, dass man „wie immer" unterschrieben können soll.

➢ Sonderproblem: Die vergessene Unterschrift

Besondere Probleme bereitet die vergessene Unterschrift, wobei man zwischen der vergessenen Unterschrift des Notars und der vergessenen Unterschrift eines Beteiligten unterscheiden muss.

Fallbeispiel zur vergessenen Unterschrift

Der Notar beurkundet eine Erbauseinandersetzungsvereinbarung mit einer aus 14 Personen bestehenden Erbengemeinschaft. Da einzelne Erben vom jeweiligen Ehegatten oder von Freunden zur Beurkundung begleitet wurden, befinden sich 20 Personen im Beurkundungszimmer. Nach Verlesen der Niederschrift wird die Urkunde zur Unterzeichnung herumgereicht. Im Eifer des Gefechts versäumt es ein Beteiligter, die Urkunde zu unterzeichnen. Dem Notar entgeht das. Da die Urkundsbeteiligten nach der Unterzeichnung schon ungeduldig im Beurkundungszimmer herumlaufen und ihre Sachen zusammenpacken, vergisst auch der beurkundende Notar, die Niederschrift zu unterzeichnen. Somit fehlen am Ende zwei Unterschriften, die des Notars und die eines Urkundsbeteiligten! Wie können die fehlenden Unterschriften nachgeholt werden?

Fall-Lösung: Die herrschende Meinung geht davon aus, dass **der Notar seine eigene vergessene Unterschrift** im Wege einer Nachtragsverhandlung ohne Hinzuziehung der Urkundsbeteiligten nachholen kann. Die Nachtragsverhandlung dokumentiert der Notar durch entsprechende Ergänzung der Niederschrift auf der letzten Seite der Urschrift.

Formulierungsbeispiel für einen Vermerk des Notars bei vergessener Unterschrift

Am 29. September 2010 habe ich, der beurkundende Notar, die Urkundsverhandlung vom 25. September 2010 wieder aufgenommen und mit der nachfolgenden Unterschrift beendet.

Nur eine vereinzelt vertretene Mindermeinung hält eine Nachtragsverhandlung für überflüssig. Nach dieser Mindermeinung kann der Notar ohne weiteren Zusatz die vergessene Unterschrift einfach nachholen und auf diese Weise den Formmangel heilen.

Die **vergessene Unterschrift eines Urkundsbeteiligten** kann nach der herrschenden Meinung nur im Beisein aller Urkundsbeteiligten nachgeholt werden. Hier genügt es der herrschenden Meinung zufolge nicht, wenn nur der Urkundsbeteiligte, der noch einmal unterzeichnen muss, vor dem Notar erscheint und seine Unterschrift nachträglich ableistet. Der Notar sollte den sichersten Weg gehen und alle Urkundsbeteiligten zu einer Nachtragsverhandlung einladen. Darüber wird er eine Niederschrift errichten, die inhaltlich an das obige Formulierungsbeispiel angelehnt ist. Diese Niederschrift sollte dann von sämtlichen Urkundsbeteiligten noch einmal unterzeichnet werden.

10. Sonderproblem: Beurkundungsrechtliche Besonderheiten bei Verbraucherverträgen

Bei sogenannten Verbraucherverträgen sind beurkundungsrechtliche Besonderheiten zu beachten. Unter einem Verbrauchervertrag versteht man einen Vertrag zwischen einem **Verbraucher und einem Unternehmer.**

Der Unternehmer handelt bei Abschluss eines Rechtsgeschäfts in Ausübung seiner gewerblichen oder selbstständigen beruflichen Tätigkeit (§ 14 Absatz 1 BGB). Der Verbraucher hingegen schließt ein Rechtsgeschäft aus privaten Gründen ab (§ 13 BGB)

§ 14 Absatz 1 BGB
§ 13 BGB

Der Gesetzgeber geht davon aus, dass der Verbraucher dem Unternehmer in jeder Hinsicht unterlegen ist und dass er deswegen eines besonderen gesetzlichen Schutzes bedarf.

Anwendungsbeispiel zum Verbrauchervertrag

Die in Sachen Immobilienerwerb vollkommen unerfahrene junge Familie kauft bei einem Bauträger ihr Eigenheim. Der Bauträger hat jahrelange Berufserfahrung und zahlreiche gut ausgebildete Mitarbeiter. Er steht permanent in Kontakt mit einer im Immobilienrecht spezialisierten Rechtsanwaltskanzlei.

Die besondere Schutzbedürftigkeit des Verbrauchers schlägt sich in verschiedenen Gesetzen nieder, unter anderem auch in einigen Vorschriften des Beurkundungsgesetzes. Diese besonderen Bestimmungen sind bei Verbraucherverträgen zusätzlich zu den bislang dargestellten allgemeinen beurkundungsrechtlichen Vorschriften zu beachten. Diese besonderen Bestimmungen sollen in dieser Ziffer vorgestellt werden.

Beachte:

Die Annahme des Gesetzgebers, der Verbraucher sei dem Unternehmer stets unterlegen, trifft häufig, keinesfalls aber immer zu. Wenn der „mit allen Wassern gewaschene" Immobilenmakler einem in wirtschaftliche Not geratenen Landwirt einen Teil seines Hofes abkauft, um dort sein Eigenheim einzurichten, ist der Immobilienmakler „Verbraucher" und der Landwirt „Unternehmer". Die Verbraucher schützenden Gesetzesvorschriften kommen dann zugunsten des Immobilienmaklers und zulasten des Landwirts zur Anwendung. Das erscheint zwar absurd, ist aber der typisierenden Betrachtung des Gesetzgebers geschuldet und angesichts des klaren Gesetzeswortlauts hinzunehmen.

§ 17 Absatz 2 a BeurkG

Gemäß § 17 Absatz 2 a Satz 2 und Satz 3 BeurkG soll der Notar darauf hinwirken, dass

- die rechtsgeschäftlichen Erklärungen des Verbrauchers von diesem **persönlich oder durch eine Vertrauensperson** vor dem Notar abgegeben werden
- der Verbraucher ausreichend Gelegenheit erhält, sich vor der Beurkundung mit dem Entwurf auseinanderzusetzen; bei Grundstückskaufverträgen geschieht dies im Regelfall dadurch, dass dem Verbraucher der beabsichtigte Text des Rechtsgeschäfts **zwei Wochen** vor der Beurkundung vom beurkundenden Notar (!) zur Verfügung gestellt wird.

Diese beiden bei Verbraucherverträgen zusätzlich zu beachtenden beurkundungsrechtlichen Besonderheiten sind als „Soll-Vorschriften" ausgestaltet. Das bedeutet: Missachtet der Notar bei der Beurkundung von Willenserklärungen diese Vorschriften, führt der Verstoß nicht zur Unwirksamkeit der Urkunde. Allerdings würde der Notar seine Amtspflichten verletzen, was aufsichtsrechtliche und auch haftungsrechtliche Konsequenzen haben könnte. Deswegen stellt sich die Frage, was der Notar tun muss, um den zusätzlichen den Verbraucher schützenden Verfahrensvorschriften gerecht zu werden.

Es fällt auf, dass die genannten Vorschriften dem Notar *nicht* verbieten zu beurkunden, wenn der Verbraucher nicht persönlich anwesend ist oder durch eine Vertrauensperson vertreten wird oder wenn er nicht ausreichend Gelegenheit hatte, sich mit dem Entwurf auseinanderzusetzen. Die genannten Vorschriften verpflichten den Notar nur *darauf hinzuwirken,* dass solche Situationen nicht eintreten.

Die Pflicht, auf die Vermeidung solcher Situationen hinzuwirken, hat der Notar sicher dann ordnungsgemäß erfüllt, wenn er bei Eintritt einer solchen Situation die Beurkundung ablehnt. Ist der Notar seiner Hinwirkungspflicht nachgekommen und bestehen die Beteiligten dennoch auf einer Beurkundung, bei der die Anforderungen des § 17 Abs. 2a Nr. 1 und/oder Nr. 2 BeurkG nicht erfüllt werden können, kann der Notar die Beurkundung dann vornehmen, wenn ein sachlicher Grund dies – unter Berücksichtigung der Schutzinteressen des Verbrauchers – ausnahmsweise rechtfertigt. Liegt ein solcher sachlicher Grund nicht vor, hat der Notar die Beurkundung abzulehnen. Dass der Unternehmer schneller und einfacher an sein Geld kommen möchte, ist in diesem Zusammenhang sicher kein beachtlicher Grund.

Der Notar verletzt seine Amtspflicht, bei Verbraucherverträgen darauf hinzuwirken, dass der Verbraucher persönlich anwesend ist oder durch eine Vertrauensperson vertreten wird und dass der Verbraucher ausreichend Gelegenheit hatte, sich mit dem Entwurf auseinanderzusetzen beispielsweise dann, wenn

- sich der Notar mit einem Verzicht des Verbrauchers auf seine Rechte zufrieden gibt,
- sich der Notar mit halbherzigen Hinweisen auf die gesetzlichen Bestimmungen zufrieden gibt,
- der Notar unter Verstoß gegen die Zwei-Wochen-Frist beurkundet, zugunsten des Verbrauchers aber „zur Absicherung der gesetzlich vorgesehenen Bedenkzeit" ein Rücktrittsrecht in den Vertrag aufnimmt; der Verstoß wird in diesem Fall damit begründet, dass es wesentlich leichter fällt, die Unterzeichnung eines rechtlich unverbindlichen Vertragsentwurfs zu verweigern als von einem rechtsverbindlichen Vertrag zurückzutreten.

Wird die Frist des § 17 Abs. 2a S. 2 Nr. 2 BeurkG unterschritten, sollen die Gründe hierfür in der Niederschrift angegeben werden (§ 17 Abs. 2a S. 4 BeurkG).

Fallbeispiele zur Beurkundung von Verbraucherverträgen

[Vertrauensperson] Da der Käufer, Herr Blaszyk, kurzfristig verreisen muss, vereinbaren der Verkäufer, Bauträger Löwe, und Herr Blaszyk, dass Herr Blaszyk bei der bevorstehenden Beurkundung des Bauträgervertrages vollmachtlos vertreten werden soll. Als mögliche Vertreter des Herrn Blaszyk kommen in Betracht: Bauträger Löwe; Frau Knut, Notarfachangestellte, seit vielen Jahren zuverlässige und erfahrene Mitarbeiterin des Notars oder Herr Cevik, der in geschäftlichen Dingen unerfahrene Schwager von Herrn Blaszyk. Wen wird der Notar als Vertreter des Herrn Blaszyk auswählen?

Fall-Lösung: Als Vertreter kommt nur Herr Cevik, der Schwager, in Betracht. Nach § 17 Absatz 2 a Satz 2 Nr. 1 BeurkG soll der Notar darauf hinwirken, dass die Erklärungen des Verbrauchers durch eine Vertrauensperson abgegeben werden, wenn der Verbraucher schon nicht persönlich erscheinen kann. Vertrauensperson kann nur sein, wer dafür Gewähr bietet, ausschließlich die Interessen des Vertretenen zu wahren. Die Vertrauensperson muss „im Lager des Vertretenen stehen". Deswegen sind Ehegatten und Lebenspartner, Kinder und sonstige Verwandte, Freunde, aber auch beauftragte Rechtsanwälte oder Steuerberater mögliche Vertrauenspersonen. Keine Vertrauensperson in diesem Sinne kann die Gegenpartei, also Bauträger Löwe, sein, denn dieser verfolgt naturgemäß entgegengesetzte Interessen. *(Fortsetzung nächste Seite)*

Aber auch die Notarfachangestellte kann nicht Vertrauensperson des Verbrauchers sein. Sie ist neutral und steht in niemandes Lager. Dass Herr Blaszyk ihr im landläufigen Sinne „vertraut“, macht sie noch nicht zur Vertrauensperson im Sinne von § 17 Absatz 2 a Satz 2 Nr. 1 BeurkG. Auf ihre fachliche Eignung kommt es ebenso wenig an.

[Zwei-Wochen-Frist] Der gewerblich tätige Bauträger Löwe gibt bei Notar Neu am 19. Dezember 2010 einen Vertrag über den Verkauf eines Einfamilienhauses in Auftrag. Käufer ist Herr Kunzig. Herrn Kunzig ist die Sache eilig, denn er möchte sich eine staatliche Förderung sichern, auf die er aber nur bei Abschluss des Kaufvertrages vor Jahreswechsel Anspruch hat. Darf Notar Neu am 31. Dezember 2010 den Kaufvertrag in der vorgesehenen Art und Weise beurkunden, wenn der Kaufvertragsentwurf den Beteiligten am 20. Dezember 2010 vorliegt?

Fall-Lösung: Unter den gegebenen Umständen darf der Notar den Kaufvertrag am 31. Dezember 2010 wohl beurkunden (bei entsprechender Begründung ist hier aber auch eine andere Lösung vertretbar).

Bedenken bestehen im Hinblick auf § 17 Absatz 2 a Satz 2 Nr. 2 BeurkG. Danach soll der Notar darauf hinwirken, dass der Verbraucher – Herr Kunzig – ausreichend Gelegenheit erhält, sich vorab mit dem Gegenstand der Beurkundung auseinander zu setzen; bei Grundstückskaufverträgen ist es dafür im Regelfall erforderlich, dass der Urkundsentwurf dem Verbraucher zwei Wochen vor der Beurkundung vorliegt. Dagegen würde verstoßen, wenn am 31. Dezember 2010 beurkundet wird. Die Unterschreitung der Zwei-Wochen-Frist dürfte aber sachlich gerechtfertigt sein. Der Verbraucher selbst äußert den Wunsch der Fristverkürzung, um in den Genuss individueller Vorteile in Gestalt der staatlichen Förderung zu kommen. Außerdem ist zu berücksichtigen, dass die verbleibende Frist die Regelfall-Frist von zwei Wochen nur geringfügig unterschreitet.

11. Besonderheit: Die Möglichkeit der Videobeurkundung

Seit dem 1. August 2022 besteht gemäß § 16a Absatz 1 BeurkG die Möglichkeit, Beurkundungen auch online in Form einer Videobeurkundung vorzunehmen. Die Beurkundungen können dabei ausschließlich über das von der Bundesnotarkammer betriebene Videokommunikationssystem und nur in den gesetzlich zugelassenen Fällen wirksam durchgeführt werden.

a) Anwendungsbereich

Das Videobeurkundungsverfahren ist **seit dem 1. August 2022** für die folgenden Beurkundungen zulässig:

- Gründung einer GmbH oder UG, wenn die Einlagen auf das Konto der Gesellschaft eingezahlt werden (Bargründung), wobei nicht beurkundungsbedürftige Willenserklärungen und einstimmig gefasste Gesellschafterbeschlüsse (z. B. die Geschäftsführerbestellung) mitbeurkundet werden können, soweit diese einen Zusammenhang zur Gründung aufweisen;
- Erteilung einer ausschließlich auf die Gründung einer GmbH bzw. einer UG bezogenen Vollmacht.

Seit dem 1. August 2023 sind nunmehr auch die folgenden Beurkundungen online zulässig:

- Gründung einer GmbH mit Sacheinlage sowie Bargründungen einer GmbH oder UG (haftungsbeschränkt) mit Sachagio, sofern keine anderen Formvorbehalte bestehen, insbesondere keine Immobilien oder GmbH-Geschäftsanteile eingebracht werden;
- einstimmig gefasste Gesellschafterbeschlüsse über Satzungsänderungen einschließlich Kapitalmaßnahmen, wiederum unter dem Vorbehalt, dass keine anderen Formvorbehalte entgegenstehen, insbesondere keine Immobilien oder GmbH-Geschäftsanteile eingebracht werden.

b) Verpflichtung zur Videobeurkundung

Soweit die Möglichkeit einer Videobeurkundung gesetzlich eröffnet ist, haben die Beteiligten die Wahl, ob sie die Beurkundung online, in Präsenz oder in einer gemischten Beurkundung (dazu sogleich) durchführen wollen. Der Notar ist gem. § 15 BNotO grundsätzlich verpflichtet, eine Videobeurkundung durchzuführen, wenn die Beteiligten dies wünschen. Etwas anderes gilt gemäß § 16a Absatz 2 BeurkG nur dann, wenn der Notar der Ansicht ist, dass er seine Amtspflichten mittels einer Videobeurkundung nicht ordnungsgemäß erfüllen kann.

Anwendungsbeispiel

Der Notar beurkundet die Satzungsänderung einer GmbH in Form einer Videobeurkundung. Dabei fällt dem Notar auf, wie einer der beiden Gesellschafter während des Vorlesens des Beschlusses zur Satzungsänderung andauernd nervös zur Seite schaut und mutmaßlich die Bestätigung durch eine von der Kamera nicht erfasste dritte Person sucht.

Kommt der Notar hier zu dem Entschluss, dass erhebliche Zweifel an der freien Willensbildung dieses Gesellschafters bestehen, kann er die Videobeurkundung unter Verweis darauf, dass sich die bestehenden Zweifel nur durch eine Beurkundung im Präsenzverfahren ausräumen lassen, ablehnen.

c) Örtliche Zuständigkeit des Notars

Bevor der Notar eine Videobeurkundung durchführt, hat er zunächst zu prüfen, ob er für die Beurkundung örtlich zuständig ist. Schließlich trifft den Notar gemäß § 10a Absatz 3 BNotO auch bei der Videobeurkundung die Pflicht zur Beachtung des Amtsbereichsprinzips. Dadurch soll sichergestellt werden, dass der Notar seine Beurkundungstätigkeit nicht auf Videobeurkundungen über seinen Amtsbereich hinaus konzentriert und aufgrund dessen keine Kapazitäten mehr hat, um den örtlichen Bedürfnissen nach Beurkundungen im Präsenzbetrieb nachzukommen.

→ Amtsbereich S. 31

Videobeurkundungen gelten nur dann als im Amtsbereich ausgeübt, wenn sich in diesem einer der folgenden Orte befindet:

- der Sitz der betroffenen Gesellschaft oder die Hauptniederlassung oder der Wohnsitz des betroffenen Einzelkaufmanns,
- bei Gesellschaften im Ausland oder einem Einzelkaufmann mit Hauptniederlassung im Ausland der Sitz oder die Geschäftsanschrift der betroffenen Zweigniederlassung,
- der Wohnsitz oder Sitz eines organschaftlichen Vertreters der Gesellschaft **oder**
- der Wohnsitz oder Sitz eines Gesellschafters der Gesellschaft, soweit seine Gesellschafterstellung aus einem öffentlichen Register ersichtlich ist.

d) Ablauf der Videobeurkundung

Es existieren für die Beteiligten zwei Möglichkeiten ein Videobeurkundungsverfahren einzuleiten. Sie können sich entweder direkt an ein zuständiges Notariat ihrer Wahl wenden oder ein solches über die Seite der Bundesnotarkammer auswählen und kontaktieren (dort kann aus einer Liste der zuständigen Notare ausgewählt werden).

Wurde nach der im Vorfeld der Beurkundung erforderlichen Kommunikation und Entwurfsübersendung ein Termin vereinbart, wird den Beteiligten ein entsprechender Einladungslink übermittelt, mit dessen Abruf sie sich für das Online-Verfahren registrieren können. Im Rahmen der Registrierung müssen sie sich zunächst ausweisen. Dies geschieht dadurch, dass mithilfe der von der Bundesnotarkammer entwickelten Notar-App die elektronische Identität (eID) aus einem geeigneten Ausweisdokument (üblicherweise dem E-Personalausweis) ausgelesen wird. Auf der Grundlage der dadurch gewonnenen Daten erstellt die Zertifizierungsstelle der Bundesnotarkammer sodann ein Signaturzertifikat, mit dessen Hilfe der Beteiligte das elektronische Dokument am Ende der Beurkundung mit einer qualifizierten elektronischen Signatur versehen kann.

Ist das Registrierungsverfahren abgeschlossen, werden die Beteiligten in die Videokonferenz mit dem Notar weitergeleitet. Dort ist der Notar gemäß § 16c BeurkG zunächst verpflichtet, die Identität der Beteiligten zu überprüfen, indem er das von der eID ausgeworfene Lichtbild mit dem persönlichen Erscheinungsbild der Beteiligten in der Videokonferenz abgleicht. Auf diese Weise soll sichergestellt werden, dass sich nicht etwa ein Dritter das fremde Identifizierungsmittel und die dazugehörige PIN seines Inhabers rechtswidrig angeeignet hat.

Im Anschluss daran gestaltet sich das Videobeurkundungsverfahren wie ein Präsenzverfahren. Der Notar liest den Beteiligten die Urkunde vor, die ihnen zugleich als PDF-Dokument auf dem Bildschirm angezeigt wird und erläutert sie ihnen. Anschließend versehen die Beteiligten das Dokument mit einer qualifizierten elektronischen Signatur. Diese wird auf Seiten der Beteiligten erzeugt, indem ihnen das System über die Notar-App eine TAN übermittelt, die diese in die Eingabemaske der Videokonferenz eingeben und anschließend auf „signieren“ drücken können. Auf Seiten des Notars wird die qualifizierte elektronische Signatur hingegen mithilfe einer Signaturkarte und eines Kartenlesegeräts ausgelöst. Sind sämtliche Signaturen auf der elektronischen Urkunde angebracht, ist die Beurkundung abgeschlossen

Merke:

Im Rahmen des Videobeurkundungsverfahrens wird die Identität der Beteiligten gleich in zweifacher Hinsicht überprüft. Zum einen weisen sie sich durch ihre eID und das dazugehörige Passwort aus. Zum anderen überprüft der Notar ihre Identität im Rahmen der Videokonferenz durch einen Abgleich des auf dem Ausweisdokument befindlichen Lichtbildes mit dem persönlichen Erscheinungsbild der Beteiligten.
Die Unterschrift im Präsenzverfahren wird im Videobeurkundungsverfahren durch eine qualifizierte elektronische Signatur ersetzt.

e) Gemischte Beurkundung

Gemäß § 16e BeurkG besteht außerdem die Möglichkeit einer gemischten Beurkundung, bei dem ein Teil der Beteiligten körperlich anwesend und der andere Teil mittels Videokommunikation zugeschaltet ist. In diesem Fall wird mit den online zugeschalteten Beteiligten eine elektronische Niederschrift und mit den restlichen Beteiligten eine **inhaltsgleiche** Niederschrift in Papierform errichtet. Da jede Niederschrift nur die Unterschriften der sie jeweils unterschreibenden Beteiligten abbildet, ist jede Niederschrift für sich unvollständig. Diese Unvollständigkeit wird gemäß § 16e Absatz 2 BeurkG jedoch über die gemeinsame Verwahrung beider Niederschriften überwunden.

III. Beurkundungsverfahren und Inhalt des Vermerks

Ein Vermerk ist – verallgemeinert – wie folgt aufgebaut:

- Zeugnis (beispielsweise Beglaubigung der Unterschrift)
- Ort und Tag der Ausstellung
- Unterschrift des Notars
- Siegel des Notars

Ein Vermerk ist nur zulässig bei „einfachen Zeugnissen". Als solche kommen insbesondere in Betracht

- die Beglaubigung einer Unterschrift (Ziffer 1),
- die Beglaubigung eines Handzeichens (Ziffer 1),
- die Beglaubigung einer Abschrift (Ziffer 2)
- die Lebensbescheinigung (Ziffer 4),
- die Vertretungs- und die Firmenbescheinigung (Ziffer 4).

Die Aufzählung enthält die in der Praxis wichtigsten Vermerke über einfache Zeugnisse, hat aber keinen abschließenden Charakter.

1. Beglaubigung einer Unterschrift und eines Handzeichens

Das „Zeugnis" besteht bei der Beglaubigung einer Unterschrift oder eines Handzeichens aus den folgenden Angaben:

- Unterschrift oder Handzeichen
- gefertigt oder anerkannt
- Person des Unterzeichnenden
- ausgewiesen durch amtlichen Lichtbildausweis oder von Person bekannt

Unter einer **Unterschrift** versteht man „einen individuellen, einmaligen Schriftzug mit charakteristischen Merkmalen, der sich als Wiedergabe eines Namens darstellt und die Absicht einer vollen Unterschriftsleistung erkennen lässt".

Das **Handzeichen** hingegen erfordert keinen individuellen Schriftzug. Ein Schreibunkundiger, der seinen Namen nicht schreiben kann, kann ein Dokument mit den „berühmten" drei Kreuzen unterzeichnen. Die drei Kreuze sind ein Handzeichen.

Wird im Beisein des Notars unterzeichnet, so wird die Unterschrift/das Handzeichen vor dem Notar **gefertigt**. Wurde die Unterschrift/das Handzeichen bereits zu einem früheren Zeitpunkt gefertigt, so kann sie nur vor dem Notar **anerkannt** werden.

Anwendungsbeispiel zur Anerkennung einer Unterschrift

Die Eigentümergemeinschaft hatte am 20. August 2008 Herrn Schmitz zum Verwalter der Eigentümergemeinschaft bestellt. Das Protokoll, in dem seine Wahl enthalten ist, wurde vom Versammlungsleiter und einem Eigentümer der Eigentümergemeinschaft unterzeichnet. Zwei Jahre nach Unterzeichnung des Protokolls wird eine Eigentumswohnung verkauft. Der Verwalter muss seine Zustimmung zum Verkauf erteilen. Zu diesem Zweck ist dem Grundbuchamt durch Vorlage des Protokolls der Eigentümerversammlung auch nachzuweisen, dass Herr Schmitz zum Verwalter gewählt worden ist. Die Personen, die das Protokoll am 20. August 2008 unterzeichnet haben, nämlich der Versammlungsleiter und ein Wohnungseigentümer, werden anlässlich des Verkaufs der Eigentumswohnung bei einem Notar erscheinen und diesem gegenüber anerkennen, dass die Unterschrift unter dem Protokoll vom 20. August 2008 ihre eigene ist.

Beachte:

Liegt dem Notar nur die Kopie des Protokolls vor, so kommt eine Unterschrifts*anerkennung* nicht in Betracht. Die Person hat in diesem Fall ihre Unterschrift im Original auf die kopierte Seite zu setzen. Der Notar kann anschließend beglaubigen, dass die Unterschrift vor ihm gefertigt worden ist. Nur das Original einer Unterschrift kann beglaubigt werden!

Bei der Beglaubigung einer Unterschrift oder eines Handzeichens ist der allgemeine Aufbau eines Vermerkes, nämlich

✓ Zeugnis	
✓ Ort und Tag der Ausstellung	
✓ Unterschrift des Notars	
✓ Siegel des Notars	

somit wie folgt zu verfeinern:

Allgemeiner Inhalt und Aufbau eines Vermerkes	Inhalt und Aufbau eines Vermerkes über die Beglaubigung einer Unterschrift oder eines Handzeichens
✓ Zeugnis	✓ Zeugnis – Unterschrift oder Handzeichen – gefertigt oder anerkannt – Person des Unterzeichnenden – ausgewiesen oder bekannt
✓ Ort und Tag der Ausstellung	✓ Ort und Tag der Ausstellung
✓ Unterschrift des Notars	✓ Unterschrift des Notars
✓ Siegel des Notars	✓ Siegel des Notars

Ein Vermerk betreffend die Beglaubigung einer Unterschrift könnte beispielsweise wie folgt lauten:

Die vor mir gefertigte/anerkannte Unterschrift
des Herrn Karl Kurt, geboren am 18. Mai 1968,
wohnhaft in 50935 Köln, Bachemer Straße 13,

ausgewiesen durch Bundespersonalausweis,

wird hiermit beglaubigt.

Düsseldorf, den 15. Oktober 2010

Dr. Schröder, Notar

(Siegel)

2. Beglaubigung einer Abschrift

Das „Zeugnis" besteht bei der Beglaubigung einer Abschrift aus den folgenden Angaben:

- Vorlage einer Urschrift, Ausfertigung, beglaubigten oder einfachen Abschrift
- Vorhandensein von Lücken, Durchstreichungen, Radierungen und anderen Auffälligkeiten

→ S. 183 Die Begriffe **Urschrift, Ausfertigung und Abschrift** werden nachfolgend näher dargestellt.

Bei der Beglaubigung einer Abschrift ist der allgemeine Aufbau eines Vermerkes, nämlich

✓ Zeugnis	
✓ Ort und Tag der Ausstellung	
✓ Unterschrift des Notars	
✓ Siegel des Notars	

somit wie folgt zu verfeinern:

Allgemeiner Inhalt und Aufbau eines Vermerkes	Inhalt und Aufbau eines Vermerkes über die Beglaubigung einer Unterschrift oder eines Handzeichens
✓ Zeugnis	✓ Zeugnis – Vorlage einer Urschrift, Ausfertigung oder Abschrift – Vorhandensein von Lücken, Durchstreichungen, Radierungen und anderen Auffälligkeiten
✓ Ort und Tag der Ausstellung	✓ Ort und Tag der Ausstellung
✓ Unterschrift des Notars	✓ Unterschrift des Notars
✓ Siegel des Notars	✓ Siegel des Notars

Der Vermerk über die Beglaubigung einer Abschrift könnte beispielsweise folgendermaßen lauten:

Die Übereinstimmung der vorstehenden Abschrift
mit der mir vorliegenden Urschrift beglaubige ich.

Düsseldorf, den 15. Oktober 2010

Dr. Schröder, Notar

(Siegel)

3. Vereinfachtes Beurkundungsverfahren bei Vermerken

Der Grund dafür, dass der Vermerk in Inhalt und Aufbau wesentlich schlichter ausfällt als die Niederschrift, ist vor allem darin zu sehen, dass das Verfahren zur Errichtung von Vermerken wesentlich einfacher ausgestaltet ist als das Verfahren zur Errichtung von Niederschriften. Viele bei Niederschriften notwendige Verfahrenshandlungen sind beim Vermerk entbehrlich. Die Verfahrenserleichterungen erscheinen vor dem Hintergrund gerechtfertigt, dass der Vermerk einfache Sachverhalte, in der Sprache des Beurkundungsgesetzes: „einfache Zeugnisse", betrifft.

Am deutlichsten tritt der „Qualitätsunterschied" zwischen Vermerk und Niederschrift im Hinblick auf die **Prüfungs- und Belehrungspflichten** des Notars hervor, die beim Vermerk (über die Beglaubigung einer Unterschrift, eines Handzeichens und einer Abschrift) erheblich reduziert sind.

a) Stark eingeschränkte Prüfungspflicht

Während der Notar bei Niederschriften über die Beurkundung von Willenserklärungen jede einzelne Erklärung auf Gesetzmäßigkeit und rechtliche Wirksamkeit hin zu überprüfen hat, überprüft der Notar bei der Beglaubigung einer Unterschrift, eines Handzeichens und einer Abschrift nur, ob Gründe bestehen, seine Amtstätigkeit zu versagen. Dies ergibt sich aus der auf jegliche Beurkundungstätigkeit des Notars anwendbaren Vorschrift des § 4 BeurkG, wonach der Notar die Beurkundung ablehnen muss, wenn erkennbar unerlaubte oder unredliche Zwecke verfolgt werden. Ist eine Erklärung wegen Gesetzesverstoßes offensichtlich nichtig, so darf der Notar weder Abschriften dieser Erklärung noch darunter gesetzte Unterschriften oder Handzeichen beglaubigen. **§ 4 BeurkG**

Anwendungsbeispiele

Der Notar darf nicht Unterschriften unter einem Vertrag über den Verkauf eines Grundstücks beglaubigen. Das Gesetz schreibt in § 311 b Absatz 1 Satz 1 BGB zwingend die Form der notariellen Beurkundung vor. Damit ist in der Sprache des BGB die Errichtung einer (verlesungspflichtigen) Niederschrift gemeint, nicht die bloße Beglaubigung von Unterschriften. *(Fortsetzung nächste Seite)*

Der Notar darf auch nicht die Unterschriften unter einem Vertrag beglaubigen, der offensichtlich gegen das Gesetz oder die guten Sitten verstößt. Dieses trifft beispielsweise auf einen Vertrag zu, in dem sich jemand verpflichtet, einem anderen € 200,00 dafür zu zahlen, dass dieser einen Dritten verprügelt. Der Notar dürfte auch nicht eine Abschrift dieses Vertrages beglaubigen.

Dem Notar darf der Inhalt des vorgelegten Textes folglich nicht egal sein, er kann sich aber auf eine oberflächlich angelegte Prüfung beschränken. In der Praxis wird dies nicht immer beachtet, insbesondere nicht bei der bloßen Abschriftsbeglaubigung. Hier geht man irrtümlich (!) häufig davon aus, der Notar habe mit dem Inhalt des Textes nichts zu tun.

Ist ein Text in einer fremden Sprache abgefasst, die der Notar nicht versteht, ist ihm sogar eine oberflächliche Prüfung des Inhalts verwehrt. Vereinzelt wird aus diesem Manko der Schluss gezogen, der Notar müsse sich dann einer Beglaubigungstätigkeit enthalten oder er dürfe diese nur dann ausüben, wenn man ihm nachweist, dass ein Notar, der die fremde Sprache versteht, nicht zur Verfügung steht. Die ganz überwiegende Meinung hält den Notar auch dann zur Durchführung einer Beglaubigung berechtigt, wenn er die Sprache des Textes, der Gegenstand einer Unterschrifts-, Handzeichen- oder Abschriftsbeglaubigung sein soll, nicht versteht. Es wird allerdings verlangt, dass sich der Notar bei den Beteiligten über den Inhalt der Erklärung informiert und dass der Notar im Beglaubigungsvermerk klarstellt, dass er der Sprache des Textes nicht kundig ist.

Formulierungsbeispiel

Die vor mir anerkannte Unterschrift
des Herrn Karl Kurt, geboren am 18. Mai 1968,
wohnhaft in 50935 Köln, Bachemer Straße 13,

ausgewiesen durch Bundespersonalausweis,

unter einem Text in türkischer Sprache,
die der beglaubigende Notar nicht beherrscht,

wird hiermit beglaubigt.

Düsseldorf, den 15. Oktober 2010

Dr. Schröder, Notar

(Siegel)

In sehr seltenen Ausnahmefällen kann der Notar sogar eine Unterschrift oder ein Handzeichen ohne zugehörigen Text beglaubigen. Dazu muss dem Notar allerdings dargelegt werden, dass die Beglaubigung vor der Festlegung des Urkundeninhalts benötigt wird („Blanko-Beglaubigung"). In dem Beglaubigungsvermerk soll an- **§ 40 Absatz 5 BeurkG** gegeben werden, dass bei der Beglaubigung ein durch die Unterschrift gedeckter Text nicht vorhanden war (§ 40 Absatz 5 BeurkG).

b) Stark eingeschränkte Belehrungspflicht

Es besteht bei Vermerken grundsätzlich auch keine Belehrungspflicht. Allerdings sind zwei Ausnahmen zu beachten:

Hat der Notar die Erklärung, unter die eine Unterschrift/ein Handzeichen zu beglaubigen ist, **selbst entworfen,** so treffen ihn dieselben weitreichenden Belehrungspflichten, die auch bei der Beurkundung einer Niederschrift über die Abgabe von Willenserklärungen bestehen.

Außerdem treffen den Notar bei der Beglaubigung von Unterschriften unter **Handelsregisteranmeldungen** in bestimmten Fällen auch dann Belehrungspflichten, wenn er die Erklärung nicht selbst entworfen hat.

Anwendungsbeispiel

Der Geschäftsführer einer GmbH erscheint mit einer selbst vorbereiteten Anmeldung zum Handelsregister betreffend seine Bestellung zum Geschäftsführer. Der Notar hat den Geschäftsführer auch bei Fremdentwürfen über die in § 6 GmbHG enthaltenen Inhalte zu belehren, beispielsweise darüber, dass Geschäftsführer nicht sein kann,

- wer wegen bestimmter Straftaten verurteilt worden ist
- wem durch gerichtliches Urteil oder Entscheidung der Verwaltungsbehörde die Ausübung eines Berufes verboten worden ist.

c) Keine Zuziehung von Zeugen und Dolmetschern

Bei Niederschriften über die Beurkundung von Willenserklärungen ist der Notar verpflichtet, auf bestimmte „Defizite" der Urkundsbeteiligten, beispielsweise auf die Blindheit oder Sprachunkundigkeit, mit geeigneten Maßnahmen, insbesondere der Zuziehung von Zeugen oder Dolmetschern, zu reagieren.

Die Zuziehung von Zeugen und Dolmetschern und ähnliche Maßnahmen sind bei Vermerken nicht vorgesehen. Es ist nicht einmal erforderlich und auch nicht üblich, das Vorhandensein eines solchen „Defekts" im Beglaubigungsvermerk festzustellen. Der Notar ist folglich nicht daran gehindert, die Unterschrift einer der deutschen Sprache unkundigen Person unter einem deutschsprachigen Text selbst dann zu beglaubigen, wenn der Unterzeichner ihm erklärt, dass er den Inhalt des Textes nicht versteht.

Andererseits treffen den Notar auch bei Vermerken gewisse **Fürsorgepflichten.** Allzu sorglose Beteiligte wird er zur Vorsicht mahnen und auf die Risiken einer unbedachten Unterzeichnung von Dokumenten hinweisen. Der Notar wird beispielsweise auch nicht zulassen, dass ein Blinder seine Unterschrift anerkennt, denn der Blinde kann gar nicht wissen, ob auf dem betreffenden Schriftstück seine Unterschrift vorhanden ist. Das Blatt könnte ausgetauscht worden sein. Der Blinde wird seine Unterschrift vor dem Notar fertigen, nachdem der Notar ihm – wenigstens in groben Zügen – den Inhalt des Schreibens näher gebracht hat.

Der Notar wird alles unternehmen, um Zweifel auszuräumen und Täuschungen auszuschließen; er wählt dazu aber das Verfahren, das ihm angemessen erscheint und nicht unbedingt das, welches das Beurkundungsgesetz bei der Errichtung von Niederschriften zwingend vorschreibt. Hält es der Notar für geboten, so wird er auch bei einem Vermerk im Falle der Sprachunkundigkeit eines Beteiligten auf die Zuziehung eines Dolmetschers bestehen. Er ist aber dazu nicht verpflichtet.

d) Keine Überprüfung der Geschäftsfähigkeit der Beteiligten

Der Notar muss auch nicht die Geschäftsfähigkeit der Beteiligten überprüfen. Eine Beglaubigung von Abschriften, Unterschriften und Handzeichen muss der Notar allerdings dann ablehnen, wenn ihm die Geschäftsunfähigkeit der Beteiligten offenbar wird, insbesondere bei Minderjährigen und Geisteskranken.

e) Keine Verlesungspflicht

Außerdem muss der Notar den Beglaubigungsvermerk und den vorausgehenden Text nicht vorlesen.

4. Sonstige einfache Zeugnisse

a) Lebensbescheinigung

Auch die Lebensbescheinigung stellt ein einfaches Zeugnis dar, welches der Notar in Vermerkform erteilen kann. Die Lebensbescheinigung hat in der notariellen Praxis eine gewisse praktische Relevanz für Personen, die von einem ausländischen Staat eine Alters- oder Invalidenrente beziehen. Dieser ausländische Staat lässt sich in regelmäßigen Abständen mittels Lebensbescheinigung nachweisen, dass der Rentenbezieher noch lebt.

Eine Lebensbescheinigung könnte etwa wie folgt lauten:

Hiermit bescheinige ich,
dass Herr Karl Kurt, geboren am 18. Mai 1968,
wohnhaft in 50935 Köln, Bachemer Straße 13,
ausgewiesen durch Bundespersonalausweis

noch lebt.

Düsseldorf, den 15. Oktober 2010

Dr. Schröder, Notar

(Siegel)

b) Vertretungsbescheinigung und „Firmenbescheinigung"

Gemäß § 21 Absatz 1 Satz Nr. 1 und Nr. 2 BNotO sind die Notare zuständig für Bescheinigungen **§ 21 Absatz 1 BNotO**

- über eine Vertretungsberechtigung und
- über das Bestehen oder den Sitz einer juristischen Person oder Handelsgesellschaft, die Firmenänderung, eine Umwandlung oder über sonstige rechtserhebliche Umstände. Eine Bescheinigung mit diesem Inhalt wird umgangssprachlich auch als „Firmenbescheinigung" bezeichnet.

Vertretungsbescheinigung und „Firmenbescheinigung" sind ebenfalls einfache Zeugnisse, für die dem Notar die Form des Vermerks zur Verfügung steht.

Bei den in § 21 BNotO genannten einfachen Zeugnissen wird vorausgesetzt, dass sich die zu bescheinigenden Tatsachen aus einer Eintragung im Handelsregister oder einem ähnlichen Register ergeben und dass der Notar vor Ausstellung der Bescheinigung Registereinsicht genommen hat.

Vertretungs- und „Firmenbescheinigungen" kann der Notar **isoliert in Form des Vermerks** ausstellen.

Formulierungsbeispiel für eine isolierte Firmenbescheinigung in Form eines Vermerks

Aufgrund Einsichtnahme vom 20. September 2006 in das Handelsregister des Amtsgerichts Breitfeld bescheinige ich, dass unter HR A 234 die Wohnbaugesellschaft Breitfeld GmbH & Co. KG eingetragen war und dass diese durch formwechselnde Umwandlung in die Wohnungsbaugesellschaft Breitfeld GmbH umgewandelt worden ist.

Die Eintragung der Wohnungsbaugesellschaft Breitfeld GmbH erfolgte am 27. November 2007 in das Handelsregister des Amtsgerichts Breitfeld unter HR B 34589, was aufgrund Einsichtnahme vom 30. Oktober 2008 ebenfalls bescheinigt wird.

Ich bescheinige außerdem aufgrund Einsichtnahme in das Handelsregister des Amtsgerichts Breitfeld vom 30. Oktober 2008, dass die Wohnungsbaugesellschaft Breitfeld GmbH mit Gesellschafterbeschluss vom 15. Oktober 2008 die Firma in Wohnbaugesellschaft Pfaffendorf mbH geändert und die Sitzverlegung nach Pfaffendorf beschlossen hat.

Firmenänderung und Verlegung des Sitzes wurden am 10. November 2008 in das Handelsregister des Amtsgerichts Pfaffendorf unter HR B 51692 eingetragen. Dieses wird aufgrund Einsichtnahme vom heutigen Tage in das Handelsregister des Amtsgerichts Pfaffendorf bescheinigt.

Pfaffendorf, den 27. Oktober 2010

Dr. Karl Kremer, Notar

(Siegel)

Die Firmenbescheinigung des Notars hat die gleiche Beweiskraft wie ein Zeugnis des Registergerichts (§ 21 Absatz 1 Satz 2 BNotO). Statt einer Firmenbescheinigung könnte man also auch beglaubigte Auszüge aus dem Handelsregister oder einem ähnlichen Register vorlegen. Im Beispielsfall ergeben sich die bescheinigten Rechtsverhältnisse allerdings nicht aus einem einzigen Registerauszug. Man müsste drei verschiedene Registerauszüge (HR A 234 und HR B 34589 des Amtsgerichts Breitfeld und HR B 51692 des Amtsgerichts Pfaffendorf) vorlegen. Und der Beispielsfall weist noch keine besondere Komplexität auf. Bei komplizierten gesellschaftsrechtlichen Vorgängen wären Einsichtnahme und Auswertung einer Vielzahl von Registerauszügen nötig. Der Vorteil der Firmenbescheinigung ist gerade darin begründet, sich diesen Aufwand zu ersparen. Es werden die rechtlichen Verhältnisse aus verschiedenen Registerauszügen zusammengetragen und zu einem mehr oder weniger kurzen Bericht verdichtet, der für die Zukunft zeitintensives Nachforschen erübrigt. Insbesondere im Zusammenhang mit der Umschreibung von Vollstreckungsklauseln nach Abschluss komplizierter gesellschaftsrechtlicher Vorgänge spielen solche Firmenbescheinigungen eine bedeutende Rolle.

Die Alternative zu einer isolierten Bescheinigung in Form eines Vermerks ist die Ausstellung einer **Bescheinigung im Rahmen einer anderen notariellen Urkunde.** So stößt man insbesondere in den Urkundseingängen notarieller Grundstückskaufverträge dann auf Vertretungsbescheinigungen, wenn das für den Vertrag zuständige Grundbuchamt nicht demselben Amtsgericht wie das Handelsregister angehört, aus dem sich die Vertretungsverhältnisse ergeben. Ein Formulierungsbeispiel für eine solche in notarieller Niederschrift mit enthaltener Vertretungsbescheinigung findet sich oben.

→ Formulierungsbeispiel S. 98

5. Besonderheit: Das einfache elektronische Zeugnis

Anders als bei notariellen Niederschriften besteht gemäß § 39a BeurkG die Möglichkeit der Erstellung eines Vermerks in elektronischer Form **(einfaches elektronisches Zeugnis)** schon seit 2005.

Den Hauptanwendungsfall des einfachen elektronischen Zeugnisses bildet dabei die elektronische Abschriftsbeglaubigung, die zunächst vor allem bei Handelsregisteranmeldungen genutzt wurde. Denn gemäß § 12 Absatz 1 HGB können Handelsregisteranmeldungen ausschließlich in elektronischer Form beim Handelsregister eingereicht werden. Dazu werden die Unterschriften auf der Anmeldungserklärung beglaubigt und sodann eine elektronisch beglaubigte Abschrift der Anmeldung dem Register übermittelt. Die Erstellung der elektronisch beglaubigten Abschrift geschieht dabei in der Form, dass die Handelsregisteranmeldung eingescannt und um einen elektronischen Beglaubigungsvermerk ergänzt wird, der die inhaltliche Übereinstimmung des elektronischen Dokuments mit der Haupturkunde bestätigt.

Anwendungsbeispiel

[Gründungsfall] A und B gründen die X-GmbH und unterschreiben vor dem Notar im Anschluss an die Beurkundung der Gesellschaftsgründung die zum Handelsregister einzureichende Anmeldung der GmbH. Die Unterschriften der beiden Gesellschafter werden dabei vom Notar beglaubigt. Die Handelsregisteranmeldung und die Niederschrift über die Gründung der GmbH werden sodann von den Mitarbeitern des Notars eingescannt und vom Notar mit einem elektronischen Beglaubigungsvermerk versehen, der die inhaltliche Übereinstimmung der Papierurkunde mit dem elektronischen Dokument bestätigt. Anschließend wird die elektronisch beglaubigte Abschrift dem Handelsregister über XNP übermittelt.

Im Zuge der fortschreitenden Digitalisierung wurde das Erfordernis einer elektronischen Einreichung bestimmter Dokumente insbesondere auch auf Vereinsregisteranmeldungen (§ 55a BGB), Erklärungen im elektronischen Grundbuchverkehr sowie Anträge und Erklärungen in Verfahren in Familiensachen und in den Angelegenheiten der freiwilligen Gerichtsbarkeit (FamFG-Verfahren) erweitert.

6. Beglaubigung einer qualifizierten elektronischen Signatur

Neben der Beglaubigung einer Unterschrift im Präsenzverfahren besteht seit dem 1. August 2022 gemäß § 40a BeurkG nunmehr auch die Möglichkeit der Beglaubigung einer qualifizierten elektronischen Signatur. Wie bereits geschildert bildet die qualifizierte elektronische Signatur bei elektronischen Dokumenten das Pendant zur Unterschrift. Die Beglaubigung einer solchen ist daher vergleichbar der Beglaubigung einer Unterschrift.

Gemäß § 40a Absatz 1 Satz 1 BeurkG sind drei Möglichkeiten der Beglaubigung einer qualifizierten elektronischen Signatur denkbar:

- Dem Notar wird ein bereits mit einer qualifizierten elektronischen Signatur versehenes elektronisches Dokument zugesandt und die Signatur in Gegenwart des Notars anerkannt;
- Im Rahmen eines Präsenzverfahrens wird in Gegenwart des Notars ein (von ihm entworfenes oder ihm nur zugesandtes) elektronisches Dokument signiert;
- Die Beglaubigung der qualifizierten elektronischen Signatur findet im Online-Verfahren ohne körperliche Anwesenheit der Beteiligten im Rahmen der von der Bundesnotarkammer bereitgestellten Videokonferenz statt.

Insbesondere die letzte Variante vervollständigt das Verfahren der Videobeurkundung. Denn neben der Online-Beurkundung einzelner gesellschaftsrechtlicher Vorgänge wird auf diese Weise auch die Beglaubigung der dafür erforderlichen Anmeldungen zum Handelsregister (und damit der Vollzug der beurkundeten Angelegenheit) ohne körperliche Anwesenheit der Beteiligten ermöglicht. Die Beglaubigung kann mittels Videokommunikation gemäß § 40a Absatz 1 Satz 2 BeurkG jedoch nur erfolgen, wenn dies durch Gesetz zugelassen ist. Eröffnet wurde dieser Weg bislang insbesondere für Anmeldungen zum Handels-, Genossenschafts- oder zum Vereinsregister.

Gemäß § 40a Absatz 2 BeurkG hat der Notar das elektronische Dokument mit einem entsprechenden Beglaubigungsvermerk zu versehen. Dieser hat zu enthalten:

- Die Person, welche die qualifizierte elektronische Signatur anerkannt hat und
- ob die qualifizierte elektronische Signatur in Gegenwart des Notars oder mittels Videokommunikation anerkannt worden ist.

Darüber hinaus hat gemäß § 39a Absatz 3 BeurkG eine Signaturprüfung stattzufinden, soweit die qualifizierte elektronische Signatur nicht mittels Videokonferenz, sondern in Gegenwart des Notars erfolgt ist. Die dafür erforderlichen Verifikationsschritte können mit Anwendungen wie XNP und XNotar vollzogen werden.

Anwendungsbeispiel

[Gründungsfall-Abwandlung] A und B gründen die X-GmbH im Rahmen einer Videokonferenz über das von der Bundesnotarkammer bereitgestellte Videokommunikationssystem. Im Anschluss daran wird A und B die zum Handelsregister einzureichende Anmeldung der Gesellschaft auf ihrem Bildschirm angezeigt. Nachdem das Videokommunikationssystem ihnen eine entsprechende TAN zugeschickt hat, haben A und B diese eingegeben und auf „Signieren" gedrückt. Der Notar, der diesen Vorgang in der Videokonferenz verfolgt hat, versieht das elektronische Dokument nun mit einem elektronischen Beglaubigungsvermerk, mit dem er bestätigt, dass die qualifizierte elektronische Signatur mittels Videokommunikation anerkannt worden ist. Das Notariat kann die elektronische Anmeldung im Anschluss an den Beurkundungstermin sodann problemlos dem Handelsregister übermitteln.

B. Nachbesserung und Ergänzung fehlerhafter oder unvollständiger notarieller Urkunden

I. Notwendigkeit einer Nachbesserung oder Ergänzung

Bei der Errichtung von Niederschriften und Vermerken ergibt sich häufig die Notwendigkeit einer Nachbesserung oder Ergänzung.

Solche Nachbesserungen und Ergänzungen können zunächst durch Fehler des Notars oder seiner Mitarbeiter bei der Vorbereitung der Urkunden und bei der Beurkundung veranlasst werden. Es könnte beispielsweise der Name eines Beteiligten falsch geschrieben worden sein (Meier statt Meyer) oder man irrte beim Geburtsdatum. Es könnte sich bei der Bezeichnung eines Grundstücks in einem Grundstückskaufvertrag ein „Zahlendreher" eingeschlichen haben (Blatt 789 statt 987) oder man hat versäumt, bei mehreren Grundstückskäufern anzugeben, in welchem Anteilsverhältnis diese erwerben: zu je ½ Anteil oder der eine zu ¼ und der andere zu ¾ oder beide zusammen in Gesellschaft bürgerlichen Rechts.

Der Fehler muss nicht immer beim Notar oder seinen Mitarbeitern liegen. Einige Zeit nach einem Beurkundungstermin könnten die Urkundsbeteiligten mitteilen, man habe sich auf einen anderen als den beurkundeten Zahlungstermin geeinigt und wolle die Änderung in einem Nachtrag festhalten. Vielleicht fällt den Beteiligten auch ein, dass aus Versehen ein Grundstück zu wenig verkauft wurde oder dass der Kaufpreis höher als beurkundet sein muss.

Teilweise ergibt sich die Notwendigkeit einer Ergänzung auch ganz planmäßig, ohne dass irgend jemandem ein Vorwurf gemacht werden kann. Wird beispielsweise die Teilfläche von einem im Grundbuch eingetragenen Grundstück verkauft, so wird diese Teilfläche meistens erst nach der Beurkundung durch einen Vermessungsingenieur vermessen und als eigenes Grundstück in das Liegenschaftskataster und in das Grundbuch eingetragen. Erst nachdem diese Maßnahmen abgeschlossen sind, kann und muss in weiterer notarieller Urkunde erklärt werden, dass die ursprünglich verkaufte Teilfläche identisch ist mit der neu vermessenen Fläche (sogenannte „Identitätserklärung"). Und weicht die neu vermessene Fläche von der ursprünglich verkauften Fläche ab, so bedarf es der Anerkennung der neu vermessenen Fläche als vertragsgemäß (sogenannte „Messungsanerkennung"). Gegebenenfalls muss auch die Einigung über die Eigentumsübertragung des Grundstücks („Auflassung") wiederholt werden.

II. Mögliche Maßnahmen der Nachbesserung und Ergänzung

Dem Notar stehen als mögliche Maßnahmen der Nachbesserung und Ergänzung zur Verfügung

→ S. 156
- der Unrichtigkeitsvermerk (Ziffer 1)

→ S. 157
- die Eigenurkunde des Notars (Ziffer 2)

→ S. 159
- die Nachtragsurkunde durch bevollmächtigte Mitarbeiter des Notars (Ziffer 3)

→ S. 160
- die Nachtragsurkunde durch die Urkundsbeteiligten (Ziffer 4)

Je gravierender ein Fehler oder eine Lücke, desto intensiver muss die Maßnahme der Nachbesserung und Ergänzung ausfallen. Die Maßnahme der Nachbesserung und Ergänzung ist umso intensiver, je höher die Stufe ist, der sie angehört.

1. Stufe 1: Unrichtigkeitsvermerk (Nachtragsvermerk)

§ 44 a Absatz 2 Satz 1 BeurkG

„Offensichtliche Unrichtigkeiten" kann der beurkundende Notar gemäß § 44 a Absatz 2 Satz 1 BeurkG auch nachträglich durch einen sogenannten Unrichtigkeitsvermerk (auch Nachtragsvermerk genannt) selbst korrigieren. Das Gesetz spricht zwar von der nachträglichen Berichtigung einer *Niederschrift;* es ist aber allgemein anerkannt, dass auch Urkunden in Vermerkform gemäß § 44a Absatz 2 Satz 1 BeurkG bei offensichtlicher Unrichtigkeit nachträglich korrigiert werden können.

Anwendungsbeispiele zur offensichtlichen Unrichtigkeit

Der falsch geschriebene Käufername und das falsche Geburtsdatum eines Urkundsbeteiligten sind offensichtliche Unrichtigkeiten. Auch die fehlerhafte Bezeichnung eines Grundbuchblattes, der „Zahlendreher" Blatt 789 statt Blatt 987, ist eine offensichtliche Unrichtigkeit.

→ Elektronische Urkundensammlung S. 177

Liegt eine offensichtliche Unrichtigkeit vor, so korrigiert der Notar in einem kurzen Unrichtigkeitsvermerk den Fehler, er fügt das Datum der Richtigstellung hinzu, unterschreibt und drückt sein Siegel bei. Der Unrichtigkeitsvermerk soll sich gemäß § 44a Absatz 2 Satz 2 BeurkG am Schluss nach den Unterschriften oder auf einem besonderen Blatt befinden, welches dann mit der Urkunde zu verbinden ist. Wird die elektronische Fassung der Urschrift im Zeitpunkt der Richtigstellung bereits in der elektronischen Urkundensammlung verwahrt, darf der Nachtragsvermerk nur noch auf einem gesonderten, mit der Urkunde zu verbindenden Blatt niedergelegt werden (§ 44a Abs. 2 S. 4 BeurkG).

Der Nachtragsvermerk bekommt – auch wenn er auf einem gesonderten Blatt angebracht wird – keine Urkundennummer.

2. Stufe 2: Eigenurkunde des Notars

Gravierendere Fehler, die nicht mehr als „offensichtliche Unrichtigkeit" angesehen werden können, können nicht mehr durch Unrichtigkeitsvermerk gemäß § 44a Absatz 2 BeurkG korrigiert werden.

Anwendungsbeispiele

Das vergessene Beteiligungsverhältnis bei mehreren Grundstückskäufern ist keine offensichtliche Unrichtigkeit, denn es ist überhaupt nicht offensichtlich, dass mehrere Käufer zu gleichen Teilen oder disquotal (zu ¼ und zu ¾) oder in Gesellschaft bürgerlichen Rechts Eigentum erwerben wollen.

Behält sich der Veräußerer bei einem Grundstücksübertragungsvertrag verschiedene Rechte vor, beispielsweise ein Wohnungsrecht, das Recht auf eine Rentenzahlung und das Recht der Rückforderung des Grundstücks in bestimmten Situationen, so muss im Übertragungsvertrag auch angegeben werden, in welcher Rangfolge die vorbehaltenen Rechte ins Grundbuch eingetragen werden sollen. Fehlt eine solche Rangbestimmung, liegt auch keine „offensichtliche Unrichtigkeit" vor.

Es bedarf in Fällen der geschilderten Art (wenigstens) einer Eigenurkunde des Notars. In einer notariellen Eigenurkunde kann der Notar klarstellende und auch ergänzende Erklärungen (vor allem) gegenüber den Grundbuchämtern und den Handelsregistern abgeben, wenn sich deren Mitarbeiter daran gehindert sehen, eine beantragte Eintragung vorzunehmen.

Eine Eigenurkunde ist nicht immer, sondern nur dann zulässig, wenn die folgenden zwei Voraussetzungen erfüllt sind:

- Der Notar muss von allen Urkundsbeteiligten ausdrücklich zur Errichtung einer Eigenurkunde **bevollmächtigt** werden („Änderungsvollmacht"). In notariellen Niederschriften und Vermerken befinden sich deswegen Formulierungen wie die folgende:

Formulierungsbeispiel einer Änderungsvollmacht

„Der Notar ist bevollmächtigt, Bewilligungen und Anträge zu stellen und zurückzunehmen, zu ergänzen und zu ändern und alles zu tun, was zur Durchführung der Urkunde notwendig ist."

- Außerdem darf der Notar in einer Eigenurkunde **nur verfahrensrechtliche Erklärungen** abgeben, materiell-rechtliche Erklärungen sind ihm untersagt.

  Der Text der vorstehend wiedergegebenen und in der Praxis durchaus üblichen Änderungsvollmacht ist aus diesem Grunde auch (wenigstens) irreführend, wenn nicht sogar falsch. Dort steht zwar, der Notar dürfe alles tun, was zur Durchführung der Urkunde notwendig ist; in Wirklichkeit darf er aber gar nicht alles. Er darf – wie gesagt – nur verfahrensrechtliche Erklärungen abgeben, keine materiell-rechtlichen.

Als materiell-rechtliche Erklärung ist alles anzusehen, worauf sich die Vertragsbeteiligten geeinigt haben. Kaufgegenstand, Höhe des Kaufpreises, Zeitpunkt der Kaufpreiszahlung und Zeitpunkt des Besitzübergangs, Einigung über den Eigentumsübergang, Gewährleistungsausschluss und Kostentragung sind Beispiele für materiell-rechtliche Erklärungen. Als verfahrensrechtliche Erklärungen ist demgegenüber alles das anzusehen, was der Notar der Einigung der Beteiligten hinzugefügt hat, damit der Vertrag im gesetzlich vorgesehenen Register, beispielsweise dem Grundbuchamt, ordnungsgemäß vollzogen werden kann.

Anwendungsbeispiele für Eigenurkunden

Beispiel 1 (Auflassung): Die Einigung über den Eigentumsübergang, auch Auflassung genannt, ist eine materiell-rechtliche Erklärung. Dem Grundbuchamt ist bei der Eigentumsumschreibung die Auflassung vorzulegen. Zusätzlich zur (materiell-rechtlichen) Auflassung sind dem Grundbuchamt zur Eigentumsumschreibung bestimmte verfahrensrechtliche Erklärungen vorzulegen, nämlich die Beantragung und die Bewilligung des Eigentumsübergangs. Beantragung und Bewilligung des Eigentumsübergangs betreffen – anders als die Auflassung – nicht mehr die Einigung der Vertragsbeteiligten, sondern nur die grundbuchliche Durchführung der Einigung.

Wurden Auflassung und Antrag und Bewilligung der Eigentumsumschreibung versehentlich oder ganz bewusst in einen Grundstückskaufvertrag nicht aufgenommen, so führt das zu folgender „Zuständigkeitsverteilung": Die Einigung über den Eigentumsübergang, die Auflassung, kann nicht durch Eigenurkunde des Notars erklärt werden. Sie ist eine materiell-rechtliche Erklärung. Die Beantragung und Bewilligung des Eigentumsübergangs sind verfahrensrechtliche Erklärungen, die vom Notar in Eigenurkunde erklärt werden können und häufig auch tatsächlich erklärt werden.

Beispiel 2 (Erwerbsverhältnisse): Das Nachschieben des Erwerbsverhältnisses, in dem mehrere Grundstückskäufer Eigentum erwerben (zu gleichen Teilen oder disquotal oder in Gesellschaft bürgerlichen Rechts) kann durch Eigenurkunde des Notars erfolgen, denn es handelt sich hierbei um verfahrensrechtliche Erklärungen.

Beispiel 3 (Rangverhältnisse): Nichts anderes gilt beim Nachschieben von Rangverhältnissen, beispielsweise wenn bei einem Übertragungsvertrag vergessen wurde anzugeben, in welcher Rangfolge die vorbehaltenen Rechte des Veräußerers (Wohnrecht, Recht auf Rentenzahlung und Recht auf Rückübertragung des Grundbesitzes) in das Grundbuch eingetragen werden sollen. Auch dieses kann durch Eigenurkunde des Notars geschehen.

Die äußere Form der Eigenurkunde entspricht der äußeren Form des Unrichtigkeitsvermerks. Sie wird auf einem gesonderten, mit der Urschrift zu verbindenden Blatt aufgebracht. Auch die Eigenurkunde wird vom Notar mit Datum versehen und unterzeichnet, außerdem ist das Amtssiegel beizudrücken.

Eine Urkundennummer bekommt die Eigenurkunde – wie schon der Unrichtigkeitsvermerk – nicht.

3. Stufe 3: Nachtragsurkunde durch Mitarbeiter des Notars

Die Vertragsbeteiligten können auch Mitarbeiter des Notars zu den zur Durchführung einer Urkunde – Niederschrift oder Vermerk – notwendigen Maßnahmen bevollmächtigen. Aus Gründen der Vorsicht sollten die Mitarbeiter namentlich benannt werden, wenngleich es mittlerweile Gerichtsurteile gibt, die eine Bevollmächtigung aller vorhandenen Mitarbeiter für zulässig erachten und eine namentliche Benennung für entbehrlich halten.

Formulierungsbeispiel

Herr Holger Früh, Mitarbeiter des amtierenden Notars, ist bevollmächtigt, Bewilligungen und Anträge zu stellen und zurückzunehmen, zu ergänzen und zu ändern und alles zu tun, was zur Durchführung der Urkunde notwendig ist.

Wie die Eigenurkunde des Notars dient auch die Nachtragsurkunde durch Mitarbeiter des Notars der Durchführung einer notariellen Urkunde. Eine durch bevollmächtigte Mitarbeiter des Notars errichtete Nachtragsurkunde kann aber trotzdem einen weitergehenden Inhalt als die Eigenurkunde des Notars haben. Die notarielle Eigenurkunde ist nämlich auf die Abgabe verfahrensrechtlicher Erklärungen beschränkt. Materiell-rechtliche Erklärungen darf der Notar in einer Eigenurkunde nicht abgeben. Die Nachtragsurkunde durch Mitarbeiter hat regelmäßig auch bloße verfahrensrechtliche Erklärungen zum Gegenstand. In einzelnen Aspekten kann sie aber darüber hinaus gehen und auch materiell-rechtliche Inhalte haben.

Anwendungsbeispiel

[Auflassung] Der Notar kann in notarieller Eigenurkunde lediglich die Eigentumsumschreibung – verfahrensrechtlich – beantragen und bewilligen. Die Auflassung darf er nicht erklären, weil es sich bei der Auflassung um eine materiell-rechtliche Erklärung handelt. Bevollmächtigte Mitarbeiter des Notars aber dürfen in einer Nachtragsurkunde auch die materiell-rechtliche Erklärung der Auflassung abgeben.

[Bestellung von dinglichen Rechten] Mitarbeiter des Notars können auch aufgrund Vollmacht bei großen Bauvorhaben nachträglich Grunddienstbarkeiten (Wegerechte, Leitungsrechte und dergleichen mehr) bestellen und bei der Aufteilung eines Hauses in Wohnungseigentum die dazu notwendige Teilungserklärung abändern, wenn sich beispielsweise herausstellt, dass ein Kellerraum nicht zur Wohnung Nr. 1, sondern zur Wohnung Nr. 2 gehören soll. Das alles sind materiell-rechtliche Erklärungen, die der Notar selbst in einer Eigenurkunde nicht abgeben könnte.

Aber auch der Nachtragsurkunde durch bevollmächtigte Mitarbeiter sind Grenzen gesetzt. Die Mitarbeiter-Vollmacht darf – wie gesagt – immer nur zur Durchführung der Haupturkunde eingesetzt werden. Den Mitarbeitern ist es deswegen insbesondere verboten, aufgrund der Durchführungsvollmacht Finanzierungsgrundschulden zum Zwecke der Finanzierung des Kaufpreises zu bestellen. Die Finanzierungsgrundschuld dient nicht der Durchführung des Kaufvertrages. Auch wenn sie natürlich thematisch mit dem Kaufvertrag zusammenhängt, ist sie doch ein eigenständiges

Rechtsgeschäft. Dieses kann nicht aufgrund Durchführungsvollmacht von den Mitarbeitern des Notars beurkundet werden. Vielmehr ist die Grundschuldbestellung von den Betroffenen selbst vor dem Notar zu beurkunden.

Die Nachtragsurkunde durch die Mitarbeiter ist eine echte Urkunde. Der Notar muss die Nachtragsurkunde den Mitarbeitern vorlesen; sie ist nicht nur vom Notar, sondern auch von dem oder den handelnden Mitarbeitern zu unterzeichnen. Die Nachtragsurkunde bekommt eine Urkundennummer; sie wird nicht mit der Haupturkunde verbunden, kann aber – wie andere inhaltlich zusammenhängende Urkunden auch – bei ihr aufbewahrt werden.

4. Stufe 4: Nachtragsurkunde durch alle Beteiligten

Für alle über die beschriebenen Maßnahmen der Stufen 1 bis 3 hinausgehenden Nachbesserungen und Ergänzungen bedarf es einer Nachtragsurkunde durch alle Beteiligten.

Der Nachtrag ist eine ganz normale Urkunde, die unter Beachtung der allgemeinen Vorschriften ausgestaltet und abgewickelt wird.

5. Auswahl der „richtigen" Stufen

Den Notaren und ihren Mitarbeitern ist es manchmal unangenehm, die Urkundsbeteiligten noch einmal ins Büro zu bitten, um eine Nachtragsurkunde zu unterzeichnen. Deswegen ist man froh, wenn man mit den Hilfsmitteln der Stufen 1 bis 3 auskommt. Ob man damit in einem bestimmten Fall tatsächlich auskommt, sollte man sich ehrlich fragen.

Die Praxis neigt dazu, die im Einzelfall angemessene Stufe aus Bequemlichkeit zu unterschreiten. Es sollte aber genau umgekehrt sein: Im Zweifel sollte man lieber eine Stufe zu hoch als zu niedrig ansetzen! Das ergibt sich aus einer Betrachtung der Rechtsfolgen bei einer Unterschreitung der notwendigen „Stufe". Wird ein fehlerhafter Kaufvertrag durch Nachtragsvermerk (Stufe 1) korrigiert, obwohl gar keine „offensichtliche Unrichtigkeit" vorlag und wenigstens Stufe 2 hätte angewendet werden müssen, dann ist der fehlerhafte Kaufvertrag nicht wirksam „repariert" worden, sondern immer noch fehlerhaft.

Anwendungsbeispiele

Die Beteiligten eines Kaufvertrages haben in notarieller Urkunde als frühesten Zahlungstermin den 1. September 2011 vertraglich festgelegt. Nach Beurkundung des Vertrages gelangt man zu der Überzeugung, der früheste Zahlungstermin müsse auf den 15. August 2011 vorverlegt werden. Wenn der Notar hier Maßnahmen der „Stufen 1 bis 3" ergreift, wird der früheste Zahlungstermin nicht wirksam abgeändert. Es bleibt dann beim 1. September 2011. Und wenn der Verkäufer zum 15. August 2011 den Kaufpreis einfordert, kann ihm der Käufer die Unwirksamkeit der Vertragsänderung entgegenhalten und die Zahlung verweigern.

Und wenn man sich nach der Beurkundung eines Kaufvertrages auf eine Änderung des Kaufpreises verständigt, muss erst recht die „Stufe" 4 zur Anwendung kommen. Alles andere hilft hier nicht. Sind auch die Beteiligten nicht begeistert, wenn sie noch einmal kommen müssen, werden sie häufig doch Verständnis haben, wenn man ihnen vor Augen führt, dass anderenfalls ihre vertragliche Einigung unwirksam ist.

6. Besonderheiten beim Vermerk über die Beglaubigung einer Unterschrift/eines Handzeichens

Die vorstehend dargestellten Stufen sind auf alle notariellen Urkunden, also auf Niederschriften und Vermerke, anwendbar. Bei Vermerken über die Beglaubigung einer Unterschrift/eines Handzeichens ist allerdings die Besonderheit zu beachten, dass nur der Vermerk selbst notarielle (öffentliche) Urkunde ist, der darüber stehende unterzeichnete Text ist Privaturkunde.

Wie andere Privaturkunden kann auch dieser Text grundsätzlich ohne Beachtung der zu jeder Stufe vorgeschriebenen Verfahren verändert werden. Dass sich an diese Privaturkunde die öffentliche Urkunde eines Notars in Gestalt des Vermerks über die Beglaubigung einer Unterschrift/eines Handzeichens anschließt, ändert daran nichts.

Fallbeispiel zur Abänderung einer Vermerkurkunde über eine Wegerechtsbestellung

Der Notar hat eine Wegerechtsbestellung in Beglaubigungsform vorbereitet. Diese Urkunde ist von insgesamt fünf Grundstückseigentümern zu unterzeichnen. Nachdem vier unterzeichnet haben, fällt den Beteiligten auf, dass sich das Wegerecht auf einen drei Meter breiten Weg beziehen sollte, während in der Urkunde lediglich von einem zwei Meter und fünfzig Zentimeter breiten Weg die Rede ist.

Fall-Lösung: In diesem Fall können die Beteiligten – oder in ihrem Auftrag auch der Notar – den Text der Wegerechtsbestellungsurkunde anpassen. Eine neue Unterschriftsleistung der vier Grundstückseigentümer, die bereits unterzeichnet haben, ist grundsätzlich nicht erforderlich. Das Grundbuchamt hätte allerdings in freier Beweiswürdigung zu prüfen, ob es die gesamte Erklärung, auch jene in Bezug auf die Breite von drei Metern, den Personen zuordnen kann, die aus dem Beglaubigungsvermerk hervorgehen. Hat es Zweifel an der Urheberschaft dieser Erklärung, kann es die gesamte Wegerechtsbestellung zurückweisen.

Seit Einführung des elektronischen Urkundenarchivs ist hierbei jedoch das Spiegelbildprinzip zu beachten.

→ Elektronische Urkunden-sammlung und Spiegelbild-prinzip S. 205

Dieses führt dazu, dass – sofern die Urkunde schon in das Elektronische Urkundenarchiv hochgeladen wurde – keine Änderungen mehr auf der Urschrift vorgenommen werden dürfen, da diese sonst nicht mehr mit dem in der elektronischen Urkundensammlung hochgeladenen Dokument identisch wäre. Aus diesem Grund ist auch hier ein Änderungsvermerk auf einem gesonderten Blatt zu verfassen. Dieses Blatt ist dann an die in der Urkundensammlung verwahrte Abschrift zu heften und in die elektronische Urkundensammlung hochzuladen.

C. Ausschluss des Notars von der Beurkundung

I. Überblick über die Tatbestände des Ausschlusses von der Beurkundung

Das Beurkundungsgesetz untersagt dem Notar, in bestimmten Situationen eine Beurkundung durchzuführen. Unter Beurkundungen versteht das Beurkundungsgesetz sowohl die Beurkundung von Willenserklärungen wie auch die Beurkundung von Tatsachen und anderer Erklärungen als Willenserklärungen als auch die Beglaubigungen.

Merke:

Der Begriff der Beurkundung wird nicht in allen Gesetzen gleich verstanden. Im Beurkundungsgesetz wird darunter jede Form der Beurkundung und der Beglaubigung verstanden. Im BGB ist eine Beurkundung hingegen ausschließlich die Beurkundung von Willenserklärungen durch Errichtung einer Niederschrift.

Der Notar ist von der Beurkundung ausgeschlossen bei Vorliegen

- eines Mitwirkungsverbotes im Sinne des § 3 BeurkG (Ziffer II)
- von Befangenheit im Sinne des § 16 BNotO (Ziffer III).

Der Verstoß gegen die Ausschlusstatbestände nach **§ 3 BeurkG** und nach **§ 16 BNotO** begründet eine **Amtspflichtverletzung des Notars.** Die Wirksamkeit der unter Verstoß gegen diese Amtspflichten aufgenommenen Urkunden leidet darunter grundsätzlich aber nicht. Die **Urkunden** sind **wirksam.**

Bestimmte Ausschlusstatbestände wiegen nach dem Willen des Gesetzgebers allerdings so schwer, dass Verstöße gegen diese Ausschlusstatbestände **nicht nur eine Amtspflichtverletzung** darstellen; diese Verstöße führen sogar zur **Unwirksamkeit der Beurkundung.** Die Unwirksamkeitstatbestände sind geregelt

- in den speziellen Ausschließungstatbeständen der **§§ 6 und 7 BeurkG** (Ziffer IV).

→ Unabhängigkeit des Notars S. 26

Sinn und Zweck der Mitwirkungsverbote ist es, die Unabhängigkeit und Unparteilichkeit des Notars zu wahren und schon dem Anschein einer Gefährdung seiner Unabhängigkeit und Unparteilichkeit entgegenzuwirken.

Merke:

→ Unparteilichkeit des Notars S. 42

Sinn und Zweck der Mitwirkungsverbote ist es, die Unabhängigkeit und Unparteilichkeit des Notars zu wahren und schon dem Anschein einer Gefährdung seiner Unabhängigkeit und Unparteilichkeit entgegen zu wirken.

II. Mitwirkungsverbote des § 3 BeurkG

1. Überblick über die Mitwirkungsverbote des § 3 BeurkG

§ 3 BeurkG

§ 3 BeurkG enthält einen langen Katalog von Tatbeständen, bei deren Vorliegen der Notar von der Beurkundung ausgeschlossen ist. Unter Beurkundung in diesem Sinne versteht man nicht nur die Beurkundung von Willenserklärungen und die Beurkundung von Tatsachen und anderen Erklärungen als Willenserklärungen. Auch sämtliche Arten der Errichtung von Vermerkurkunden unterfallen dem Anwendungsbereich von § 3 BeurkG. Der Anwendungsbereich des § 3 BeurkG ist damit immer noch nicht erschöpft. Auch für die sonstige Amtstätigkeit des Notars ist § 3 BeurkG zu beachten, insbesondere für die Fertigung von Entwürfen, die rechtliche Beratung sowie die Durchführung von Verwahrungen (§ 16 Absatz 1 BNotO).

Beachte:

Die Mitwirkungsverbote des § 3 BeurkG sind bei jeglichem Tätigwerden des Notars zu beachten.

Zentraler Begriff aller in § 3 BeurkG geregelter Mitwirkungsverbote ist der der Angelegenheit. Um die **Angelegenheit** einer Person handelt es sich dann, wenn ihre Rechte oder Pflichten unmittelbar rechtlich oder tatsächlich günstig oder ungünstig beeinflusst werden können.

Die Definition erscheint sehr weit. Die wichtigste Einschränkung wird durch das Wort „unmittelbar" erreicht: Bloß mittelbare rechtliche oder tatsächliche Beeinflussung genügt nicht.

Merke:

Zentraler Begriff aller in § 3 BeurkG geregelter Mitwirkungsverbote ist der der Angelegenheit. Um die Angelegenheit einer Person handelt es sich dann, wenn ihre Rechte oder Pflichten unmittelbar rechtlich oder tatsächlich günstig oder ungünstig beeinflusst werden können.

2. Darstellung der in der Praxis wichtigsten Mitwirkungsverbote

Im Folgenden sollen die in der Praxis wichtigsten Mitwirkungsverbote dargestellt werden. Die Darstellung erhebt keinen Anspruch auf Vollständigkeit. Weitere Mitwirkungsverbote lassen sich unmittelbar dem Gesetzestext entnehmen.

a) Mitwirkungsverbot gemäß § 3 Absatz 1 Satz 1 Nr. 1 BeurkG

Der Notar ist in eigenen Angelegenheiten von der Beurkundung ausgeschlossen, auch wenn er nur mitberechtigt oder mitverpflichtet ist.

Fallbeispiele zu den eigenen Angelegenheiten des Notars

Fallbeispiel 1 (Grundschuld-Fall) Die Volksbank ist Gläubiger einer Grundschuld, die auf dem Privatgrundstück des Notars lastet. Da das Darlehen zurückbezahlt ist, soll die Grundschuld gelöscht werden. Die Unterschriften der vertretungsberechtigten Prokuristen der Volksbank sollen durch den Notar selbst beglaubigt werden. Zulässig?

Fall-Lösung: Der Notar müsste seine Amtstätigkeit verweigern, wenn es sich bei der Unterschriftsbeglaubigung um eine eigene Angelegenheit des Notars handelt. Um die Angelegenheit einer Person handelt es sich dann, wenn ihre Rechte oder Pflichten unmittelbar rechtlich oder tatsächlich günstig oder ungünstig beeinflusst werden können. Zunächst einmal handelt es sich bei der Löschungsbewilligung um eine Angelegenheit der Volksbank. Die Volksbank wird nämlich aufgrund der abgegebenen Erklärung ihr Sicherungsmittel verlieren. Ein Recht der Volksbank wird auf diese Weise im Sinne der genannten Definition „unmittelbar rechtlich ungünstig beeinflusst". Es handelt sich aber gleichzeitig auch um eine Angelegenheit des Notars, denn auf seinem Grundstück wird eine Grundstücksbelastung gelöscht. Auf diese Weise wird ein Recht, nämlich das Eigentumsrecht des Notars, „unmittelbar rechtlich günstig beeinflusst". Folglich darf der Notar die Unterschriften der Prokuristen nicht beglaubigen.

Fallbeispiel 2 (Erbscheins-Fall) Die Notarin und ihre Schwester sind alleinige Erben eines verstorbenen Onkels. Die Schwester möchte bei der Notarin einen Erbscheinsantrag stellen. Darf die Notarin beurkunden?

Fall-Lösung: Nein. Auch hier handelt es sich um eine Angelegenheit der Notarin. Dank des Erbscheins, dessen Erteilung mit dem zu beurkundenden Antrag begehrt wird, kann sich die Notarin als Miterbin ausweisen und sie darf Nachlassgegenstände in Besitz nehmen. Ihr Recht, nämlich ihr Erbrecht, wird im Sinne der Definition „unmittelbar tatsächlich günstig beeinflusst". Es handelt sich um eine tatsächliche, keine rechtliche Beeinflussung, weil sich die Rechtswirkungen des Erbscheins darauf beschränken, ein mit dem Tode bereits entstandenes Erbrecht festzustellen. Dieses Erbrecht wird nicht etwa durch den Erbschein begründet.

Fallbeispiel 3 Das Grundstück, welches an das Grundstück des Notars grenzt, wird verkauft. Der Notar ist darüber in großer Sorge. Er hatte ein sehr gutes Verhältnis zu seinem Nachbarn, der ein ruhiger und zurückhaltender Zeitgenosse ist. Verkaufen möchte dieser an eine sechsköpfige Familie. Der Notar befürchtet eine unkontrollierbare Lärmentwicklung auf dem Nachbargrundstück. Darf der Notar mit der Beurkundung dieses Grundstückskaufvertrages beauftragt werden?

Fall-Lösung: Der Notar wäre von der Beurkundung ausgeschlossen, wenn es sich bei der Beurkundung des Notars um eine eigene Angelegenheit handelt. Beim Verkauf des Nachbargrundstücks werden aber die Rechte oder Pflichten des Notars nicht unmittelbar rechtlich oder tatsächlich günstig oder ungünstig beeinflusst. Es handelt sich lediglich um eine mittelbare Beeinflussung, die vom Mitwirkungsverbot nicht erfasst wird. Der Notar kann den Grundstückskaufvertrag seines Nachbarn beurkunden. Er muss auch beurkunden, wenn er darum ersucht wird. Dieses folgt aus seiner Pflicht zur Amtsausübung.

→ Pflicht zur Amtsausübung S. 40

b) Mitwirkungsverbote gemäß § 3 Absatz 1 Satz 1 Nr. 2, Nr. 2 a und Nr. 3 BeurkG

Dem Notar ist die Mitwirkung untersagt, wenn es sich um Angelegenheiten handelt

- seines Ehegatten (seines Lebenspartners)
- früheren Ehegatten (früheren Lebenspartners)
- seines Verlobten
- einer Person, die mit dem Notar in gerader Linie verwandt oder verschwägert oder in der Seitenlinie bis zum dritten Grade verwandt oder bis zum zweiten Grade verschwägert ist oder war.

Die **Lebenspartnerschaft** nach Lebenspartnerschaftsgesetz war das für homosexuelle Paare vorgesehene Parallelinstitut zur Ehe. Mittlerweile schließen Homosexuelle Paare ebenfalls Ehen. Lebenspartnerschaften betreffen nur noch „Altfälle".

In **gerader Linie verwandt** sind Personen, deren eine von der anderen abstammt (§ 1589 Absatz 1 Satz 1 BGB). In der **Seitenlinie verwandt** sind Personen, die von derselben dritten Person abstammen (§ 1589 Absatz 1 Satz 2 BGB). Der **Verwandtschaftsgrad** bestimmt sich nach der Zahl der das Verwandtschaftsverhältnis vermittelnden Geburten (§ 1589 Absatz 1 Satz 3 BGB).

Die Verwandten eines Ehegatten sind mit dem anderen Ehegatten **verschwägert.** Die Linie und der Grad der Schwägerschaft bestimmen sich nach der Linie und dem Grad der sie vermittelnden Verwandtschaft (§ 1590 Absatz 1 BGB). Das bedeutet: Der Ehegatte ist mit den Verwandten seines Ehegatten in derselben Weise verschwägert, wie sein Ehegatte mit ihnen verwandt ist.

Fallbeispiele zu dem Mitwirkungsverbot gemäß § 3 Absatz 1 Satz 1 Nr. 3 BeurkG (Verwandtschaft und Schwägerschaft)

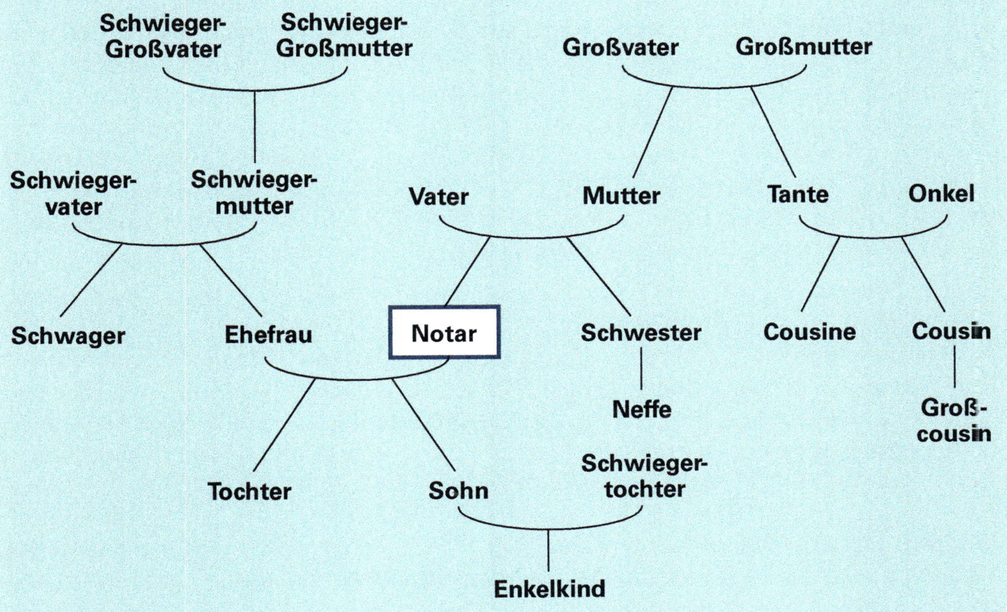

Fallbeispiele:

Ist der Notar von der Mitwirkung ausgeschlossen in Angelegenheiten

- seines Sohnes?
- seiner Schwiegertochter?
- seines Enkelkindes?
- seiner Mutter?
- seiner Großmutter?
- seiner Tante?
- seines „eingeheirateten" Onkels?
- seiner Cousine?
- seines Schwiegervaters?
- seines Schwagers?

Fall-Lösungen: Mit seinem **Sohn** ist der Notar in gerader Linie verwandt, denn der Sohn stammt vom Notar ab (§ 1589 Absatz 1 Satz 1 BGB). Auf den Grad der Verwandtschaft kommt es bei Verwandtschaft in gerader Linie nicht an. Es wäre übrigens der erste Grad, denn dieses Verwandtschaftsverhältnis kommt unmittelbar durch die Geburt des Sohnes zustande. Weitere das Verwandtschaftsverhältnis vermittelnde Geburten gibt es hier nicht. Da die Voraussetzungen des § 3 Absatz 1 Satz 1 Nr. 3 BeurkG erfüllt sind, ist der Notar von der Mitwirkung ausgeschlossen.

Mit seiner **Schwiegertochter** ist der Notar überhaupt nicht verwandt. Die Verwandten eines Ehegatten sind allerdings mit dem anderen Ehegatten verschwägert. Die Linie und der Grad der Schwägerschaft bestimmen sich nach der Linie und dem Grad der sie vermittelnden Verwandtschaft (§ 1590 Absatz 1 BGB). Da der Sohn des Notars mit diesem in gerader Linie verwandt ist, und zwar im ersten Grad, ist die Ehefrau des Sohnes, die Schwiegertochter des Notars, mit dem Notar in gerader Linie im ersten Grad verschwägert. Das Mitwirkungsverbot nach § 3 Absatz 1 Satz 1 Nr. 3 BeurkG kommt auch bei Schwägerschaft in gerader Linie zur Anwendung, ohne dass der Grad der Schwägerschaft entscheidend ist. Mit den Eltern der Schwiegertochter ist der Notar übrigens nicht verschwägert und selbstverständlich auch nicht verwandt.

Verwandt in gerader Linie ist der Notar außerdem mit seinem **Enkelkind,** denn dieses stammt „durch seinen Sohn" von ihm ab (§ 1589 Absatz 1 Satz 1 BGB), mit seiner **Mutter** und seiner **Großmutter.** Der Notar stammt nämlich (unmittelbar) von seiner Mutter ab und „durch seine Mutter" auch von seiner Großmutter. Somit besteht wieder ein Mitwirkungsverbot. Mit seiner Mutter wäre der Notar übrigens im ersten Grad verwandt, mit seinem Enkelkind im zweiten Grad, denn zur Entstehung dieses Verwandtschaftsverhältnisses bedurfte es zwei vermittelnder Geburten, der des Sohnes und der des Enkelkindes. Mit seiner Großmutter ist der Notar aus vergleichbaren Erwägungen ebenfalls im zweiten Grade verwandt. Wieder kommt es auf den Grad der Verwandtschaft bei gerader Linie aber nicht entscheidend an.

Mit seiner **Tante** ist der Notar ebenfalls verwandt, und zwar in der Seitenlinie. Notar und Tante stammen nämlich nicht voneinander ab, sie stammen aber von derselben dritten Person, nämlich der Großmutter ab (§ 1589 Absatz 1 Satz 2 BGB), und zwar die Tante unmittelbar und der Notar „durch seine Mutter", die Schwester seiner Tante. Bei Verwandtschaft in der Seitenlinie greift das Mitwirkungsverbot nach § 3 Absatz 1 Satz 1 Nr. 3 BeurkG nur in Abhängigkeit vom Verwandtschaftsgrad ein. Notar und Tante sind im dritten Grad verwandt, denn das Verwandtschaftsverhältnis wird durch drei Geburten vermittelt, und zwar durch die Geburt der Mutter des Notars, durch die Geburt der Großmutter des Notars und schließlich durch die Geburt der Tante. Das Mitwirkungsverbot kommt somit zur Anwendung.

Mit dem Ehegatten seiner Tante, dem **„eingeheirateten" Onkel,** ist der Notar nicht verwandt, sondern verschwägert. Die Linie und der Grad der Schwägerschaft bestimmen sich nach der Linie und dem Grad der sie vermittelnden Verwandtschaft (§ 1590 Absatz 1 BGB). Da der Notar mit seiner Tante, der Ehefrau des Onkels, im dritten Grad in der Seitenlinie verwandt ist, ist er mit deren Ehemann, seinem Onkel, im dritten Grad in der Seitenlinie verschwägert. Da das Mitwirkungsverbot bei Schwägerschaft auf den zweiten Grad der Seitenlinie beschränkt ist, besteht hinsichtlich der Angelegenheiten des eingeheirateten Onkels kein Mitwirkungsverbot.

Kein Mitwirkungsverbot besteht auch hinsichtlich der **Cousine** des Notars, der Tochter der Tante, denn mit dieser ist er – wie sich aus den Ausführungen zur Tante ergibt – im vierten Grad in der Seitenlinie verwandt.

Mit seinem **Schwiegervater** ist der Notar in gerader Linie im ersten Grad verschwägert, denn seine Ehefrau ist mit ihrem Vater, dem Schwiegervater des Notars, in gerader Linie im ersten Grad verwandt. Folglich besteht auch hinsichtlich seines Schwiegervaters ein Mitwirkungsverbot.

Schließlich ist der Notar mit seinem **Schwager,** dem Bruder seiner Ehefrau, in der Seitenlinie im zweiten Grad verschwägert, denn die Ehefrau ist mit ihrem Bruder in der Seitenlinie im zweiten Grad verwandt. Folglich besteht auch hier ein Mitwirkungsverbot.

c) Mitwirkungsverbote bei Beteiligungen an juristischen Personen und Gesellschaften gemäß § 3 Absatz 1 Satz 1 Nr. 5, Nr. 6 und Nr. 9 BeurkG und gemäß § 3 Absatz 3 Satz 1 Nr. 1 und Nr. 2 BeurkG in Verbindung mit § 3 Absatz 2 BeurkG

Der Notar kann ferner von einer Mitwirkung ausgeschlossen sein bei Angelegenheiten einer juristischen Person oder einer Gesellschaft, an der der Notar in bestimmter Weise beteiligt ist.

Der Notar ist gemäß **§ 3 Absatz 1 Satz 1 Nr. 5 BeurkG** von der Mitwirkung ausgeschlossen bei Angelegenheiten einer Person, deren gesetzlicher Vertreter er ist. Diese Vorschrift hat nicht nur, aber eben auch, einen gesellschaftsrechtlichen Bezug. So ist der Notar nach dieser Vorschrift von der Mitwirkung beispielsweise ausgeschlossen

- in Angelegenheiten eines eingetragenen Vereins, wenn der Notar Vorstand des Vereins ist und seine Mitwirkung bei der Vertretung unverzichtbar ist (weil er alleiniger Vorstand ist oder weil es zwei Vorstandsmitglieder gibt, die aber gemeinsam vertreten müssen) oder
- in Angelegenheiten einer Gesellschaft mit beschränkter Haftung, wenn der Notar unter den so eben beim Verein genannten Bedingungen vertretungsberechtigter Geschäftsführer ist.

Beachte:

§ 3 Absatz 1 Satz 1 Nr. 5 BeurkG ist aber ebenso auf Fälle der gesetzlichen Vertretung außerhalb des Gesellschaftsrechts anwendbar, beispielsweise auf die Angelegenheiten einer Person, dessen Betreuer oder Vormund der Notar ist. Die Angelegenheiten der eigenen minderjährigen Kinder des Notars fallen auch in den Anwendungsbereich des § 3 Absatz 1 Satz 1 Nr. 5 BeurkG, ergänzend dazu kommt aber auch § 3 Absatz 1 Satz 1 Nr. 3 BeurkG in Betracht, denn der Notar ist mit seinen Kindern in gerader Linie verwandt. Bei volljährigen Kindern entfällt § 3 Absatz 1 Satz 1 Nr. 5 BeurkG (nicht § 3 Absatz 1 Satz 1 Nr. 3 BeurkG!), denn mit Eintritt in die Volljährigkeit hört der Notar auf, gesetzlicher Vertreter seiner Kinder zu sein.

Ist der Notar zwar Mitglied des Vertretungsorgans (Vereinsvorstand, GmbH-Geschäftsführer), bedarf es seiner Mitwirkung bei dem beabsichtigten notariellen Akt hingegen nicht, weil noch weitere Mitglieder des Vertretungsorgans vorhanden sind, die anstelle des Notars handeln können, so begründet **§ 3 Absatz 1 Satz 1 Nr. 6 BeurkG** ein Vertretungsverbot. Es genügt danach, dass der Notar dem zur Vertretung der Gesellschaft berechtigten Organ angehört.

Großzügiger ist das Gesetz dann, wenn die Angelegenheiten einer Gesellschaft/Person betroffen sind, deren nicht zur Vertretung berechtigtem Organ der Notar angehört.

Anwendungsbeispiel

Der Notar ist Mitglied im Aufsichtsrat einer Aktiengesellschaft. Der Aufsichtsrat vertritt nicht die Aktiengesellschaft; das tut der Vorstand. Der Aufsichtsrat überwacht nur den Vorstand.

Der Notar ist Mitglied im Beirat einer GmbH. Zur Vertretung der GmbH ist die Geschäftsführung berufen; der Beirat – ein Organ, das gesetzlich nicht zwingend vorgeschrieben ist – hat andere Aufgaben als die Vertretung der GmbH. Häufig obliegt ihm – wie dem Aufsichtsrat bei der Aktiengesellschaft – die Kontrolle der Geschäftsführung.

Der Notar muss, wenn er dem nicht vertretungsberechtigten Organ einer Gesellschaft/Person angehört, die Beteiligten auf das Näheverhältnis hinweisen und den Hinweis auch in die Urkunde aufnehmen. Sind die Beteiligten trotz des Hinweises damit einverstanden, dass der Notar in dieser Angelegenheit tätig wird, so ist er nicht von der Mitwirkung ausgeschlossen, **§ 3 Absatz 3 Satz 1 Nr. 1 BeurkG in Verbindung mit § 3 Absatz 2 BeurkG.**

Sind die Angelegenheiten einer Gesellschaft betroffen, an der der Notar mit mehr als 5% der Stimmrechte oder mit einem anteiligen Betrag des Haftkapitals von mehr als 2.500 € beteiligt ist, ist er von der Mitwirkung ausgeschlossen, **§ 3 Absatz Satz 1 Nr. 9 BeurkG.** Dieses Verbot kann die Beteiligung an Personengesellschaften ebenso wie die Beteiligung an Kapitalgesellschaften betreffen.

Anwendungsbeispiele

Der Notar ist zu 1/3 Gesellschafter einer Gesellschaft bürgerlichen Rechts. Dann verfügt er über mehr als 5% der Stimmrechte. Er unterliegt einem Mitwirkungsverbot.

Der Notar ist mit einem Anteil von € 3.000,00 als Gesellschafter an einer GmbH mit einem Stammkapital von € 300.000,00 beteiligt. Auch hier unterliegt er dem Mitwirkungsverbot. Dass sein Kapitalanteil kleiner als 5% ist, spielt keine Rolle, denn nach dem eindeutigen Gesetzestext löst die Überschreitung der absoluten Haftungsuntergrenze von € 2.500,00 das Mitwirkungsverbot aus.

d) Mitwirkungsverbot aufgrund Vorbefassung gemäß § 3 Absatz 1 Satz 1 Nr. 7 BeurkG

Gemäß § 3 Absatz 1 Satz 1 Nr. 7 BeurkG darf der Notar bei Angelegenheiten einer Person,

- für die er **außerhalb seiner Amtstätigkeit**
- **in derselben Angelegenheit** bereits tätig war oder ist,

nicht mitwirken.

Das sogenannte Vorbefassungsverbot spielt im Bereich des Nur-Notariats keine Rolle, weil der Nur-Notar – wie von § 3 Absatz 1 Satz 1 Nr. 7 BeurkG allerdings tatbestandlich vorausgesetzt – „außerhalb seiner Amtstätigkeit in derselben Angelegenheit“ regelmäßig überhaupt nicht tätig wird.

Im Bereich des Anwaltsnotariats kommt der Vorschrift allerdings größte Relevanz zu, denn der Anwaltsnotar wird nicht selten mit einer Angelegenheit in seiner Eigenschaft als Rechtsanwalt beauftragt; und später stellt sich die Frage, ob er in einem späteren Stadium als Notar noch tätig werden darf.

Fallbeispiel zum Vorbefassungsverbot

Der Bauunternehmer Löwe bittet den Anwaltsnotar, ihn anwaltlich im Rahmen der Vertragsverhandlungen mit einem Investor für ein großes Neubauprojekt zu vertreten. Nach Abschluss der Verhandlungen überlegen die Beteiligten, ob nicht der Anwaltsnotar die Beurkundung in seiner Eigenschaft als Notar durchführen kann, denn er ist wegen der vorausgegangenen Verhandlungen mit der Materie bestens vertraut. **Fall-Lösung:** Der Anwaltsnotar darf nicht die Beurkundung durchführen, denn er ist außerhalb seiner (notariellen) Amtstätigkeit in derselben Angelegenheit bereits anwaltlich tätig gewesen (§ 3 Absatz 1 Satz 1 Nr. 7 BeurkG). Die Beteiligten können auch nicht auf den Schutz des § 3 Absatz 1 Satz 1 Nr. 7 BeurkG verzichten.

Der Anwaltsnotar hat in seinen Urkunden einen entsprechenden Hinweis auf das Vorbefassungsverbot aufzunehmen (§ 3 Absatz 1 Satz 2 BeurkG).

Abschließende Fallbeispiele zu den Mitwirkungsverboten gemäß § 3 BeurkG

Versuchen Sie mit dem Gesetzestext des § 3 BeurkG und dem in diesem Kapitel erworbenen Wissen die folgenden drei Fälle eigenständig zu lösen! Darf der Notar jeweils die Beurkundung durchführen?

Fallbeispiel 1: Es ist ein Grundstückskaufvertrag zwischen der Gemeinde Schlafen (Verkäufer) und Herrn Schäfermeier (Käufer) zu beurkunden. Der Notar ist Mitglied im Gemeinderat der Gemeinde Schlafen.

Fallbeispiel 2: Wie vor, der Notar ist jetzt aber Bürgermeister der Gemeinde Schlafen. Nach dem geltenden Gemeinderecht wird die Gemeinde durch ihren Bürgermeister gesetzlich vertreten.

Fallbeispiel 3: Der Notar soll die Änderung der Satzung einer GmbH beurkunden, an der seine Ehefrau 50% des Stammkapitals (entspricht € 12.500,00) hält. Der Notar selbst ist an der GmbH nicht beteiligt.

Fall-Lösung zu Fallbeispiel 1: Gemäß § 3 Absatz 3 Satz 1 Nr. 2 BeurkG in Verbindung mit § 3 Absatz 2 BeurkG muss der Notar die Beteiligten, insbesondere Herrn Schäfermeier darauf hinweisen, dass er, der Notar, Ratsmitglied der als Verkäufer handelnden Gemeinde ist. Der Hinweis ist in die notarielle Niederschrift aufzunehmen. Ist Herr Schäfermeier trotzdem mit einer Beurkundung durch den Notar einverstanden, steht einer Beurkundung nichts im Wege.

Fall-Lösung zu Fallbeispiel 2: Der Bürgermeister ist laut Sachverhaltsschilderung der gesetzliche Vertreter der Gemeinde. Damit ist das Mitwirkungsverbot des § 3 Absatz 1 Satz 1 Nr. 5 BeurkG ausgelöst. Der Notar muss die Beurkundung ablehnen.

Fall-Lösung zu Fallbeispiel 3: Da die Ehefrau und die GmbH unterschiedliche Rechtspersönlichkeiten sind, handelt es sich bei einer Angelegenheit der GmbH nicht um eine Angelegenheit der Ehefrau des Notars. Die Anwendung des § 3 Absatz 1 Satz 1 Nr. 2 BeurkG ist damit ausgeschlossen. Da nur die Ehefrau, nicht der Notar selbst an der betroffenen GmbH beteiligt ist, ist aber auch die Anwendung des § 3 Absatz 1 Satz 1 Nr. 9 BeurkG ausgeschlossen. Folglich darf der Notar die Beurkundung durchführen. Ein Mitwirkungsverbot wird allerdings ausnahmsweise dann angenommen, wenn die Ehefrau Alleingesellschafter in der GmbH ist oder wenn sie wenigstens 94% der Anteile besitzt. Wegen der wirtschaftlichen Beherrschung betrachtet man dann eine Angelegenheit der GmbH als eine Angelegenheit des dahinter stehenden Gesellschafters und gelangt in den Anwendungsbereich des § 3 Absatz 1 Satz 1 Nr. 2 BeurkG.

III. Mitwirkungsverbot wegen Befangenheit (§ 16 BNotO)

Gemäß § 16 Absatz 2 BNotO kann sich der Notar der Ausübung seines Amtes wegen Befangenheit enthalten.

§ 16 Absatz 2 BNotO

Die Vorschrift ist deswegen von Relevanz, weil den Notar – als Folge der Amtspflicht zur Amtsausübung – eine Urkundengewährungspflicht trifft. Besteht im konkreten Fall kein Mitwirkungsverbot gemäß § 3 BeurkG, so müsste der Notar beurkunden, selbst wenn er selber zu der Überzeugung gelangte, dass es ihm in einer bestimmten Angelegenheit an der kritischen Distanz ermangelt. § 16 Absatz 2 BNotO ermöglicht es ihm in diesen Fällen, die Beurkundung zu verweigern.

→ **Pflicht zur Amtsausübung S. 40**

Anwendungsbeispiel

Der Notar soll einen Grundstückskaufvertrag für einen sehr engen Freund beurkunden. Der Notar ist der Überzeugung, er könne die gesetzlich vorausgesetzte Neutralität bei diesem Rechtsgeschäft nicht wahren. § 3 BeurkG gestattet es aber nicht, die Beurkundung abzulehnen. Der Notar wird dann unter Berufung auf § 16 Absatz 2 BNotO die Beurkundung ablehnen.

Wie bereits bei § 3 BeurkG führt ein Verstoß gegen § 16 BNotO **nicht zur Unwirksamkeit der Beurkundung.** Der Notar verletzt aber seine Amtspflichten.

IV. Ausschließungstatbestände der §§ 6 und 7 BeurkG

1. Überblick über die Ausschließungstatbestände der §§ 6 und 7 BeurkG

§§ 6 und 7 BeurkG ordnen für einzelne Tatbestände, die bereits § 3 BeurkG unterfallen und in denen somit dem Notar ein Mitwirkungsverbot auferlegt ist, eine besondere Rechtsfolge an, nämlich die **Unwirksamkeit der Beurkundung.** Offensichtlich erschienen die in §§ 6 und 7 BeurkG geregelten Verstöße dem Gesetzgeber zu gravierend, um es bei der Wirksamkeit der Beurkundung zu belassen.

Merke:

Unterliegt der Notar nach § 3 BeurkG einem Mitwirkungsverbot, so stellt die dennoch durchgeführte Beurkundung „nur" eine Amtspflichtverletzung dar; die Beurkundung ist dennoch wirksam. Greifen neben § 3 BeurkG die besonderen Ausschließungstatbestände der §§ 6 und 7 BeurkG ein, liegt nicht „nur" eine Amtspflichtverletzung vor; die errichtete Urkunde ist dann sogar unwirksam.

2. Anwendungsbereich des § 6 BeurkG

§ 6 BeurkG ist nur anwendbar auf die **Beurkundung von Willenserklärungen.** Auf andere Beurkundungen, Beglaubigungen und sonstige Tätigkeiten des Notars findet diese Vorschrift keine Anwendung.

§ 6 Absatz 1 BeurkG

Gemäß § 6 Absatz 1 BeurkG ist die Beurkundung von Willenserklärungen unwirksam, wenn

- der Notar selbst
- sein Ehegatte (Lebenspartner)
- eine Person, die mit dem Notar in gerader Linie verwandt ist oder war

an der Beurkundung beteiligt ist, und zwar entweder höchstpersönlich oder durch einen Vertreter (§ 6 Absatz 1 Nr. 4 BeurkG).

→ Lebenspartnerschaft S. 165
→ Verwandtschaft in gerader Linie S. 165

Die Begriffe *Lebenspartnerschaft* und *Verwandtschaft in gerader Linie* wurden bereits erörtert.

3. Anwendungsbereich des § 7 BeurkG

§ 7 BeurkG ist ebenfalls nur anwendbar auf die **Beurkundung von Willenserklärungen.** Auf andere Beurkundungen, Beglaubigungen und sonstige Tätigkeiten des Notars findet diese Vorschrift keine Anwendung.

§ 7 BeurkG

Gemäß § 7 BeurkG ist die Beurkundung von Willenserklärungen insoweit unwirksam, als sie darauf gerichtet ist,

- dem Notar
- seinem jetzigen oder früheren Ehegatten (Lebenspartner)
- einer Person, die mit dem Notar in gerader Linie verwandt oder verschwägert oder in der Seitenlinie verwandt (dritter Grad) oder verschwägert (zweiter Grad) ist oder war

einen rechtlichen Vorteil zu verschaffen.

→ Lebenspartnerschaft S. 165
→ Verwandtschaft in gerader Linie S. 165

Die Begriffe *Lebenspartnerschaft* und *Verwandtschaft* und *Schwägerschaft* wurden bereits erörtert. Der Begriff des rechtlichen Vorteils bedarf allerdings noch einer näheren Betrachtung.

Rechtlich vorteilhaft ist jede Vermehrung von Rechten und jede Verminderung von Pflichten. Ob eine Gegenleistung für die Gewährung des rechtlichen Vorteils geschuldet wird und ob das Rechtsgeschäft insgesamt wirtschaftlich vorteilhaft oder nachteilig ist, spielt keine Rolle.

→ „ausschließlich rechtlich vorteilhaft" S. 95

In anderem Zusammenhang – nämlich bei der gesetzlichen Vertretung Minderjähriger durch die Eltern – wurde bereits der Begriff des „ausschließlich rechtlich vorteilhaften Rechtsgeschäfts" erörtert. Die dort in anderem Zusammenhang gemachten Ausführungen sind auch auf die vorliegende Problematik übertragbar.

Anwendungsbeispiele zur rechtlichen Vorteilhaftigkeit

- Ein **Kaufvertrag** begründet für beide Vertragsparteien Rechte und Pflichten. Folglich gewährt er auch beiden Parteien rechtliche Vorteile: Der Käufer erlangt einen Anspruch auf Übereignung des Grundstücks, der Verkäufer erlangt einen Anspruch auf Zahlung des Kaufpreises. Aus diesem Grund wäre die Beurkundung eines Kaufvertrags durch den Notar, an dem beispielsweise seine Ehefrau – sei es als Verkäufer, sei es als Käufer – beteiligt ist, unwirksam, denn der Ehefrau würde in jedem Fall ein rechtlicher Vorteil verschafft (§ 7 Nr. 2 BeurkG). Ob das Geschäft aus wirtschaftlicher Sicht für die Ehefrau von Vorteil oder von Nachteil ist, spielt für die Unwirksamkeit der Beurkundung keine Rolle.

- Der **Schenkungsvertrag** hingegen verpflichtet nur den Schenkgeber. Für den Beschenkten ist der Vertrag ausschließlich rechtlich vorteilhaft. Ohne selbst in irgendeiner Weise verpflichtet zu werden, bekommt er einen Anspruch auf Übereignung des geschenkten Gegenstandes. Daraus folgt: Die Beurkundung des Schenkungsvertrages durch den Notar wäre gemäß § 7 Nr. 2 BeurkG unwirksam, wenn seine Ehefrau Beschenkte ist. Ist sie aber Schenkgeber, wird ihr durch die Beurkundung kein rechtlicher Vorteil verschafft. § 7 Nr. 2 BeurkG führte dann nicht zur Unwirksamkeit der Beurkundung.

  Da allerdings die Ehefrau des Notars als Schenkgeber Beteiligte im Sinne von § 6 Absatz 1 Nr. 2 BeurkG ist, wäre die durch den Notar vorgenommene Beurkundung des Schenkungsvertrages nach dieser Vorschrift doch unwirksam.

- Erteilt eine beliebige Person der Ehefrau des beurkundenden Notars eine **Generalvollmacht,** so kommt § 6 Nr. 2 BeurkG nicht zur Anwendung, denn die Ehefrau ist nicht Beteiligte; beteiligt ist nur der Vollmachtgeber. Die Einräumung einer Vollmacht ist aber ein rechtlicher Vorteil, denn durch die Vollmacht wird der Rechtskreis des Bevollmächtigten erweitert. Er kann fortan nicht mehr nur für sich handeln, er kann auch in Vertretung einer anderen Person handeln. Das ist ein rechtlicher Vorteil, so dass die Beurkundung der Generalvollmacht wegen Verstoßes gegen § 7 Nr. 2 BeurkG unwirksam wäre.

- Beurkundet der Notar das **Testament** einer beliebigen Person, die die Ehefrau des Notars als Erben einsetzt, so wäre auch diese Beurkundung wegen Verstoßes gegen § 7 Nr. 2 BeurkG unwirksam. Das Gesetz behandelt die Erbeinsetzung wie die Verschaffung eines rechtlichen Vorteils (§ 27 BeurkG). § 6 Absatz 1 Nr. 2 BeurkG käme nicht zur Anwendung, denn die Ehefrau des Notars wäre nicht beteiligt.

4. Vergleichende Zusammenfassung der §§ 3, 6 und 7 BeurkG

§§ 6 und 7 BeurkG haben gegenüber § 3 BeurkG einen in dreifacher Hinsicht beschränkteren Anwendungsbereich:

- Erstens ist § 3 BeurkG bei jeder Amtstätigkeit des Notars zu beachten, während die §§ 6 und 7 BeurkG nur für die Beurkundung von Willenserklärungen gelten.
- Zweitens ist § 3 BeurkG ganz allgemein auf Angelegenheiten bestimmter Personen anwendbar. Um die Angelegenheit einer Person handelt es sich dann, wenn ihre Rechte oder Pflichten unmittelbar rechtlich oder tatsächlich günstig oder ungünstig beeinflusst werden können.

  §§ 6 und 7 BeurkG haben einen sehr viel engeren Anwendungsbereich. In § 6 BeurkG müssen bestimmte Personen an der Beurkundung – selbst oder durch einen Vertreter (§ 6 Absatz 1 Nr. 4 BeurkG) – beteiligt sein. Und in § 7 BeurkG muss die Beurkundung darauf gerichtet sein, bestimmten Personen einen rechtlichen Vorteil zu verschaffen. Beteiligt sein müssen diese Personen allerdings nicht.
- Drittens ist der mögliche betroffene Personenkreis bei § 3 BeurkG sehr weit. Die Norm enthält einen langen Katalog von Personen, bei denen der Anwendungsbereich der Norm eröffnet ist. Der Anwendungsbereich der §§ 6 und 7 BeurkG ist hingegen nur bei ganz bestimmten Personen innerhalb des weiten Anwendungsbereichs des § 3 BeurkG eröffnet.

  § 6 BeurkG und § 7 BeurkG haben keinen identischen Personenkreis. So ist § 6 BeurkG nur bei Verwandten in gerader Linie anwendbar, während § 7 BeurkG neben den Verwandten in gerader Linie noch in gerader Linie verschwägerte Personen sowie in der Seitenlinie verwandte und verschwägerte Personen einschließt. Wegen dieser kleinen Abweichungen gerät die Materie unübersichtlich. Zur besseren Übersicht trägt allerdings die nachfolgende Tabelle bei.

§§ 6 und 7 BeurkG führen – anders als § 3 BeurkG – zur Unwirksamkeit der Beurkundung.

Anwendungsbereich		
§ 3 BeurkG	**§ 6 BeurkG**	**§ 7 BeurkG**
✓ Verstoß begründet Amtspflichtverletzung	✓ Verstoß begründet Amtspflichtverletzung	✓ Verstoß begründet Amtspflichtverletzung
✓ Beurkundung ist wirksam	✓ Beurkundung ist unwirksam	✓ Beurkundung ist unwirksam
✓ gilt für die **gesamte Amtstätigkeit** des Notars (Beglaubigungen, Beurkundungen, Verwahrungen, etc.)	✓ gilt ausschließlich für die **Beurkundung von Willenserklärungen**	✓ gilt ausschließlich für die **Beurkundung von Willenserklärungen**
✓ gilt für sämtliche dort aufgezählte Personen, **unter anderem** für den Notar selbst seinen (jetzigen und früheren) Ehegatten seinen (jetzigen und früheren) Lebenspartner eine Person, die mit dem Notar in gerader Linie verwandt oder verschwägert ist oder war eine Person, die mit dem Notar in der Seitenlinie verwandt (dritter Grad) oder verschwägert (zweiter Grad) ist oder war **sowie für zahlreiche weitere dort genannte Personen**	✓ gilt **ausschließlich** für den Notar selbst seinen jetzigen Ehegatten seinen jetzigen Lebenspartner eine Person, die mit dem Notar in gerader Linie verwandt ist oder war	✓ gilt **ausschließlich** für den Notar selbst seinen (jetzigen und früheren) Ehegatten seinen (jetzigen und früheren) Lebenspartner eine Person, die mit dem Notar in gerader Linie verwandt oder verschwägert ist oder war eine Person, die mit dem Notar in der Seitenlinie verwandt (dritter Grad) oder verschwägert (zweiter Grad) ist oder war
✓ gilt für die **Angelegenheiten** der aufgezählten Personen. Um die Angelegenheit einer Person handelt es sich dann, wenn ihre Rechte oder Pflichten unmittelbar rechtlich oder tatsächlich günstig oder ungünstig beeinflusst werden können	✓ gilt nur dann, wenn die aufgezählten Personen **an der Beurkundung** selbst oder durch einen Vertreter (§ 6 Absatz 1 Nr. 4 BeurkG) **beteiligt** sind	✓ gilt nur dann, wenn die Beurkundung darauf gerichtet ist, den aufgezählten Personen **einen rechtlichen Vorteil zu verschaffen**

D. Abwicklung notarieller Urkunden

Dieser Abschnitt ist der Abwicklung notarieller Urkunden – Niederschriften und Vermerken – gewidmet.

Lernziel dieses Abschnitts ist aber nicht, wie man vielleicht meinen könnte, die vollständige Abwicklung notarieller Urkunden zu erlernen, beispielsweise die Abwicklung von Grundstückskaufverträgen oder von Erbverträgen. Dazu benötigt man spezielles Wissen – beispielsweise über den Grundstückskaufvertrag oder über den Erbvertrag. Und über dieses spezielle Wissen verfügt der angehende Notarfachangestellte, der dieses Buch im ersten Halbjahr seiner Ausbildung liest, noch nicht in ausreichendem Maße.

Lernziel dieses Abschnitts ist es vielmehr, das **„allgemeine Handwerkszeug"** zu erlernen, welches man zur Abwicklung notarieller Urkunden benötigt. Notarielle Urkunden sind – weitgehend unabhängig von ihrem Inhalt – einer bestimmten Behandlung zu unterziehen. Diese Art der Urkundenbehandlung zu erlernen, soll das Lernziel dieses Abschnitts sein.

Die Anforderungen, die an den Umgang mit Urkunden nach Abschluss der Beurkundung zu stellen sind, haben sich seit der Einführung des elektronischen Urkundenarchivs im Jahr 2022 in vielerlei Hinsicht geändert.

Mit der Gesetzesneuerung ist insbesondere die Verpflichtung zur Führung eines elektronischen Urkunden- und Verwahrungsverzeichnisses (seit dem 1. Januar 2022) sowie zur Aufbewahrung der Urkunden in elektronischer Form (seit dem 1. Juli 2022) verbunden. Nachdem Urkunden bis zum 1. Juli 2022 noch ausschließlich in Papierform aufzubewahren waren, bedarf es neuerdings der **zusätzlichen** Aufbewahrung der Urkunden in elektronischer Form. Da die Notariate durch die Gesetzesneuerung nicht verpflichtet wurden, die von ihnen bereits vor dem 1. Juli 2022 verwahrten Urkunden ebenfalls in die elektronische Form zu überführen, folgt die Verwahrung von vor diesem Zeitpunkt errichteten Urkunden noch der alten Rechtslage.

In den folgenden Abschnitten werden ausschließlich die Anforderungen an die Verwahrung nach der neuen Rechtslage dargestellt. Lediglich auszugsweise und aus ausbildungstechnischen Gründen wird auf einzelne Aspekte der Verwahrung nach altem Recht eingegangen.

I. Die Urkundensammlungen und Verzeichnisse des Notars im Überblick

Das elektronische Urkundenarchiv besteht gemäß § 78h Absatz 1 Satz 1 BNotO aus

- dem elektronischen Urkundenverzeichnis,
- dem elektronischen Verwahrungsverzeichnis und
- der elektronischen Urkundensammlung.

Das elektronische Urkundenarchiv wird gemäß § 78h Absatz 1 Satz 1 BNotO von der Bundesnotarkammer betrieben. Diese stellt die technische Infrastruktur zur

Verfügung, damit die Mitarbeiter des Notariats die oben bezeichneten einzelnen Bestandteile des Urkundenarchivs mithilfe der von der Bundesnotarkammer bereitgestellten Fachanwendung XNP bedienen können.

Neben der elektronischen Urkundensammlung gibt es

- eine papiergebundene Urkundensammlung,
- eine papiergebundene Erbvertragssammlung,
- eine papiergebundene sog. Sondersammlung (§ 37 NotAktVV).

Diese Urkundensammlungen verwahrt der Notar grundsätzlich in seinen eigenen Räumlichkeiten.

Außerhalb der Geschäftsstelle darf der Notar die Urkunden nur mit Genehmigung der Aufsichtsbehörde führen.

II. Eintragung der notariellen Urkunden in die Verzeichnisse des Notars

1. Das elektronische Urkundenverzeichnis

Seit dem 1. Januar 2022 müssen errichtete Urkunden in das **elektronische Urkundenverzeichnis** eingetragen werden. Das elektronische Urkundenverzeichnis tritt an die Stelle der Urkundenrolle, als dem zuvor in Papierform geführten Urkundenverzeichnis, und des gesondert geführten Erbvertragsverzeichnisses. Die Urkundenrolle und das Erbvertragsverzeichnis haben somit nur noch Bedeutung für vor dem 1. Januar 2022 errichtete Urkunden.

Das Urkundenverzeichnis bildet das Inhaltsverzeichnis der Urkundensammlung. Anhand des Urkundenverzeichnisses lässt sich insbesondere nachvollziehen, wer zu welchem Zeitpunkt und mit welchem Gegenstand beurkundet hat.

a) Inhalt des elektronischen Urkundenverzeichnisses

In das Urkundenverzeichnis sind gemäß § 7 NotAktVV insbesondere einzutragen:

- Niederschriften
  - über die Beurkundung von Willenserklärungen gemäß § 8 BeurkG
  - über andere Erklärungen als Willenserklärungen sowie sonstige Tatsachen und Vorgänge gemäß § 36 BeurkG, auch wenn hierfür Sonderregelungen zu beachten sind (wie beispielsweise § 130 AktG bei Hauptversammlungsbeschlüssen der Aktiengesellschaft); Ausnahme: Scheck- und Wechselproteste
  - über Eide und eidesstattliche Versicherungen gemäß § 38 BeurkG

- Vermerke mit dem Inhalt
  - Beglaubigung einer Unterschrift
  - Beglaubigung eines Handzeichens
  - Lebensbescheinigung
  - Vertretungsbescheinigung
  - „Firmenbescheinigung"

Nicht in das Urkundenverzeichnis **einzutragen** sind insbesondere:

- Vermerke mit dem Inhalt
  - Beglaubigung einer Abschrift
  - Vertretungsbescheinigungen/„Firmenbescheinigungen", sofern diese nicht als selbstständiges Dokument hergestellt wurden, sondern in einem anderen Dokument (zum Beispiel einem Kaufvertrag) enthalten sind
- Eigenurkunden des Notars
- Niederschriften über Scheck- und Wechselproteste

b) Eintragungen in das elektronische Urkundenverzeichnis

Das Urkundenverzeichnis wird gemäß § 8 NotAktVV getrennt nach Kalenderjahren geführt, wobei die Eintragungen jedes Kalenderjahres mit fortlaufenden Nummern (sog. UVZ-Nummern) zu versehen sind. Dabei müssen die UVZ-Nummern gemäß § 8 Absatz 2 Satz 1 NotAktVV in der Reihenfolge des Datums der Vornahme der Amtshandlungen vergeben werden. Die Reihenfolge der Nummernvergabe innerhalb eines Tages ist irrelevant, es kommt nur auf das Kalenderdatum an. Auf diese Weise bleibt es möglich, die UVZ-Nummern erst nach der Beurkundung und vor dem Einscannen der Urkunde für die elektronische Urkundensammlung zu nummerieren.

Die Eintragung im Urkundenverzeichnis enthält gemäß § 9 NotAktVV sodann die folgenden Angaben:

- das Datum und den Ort oder die Orte der Beurkundung oder sonstigen Amtshandlung (§ 10 NotAktVV).

  Ist das Amtsgeschäft in der Geschäftsstelle vorgenommen worden, genügt als Ortsangabe die Angabe „Geschäftsstelle" (§ 10 Satz 1 NotAktVV). Bei Auswärtsbeurkundungen ist eine genaue Bezeichnung des Ortes und soweit möglich die vollständige postalische Anschrift einzutragen (§ 10 Satz 2 und 3 NotAktVV).

  „Orte der Beurkundung" sind alle Orte, an denen der Notar amtliche Wahrnehmungen macht. Dies sind beispielsweise bei der Beglaubigung mehrerer Unterschriften alle Orte, an denen die Beteiligten unterschrieben haben, außerdem der Ort, an dem der Notar den Vermerk unterschreibt. Bei der Beurkundung von Hauptversammlungsbeschlüssen sind die Orte der Beurkundung zum einen der Ort, an dem die Hauptversammlung stattgefunden hat und zum anderen die Geschäftsstelle des Notars, in der der Notar das Protokoll fertigstellt und unterschreibt.

  Bei einer Online- oder Hybrid-Beurkundung ist nach § 16b Absatz 3 Satz 1 BeurkG der Ort der Aufnahme der elektronischen Niederschrift der Ort der Beurkundung. Hierunter ist der Ort zu verstehen, an dem sich der Notar körperlich befindet.
- Vor- und Nachname der jeweiligen Amtsperson samt Amtsbezeichnung (§ 11 NotAktVV)

- Angaben der Beteiligten (§ 12 NotAktVV). Danach sind als Beteiligte insbesondere einzutragen:
  - bei Niederschriften nach den §§ 8 und 38 BeurkG und elektronischen Niederschriften (§ 16b BeurkG) die Erschienenen, deren Erklärungen beurkundet worden sind

Damit gemeint sind die Beteiligten im formellen Sinne, also diejenigen Personen, deren im eigenen oder fremden Namen abgegebene Erklärungen beurkundet werden (§ 6 Absatz 2 BeurkG). Zeugen, der zweite Notar und Vertrauenspersonen sowie Dolmetscher sind keine Beteiligten, sondern mitwirkende Personen. Sie müssen nach dem Beurkundungsgesetz nicht zwingend als erschienen in der Niederschrift aufgeführt werden. Geschieht dieses trotzdem, erscheint es nur konsequent, die mitwirkenden Personen auch in das Urkundenverzeichnis aufzunehmen.

→ Beteiligte im formellen Sinne S. 90

→ Mitwirkende Personen S. 104

- bei Beglaubigungen (§§ 39 bis 41 BeurkG) diejenigen, welche die Unterschrift, die qualifizierte elektronische Signatur, das Handzeichen oder die Zeichnung vollzogen oder anerkannt haben
- bei Vollstreckbarerklärungen (§ 796c Absatz 1 und § 1053 Absatz 4 ZPO) die Parteien.

Gemäß § 12 Absatz 4 Satz 1 NotAktVV sind in Vertretungsfällen Vertreter und Vertretener aufzuführen. Dies gilt bei allen Beurkundungen. Ferner ist gemäß § 12 Absatz 5 Satz 1 NotAktVV bei Beurkundungen in gesellschaftsrechtlichen Angelegenheiten die Gesellschaft auch dann einzutragen, wenn sie nicht Beteiligte, sondern nur „Objekt" ist. Hat beispielsweise ein Gesellschafter seine Anteile an der A-GmbH an einen Dritten verkauft, ist die Gesellschaft weder formell noch materiell Beteiligte, aber gleichwohl als Beteiligte ins Urkundenverzeichnis aufzunehmen. Das dient dazu, eine gezielte Suche und Zuordnung einzelner im Urkundenverzeichnis aufgeführter Vorgänge zur Gesellschaft zu ermöglichen.

Als Pflichtangaben sind gemäß § 12 Absatz 2 Satz 1 NotAktVV der Vorname, der Familienname, der Geburtsname (wenn dieser nicht Familienname ist), das Geburtsdatum und der Wohnort des Beteiligten einzutragen. Wurde in die Niederschrift oder in die elektronische Niederschrift statt des Wohnorts des Beteiligten der Dienst- oder Geschäftsort aufgenommen, so ist dieser auch im Urkundenverzeichnis anstelle des Wohnorts aufzunehmen (§ 12 Absatz 2 Satz 3 NotAktVV). Bei Beteiligten, die keine natürlichen Personen sind, sind statt der in Satz 1 genannten Angaben ihr Name und Sitz anzugeben (§ 12 Absatz 2 Satz 4 NotAktVV). Neben den zuvor genannten Pflichtangaben enthält § 12 Absatz 3 NotAktVV einen Katalog fakultativer Angaben, wie die Anschrift oder die steuerliche Identifikationsnummer, deren Eintragung im Ermessen des Notars liegt.

Eine zusammenfassende Bezeichnung der Beteiligten ist nach den letzten Gesetzesneuerungen nur unter erschwerten Voraussetzungen möglich. Sie ist gemäß § 12 Absatz 1 Satz 2 NotAktVV zum einen dann möglich, wenn mehr als 20 Beteiligte einzutragen sind und diese nicht im Rahmen von Beurkundungen im Sinne des § 12 Absatz 1 Satz 1 Nr. 1 eigene Willenserklärungen zur Niederschrift abgegeben haben. Zum anderen dann, wenn mehr als 20 vertretene

Personen beteiligt sind (§ 12 Absatz 4 Satz 3 NotAktVV). Wurde zum Beispiel die 19 Personen fassende Erbengemeinschaft nach Anneliese Schmidt bei dem Verkauf eines zur Erbmasse gehörenden Grundstücks vertreten, hat man Pech: Dann ist jede Person einzeln aufzuzählen.

- Anzugeben ist gemäß § 13 NotAktVV auch der Gegenstand des Geschäfts. Hat die Bundesnotarkammer für den Geschäftsgegenstand eine bestimmte Formulierung vorgesehen, so ist diese zu verwenden (§ 13 NotAktVV Satz 2). Sieht die Bundesnotarkammer keine Formulierung für den jeweiligen Geschäftsgegenstand vor, gilt lediglich, dass dieser stichwortartig und hinreichend unterscheidungskräftig individuell zu bezeichnen ist.

- Gemäß § 14 NotAktVV ist auch die Urkundenart im Urkundenverzeichnis einzutragen, wobei Satz 1 genau vorgibt, zwischen welchen Arten von Urkunden zu unterscheiden ist. Dabei ist insbesondere zwischen Beglaubigungen von Unterschriften, Handzeichen und elektronischen Signaturen mit (Nr. 1) und ohne Anfertigung eines Urkundenentwurfs (Nr. 2) zu differenzieren. Ausdrücklich als solche auszuweisen sind Verfügungen von Todes wegen (Nr. 3) und Vermittlungen von Auseinandersetzungen (Nr. 4), weil diese vor allem mit Blick auf ihre Verwahrung und Registrierung besonderen Regeln unterliegen. Die restlichen Urkunden sind als „sonstige Beurkundungen und Beschlüsse“ (Nr. 5) einzutragen. Nach § 14 Absatz 1 Satz 2 NotAktVV ist es zusätzlich anzugeben, wenn Urkunden mittels Videokommunikation oder im Wege der gemischten Beurkundung errichtet wurden.

- Gemäß § 15 NotAktVV ist außerdem zu vermerken, wem an welchem Tag eine Ausfertigung erteilt wurde. Insbesondere bei Ausfertigungen von Vorsorge- und Generalvollmachten, die regelmäßig dem Vollmachtgeber ausgehändigt werden, damit dieser sie bei Bedarf an den Bevollmächtigten weitergeben kann, stellt sich die Frage, wem die Ausfertigung erteilt wurde. Richtigerweise ist dies der Bevollmächtigte. Denn der Sinn und Zweck des Ausfertigungseintrags im Urkundenverzeichnis besteht darin, nachzuhalten, wie viele Ausfertigungen sich bei welchen Bevollmächtigten befinden. Der Umstand, dass die Vollmacht zur Weitergabe an den Bevollmächtigten zunächst dem Vollmachtgeber ausgehändigt wurde, kann stattdessen im Textfeld „Bemerkung“ zusätzlich freiwillig erfasst werden.

- Ist Gegenstand der Eintragung eine Verfügung von Todes wegen, deren Verbringung in die besondere amtliche Verwahrung der Notar veranlasst hat (§ 34 Absatz 1 und 2 des Beurkundungsgesetzes), so ist diese Verbringung unter Angabe des Datums im Urkundenverzeichnis zu vermerken. Wird ein Erbvertrag ausnahmsweise notariell verwahrt, so sind sowohl die notarielle Verwahrung (§ 16 Absatz 2 NotAktVV) als auch weitere Umstände (§ 16 Absatz 3 NotAktVV), wie die nachträgliche Verbringung in die amtsgerichtliche Verwahrung, die Rückgabe aus der notariellen Verwahrung oder die Ablieferung des Erbvertrags nach Eintritt des Todesfalls, unter Angabe des jeweiligen Datums in das Urkundenverzeichnis aufzunehmen.

→ Nachtragsbeurkundung S. 156

- Zusätzliche Angaben im Urkundenverzeichnis sind ferner dann erforderlich, wenn durch eine Urkunde der Inhalt einer anderen Urkunde desselben Notars berichtigt, geändert, ergänzt oder aufgehoben wird. Dann ist gemäß § 17 NotAktVV bei den

Eintragungen zu diesen Urkunden, d.h. der ursprünglichen Urkunde und der diese ändernden Urkunde, auf die jeweils andere Eintragung zu verweisen. Durch diesen Querverweis soll sichergestellt werden, dass bei einem späteren Rückgriff auf Urkunden eine zwischenzeitlich vorgenommene Berichtigung, Änderung, Ergänzung oder Aufhebung dieser Urkunde nicht übersehen wird.

c) Führung des Urkundenverzeichnisses

Eintragungen in das Urkundenverzeichnis sind gemäß § 18 Satz 1 NotAktVV zeitnah, spätestens 14 Tage nach der Beurkundung in ununterbrochener Reihenfolge vorzunehmen. In der Praxis erfolgt die Eintragung oft deutlich schneller, nämlich noch am Tage der Beurkundung oder am Tage danach. Sollten technische Probleme die Eintragung innerhalb der 14-Tagesfrist verhindern, ist dies unschädlich, solange die Eintragung unverzüglich, d.h. ohne schuldhaftes Zögern, nach Behebung der technischen Probleme vorgenommen wird (§ 18 Satz 2 NotAktVV).

Zu beachten ist, dass nur die Eintragung im elektronisch bei der Bundesnotarkammer geführten Urkundenverzeichnis die zuvor genannte Frist wahrt und weder die Eintragung der erforderlichen Daten in der lokalen Notariatssoftware noch die einfache Zwischenspeicherung der vorbereiteten Eintragung in der Software des Urkundenverzeichnisses rechtlich verbindlich ist.

Die Eintragung im Urkundenverzeichnis kann der Notar grundsätzlich an seine Mitarbeiter delegieren. Gleichwohl sieht § 20 NotAktVV Fälle vor, in denen der Notar in der Weise mitwirken muss, dass er einzelne Eintragungen im Urkundenverzeichnis höchstpersönlich zu bestätigen hat. So sind etwa Änderungen und Zusätze sowie Angaben zu Ausfertigungen vom Notar selbst durch einen entsprechenden Signiervorgang zu bestätigen, es sei denn, im Urkundenverzeichnis ist hinterlegt, welcher Mitarbeiter die jeweilige Eintragung wann und mit welchem konkreten Inhalt vorgenommen hat (§ 20 Absatz 2 Nr. 3 NotAktVV). Die technischen Rahmenmöglichkeiten, um beispielsweise auszuweisen, welcher Mitarbeiter die jeweilige Änderung vorgenommen hat, sind im System der Bundesnotarkammer über das Programm XNP gegeben. Es ist dem Notar selbst überlassen, ob er hiervon Gebrauch macht.

d) Eintragungsfehler

Bei der Übertragung der Daten in das elektronische Urkundenverzeichnis kann es zu Fehlern kommen. Etwaige Fehler wie das Überspringen einer UVZ-Nummer oder die Doppelbelegung einer UVZ-Nummer – die im Rahmen der Urkundenrolle durchaus vorkommen konnten – sind innerhalb des elektronischen Urkundenverzeichnisses bereits technisch ausgeschlossen. Denkbar bleibt aber, dass die Eintragung einer Urkunde schlicht vergessen und etwaige darauffolgende Urkunden bereits in das Urkundenverzeichnis eingetragen wurden. Auch kann es vorkommen, dass eine Urkunde aus Versehen mehrfach eingetragen wurde. Wie in diesen Fällen vorzugehen ist, regelt § 8 Absatz 2 NotAktVV:

Übersehene Urkunden sind danach unter der bei Entdeckung des Fehlers nächsten freien Urkundenverzeichnisnummer einzutragen (Absatz 2 Satz 3). Eine nachträgliche Vergabe einer Unternummer (z.B. 899a/2024) sieht das Gesetz nicht vor.

Die Urkunde ist außerdem unter dem Datum der Beurkundung zu erfassen, auch wenn in der Zwischenzeit bereits UVZ-Nummern mit nachfolgenden Beurkundungsdaten in das Verzeichnis aufgenommen wurden.

Wurde eine Urkunde im Urkundenverzeichnis mehrfach erfasst, ist die Eintragung mit der höheren Nummer als gegenstandslos zu kennzeichnen (Absatz 2 Satz 3).

Fallbeispiel zum Übersehen einer Eintragung

Ein Grundstückskaufvertrag, der am 13. Dezember 2024 beurkundet wurde, wurde irrtümlich nicht in das Urkundenverzeichnis aufgenommen. Seitdem sind bereits zwei am 14. Dezember gefertigte Urkunden in das Urkundenverzeichnis unter den laufenden Nummern 1375/2024 und 1376/2024 unter Angabe des 14. Dezember als Beurkundungsdatum aufgenommen worden. Was ist zu tun, wenn dies nun am 15. Dezember auffällt?

Fall-Lösung: Der Grundstückskaufvertrag ist dann unter der Nummer 1377/2024 unter Angabe des 13. Dezember 2024 in das Urkundenverzeichnis einzutragen. Dass die Chronologie zwischen laufender Nummer und Eintragungsdatum dadurch unterbrochen wird, ist gesetzlich ausdrücklich vorgesehen.

2. Wegfall des Erbvertragsverzeichnisses

Bis zum 1. Januar 2022 gab es neben dem Urkundenverzeichnis ein gesondertes Erbvertragsverzeichnis. Dies ist mit Einführung des Elektronischen Urkundenarchivs entfallen. Erbverträge sind nunmehr wie alle sonstigen Urkunden in das Elektronische Urkundenverzeichnis einzutragen.

3. Das elektronische Verwahrungsverzeichnis

Zu den Verzeichnissen des Notars gehört auch das Verwahrungsverzeichnis. Es hat die bisher übliche Führung von Verwahrungsgegenständen in zwei Büchern (Verwahrungsbuch und Massenbuch) abgelöst und bringt gegenüber diesen einige Erleichterungen mit sich.

Nach § 23 BNotO sind Notare für die Aufbewahrung und Ablieferung von Geld, Wertpapieren und sonstigen Kostbarkeiten zuständig. Neben diesen Wertgegenständen existieren zudem noch weitere Gegenstände, die der Notar gem. § 24 Abs. 1 Satz 1 BNotO in Verwahrung nehmen kann. Der Notar ist nicht verpflichtet, Verwahrungsgeschäfte zu übernehmen. Er kann das Ersuchen der Beteiligten, Geld, Wertpapiere oder Kostbarkeiten für sie zu verwahren, auch zurückweisen. § 15 BNotO findet auf Verwahrungsgeschäfte keine Anwendung, da es sich dabei nicht um eine „Urkundstätigkeit" handelt. Dass der Notar Geld, Wertpapiere oder Kostbarkeiten für die Beteiligten verwahrt, kommt sehr selten vor. Hauptanwendungsfall ist die Einrichtung eines Notaranderkontos bei der Abwicklung eines Grundstückskaufvertrages. Verwahrt wird in diesem Fall Geld.

Bis zum 1. Januar 2022 war im **Massenbuch** zu verzeichnen, welche Gegenstände der Notar in **einer bestimmten Angelegenheit** in Verwahrung genommen hat und wann er einen bestimmten Gegenstand wieder herausgegeben hat. Das **Verwah-**

rungsbuch betraf demgegenüber **nicht eine bestimmte Angelegenheit.** Im Verwahrungsbuch wurden vielmehr alle Zahlungseingänge und Zahlungsausgänge beziehungsweise Eingänge und Ausgänge an Wertpapieren und Kostbarkeiten unabhängig von ihrer jeweiligen „Massezugehörigkeit" ausschließlich nach dem Kriterium des Buchungstages registriert. Der Ein- und Ausgang von Verwahrungsgegenständen wurde somit immer doppelt registriert. Im Massenbuch fand sich darüber hinaus ein Verweis auf die jeweilige Buchung im Verwahrungsbuch und umgekehrt fand sich im Verwahrungsbuch ein Verweis auf die jeweilige Buchung im Massenbuch. Durch diese wechselseitigen Verweise versprach man sich, Buchungsfehler möglichst zu vermeiden.

Nunmehr sind sämtliche Informationen zu den verwahrten Gegenständen (nur noch) einheitlich ins Verwahrungsverzeichnis einzutragen. Nicht in das Verzeichnis einzutragen sind dabei nach § 24 BNotO verwahrte Gegenstände (sog. untechnische Verwahrung) und solche, die in § 23 Satz 2 NotAktVV ausdrücklich genannt sind. Dazu gehören:

- Geldbeträge, die der Notar als Protestbeamter empfangen hat, wenn sie unverzüglich an die Berechtigten herausgegeben werden
- Wechsel und Schecks, die zum Zweck der Erhebung des Protestes übergeben wurden, und
- Hypotheken-, Grundschuld- und Rentenschuldbriefe.

Die Anforderungen an die Eintragungen im Verwahrungsverzeichnis ergeben sich im Übrigen aus den §§ 22 ff. NotAktVV.

III. Versendung von Abschriften und Ausfertigungen sowie Behandlung der Urschrift

Wichtiger Bestandteil der Abwicklung notarieller Urkunden ist die Versendung von Abschriften und Ausfertigungen sowie die Behandlung der Urschrift.

1. Behandlung der Urschrift

Der Notar produziert von jeder Urkunde eine einzige Urschrift. Die Urschrift ist das Original der Urkunde.

Aufgrund der Pflicht zur Aufnahme von nach dem 1. Juli 2022 errichteten Urkunden in die elektronische Urkundensammlung besteht nunmehr neben der Urschrift in Papierform auch eine elektronische Fassung der Urschrift. Bei originär errichteten elektronischen Urkunden existiert lediglich eine Urschrift in elektronischer Form.

a) Unterscheidung zwischen Niederschrift und Vermerk

Bei der Behandlung der Urschrift ist zwischen der Niederschrift und dem Vermerk zu unterscheiden.

Die Urschrift einer notariellen **Niederschrift** ist nicht für die Teilnahme am Rechtsverkehr bestimmt. Sie verbleibt vielmehr im Normalfall in der Urkundensammlung

§ 45 BeurkG des Notars (§ 45 Absatz 1 BeurkG). Für die Urschrift einer Urkunde in **Vermerk**form gilt genau das Gegenteil: Sie ist für die Teilnahme am Rechtsverkehr bestimmt und verbleibt grundsätzlich nicht in der Urkundensammlung des Notars (§ 45 Absatz 3 BeurkG).

Niederschrift	Vermerk
✓ Urschrift ist **nicht** zur Teilnahme am Rechtsverkehr bestimmt	✓ Urschrift ist zur Teilnahme am Rechtsverkehr bestimmt
✓ Urschrift verbleibt im Normalfall in der Urkundensammlung des Notars	✓ Urschrift verbleibt im Normalfall **nicht** in der Urkundensammlung des Notars

b) Behandlung des Vermerks

Die Urschrift in Vermerkform ist mit der Urkundenverzeichnisnummer zu versehen, mit der sie in das Urkundenverzeichnis eingetragen wurde. Anschließend ist die Urschrift den Beteiligten auszuhändigen; oder sie gelangt auf sonstige Weise in den Rechtsverkehr.

Anwendungsbeispiel zur Behandlung eines Vermerks

Der Notar hat den Text einer beschränkten persönlichen Dienstbarkeit mit dem Inhalt Wegerecht entworfen und darunter die Unterschriften der Eigentümer des belasteten Grundstücks beglaubigt. Die Urschrift ist mit der Urkundenverzeichnisnummer zu versehen und anschließend dem zuständigen Grundbuchamt mit dem Antrag auf Eintragung vorzulegen.

c) Behandlung der Niederschrift

Die Urschrift einer Niederschrift wird in die Urkundensammlung aufgenommen. Näheres dazu ist nachzulesen im folgenden Kapitel.

d) Notwendigkeit der Erteilung von fotokopierten bzw. ausgedruckten Exemplaren der Urschrift

Da der Notar von jeder Urkunde nur eine einzige Urschrift produziert, muss er für die Abwicklung zwangsläufig auf fotokopierte Exemplare der papierförmigen Fassung oder ausgedruckte Exemplare der elektronischen Fassung der Urschrift zurückgreifen. Dies gilt selbst für einfachste Urkundenabwicklungen.

Anwendungsbeispiel zur Abwicklung einer Urkunde in Form einer Niederschrift

Der Notar hat ein Schuldanerkenntnis beurkundet, in dem Herr Dörner erklärt, der Volksbank zehntausend Euro zu schulden. Diesbezüglich unterwirft er sich der Zwangsvollstreckung in sein gesamtes Vermögen. Die Abwicklungstätigkeit des Notars beschränkt sich darauf, den beurkundeten Text Herrn Dörner und der Volksbank zu übersenden. Aber selbst dafür benötigt der Notar zwei fotokopierte Exemplare, denn die Urschrift des Schuldanerkenntnisses – eine notarielle Niederschrift – verbleibt in der Urkundensammlung des Notars.

Die Notwendigkeit der Erteilung von fotokopierten bzw. ausgedruckten Exemplaren der Urschrift ergibt sich auch bei der Abwicklung von Vermerkurkunden, bei denen die Urschrift zur Teilnahme am Rechtsverkehr bestimmt ist.

Anwendungsbeispiel zur Abwicklung einer Urkunde in Vermerkform

Herr Kurt bewilligt die Löschung eines Wohnungsrechts zu seinen Gunsten, welches auf dem Grundstück seines Sohnes eingetragen ist. Der Notar hat die Löschungsbewilligung entworfen und die Unterschrift des Herrn Kurt beglaubigt. Die Urschrift der Löschungsbewilligung reicht der Notar beim Grundbuchamt ein. Zur weiteren Abwicklung benötigt der Notar aber wenigstens noch zwei weitere fotokopierte Exemplare: Das eine Exemplar ist für Herrn Kurt bestimmt, das andere für die Urkundensammlung.

Die fotokopierten bzw. ausgedruckten Exemplare, die der Notar zur Abwicklung der Urkunden benötigt, können – in der Reihenfolge zunehmender Wertigkeit – sein:

- einfache Abschriften (Ziffer 2),
- beglaubigte Abschriften (Ziffer 3),
- Ausfertigungen (Ziffer 4).

2. Einfache Abschrift

Die schlichteste Form der vom Notar bei der Urkundenabwicklung verwendeten fotokopierten Exemplare ist die einfache Abschrift. Sie ist eine bloße Fotokopie des Originals oder ein bloßer Ausdruck der Reinschrift des Originals, in der die handschriftlichen Änderungen des Notars aus der Urkundsverhandlung sauber abgeschrieben sind. Ergänzt wird der Text durch die laut Urkundenverzeichnis vergebene Urkundenverzeichnisnummer.

Die einfache Abschrift gibt demjenigen, der sie in den Händen hält, keine Gewähr dafür, dass die Fotokopie inhaltlich mit der Urschrift übereinstimmt. Sie könnte Fälschungen enthalten.

Anwendungsbeispiel zur einfachen Abschrift

Fritzchen besucht die vierte Klasse. Er ist ein guter Schüler. Nur im Fach „Kunst" kommt er über die Note „ausreichend" nicht hinaus. Die Note „ausreichend" steht auch auf seinem Zeugnis. Fritzchen schreibt mit seiner Schreibmaschine auf einem weißen Blatt Papier die Buchstaben „gut", schneidet den Schriftzug aus und überklebt damit das „ausreichend" auf seinem Schulzeugnis. Da die Fälschung auf dem Original sofort bemerkt würde, kopiert er das Original und legt seinen Eltern eine Fotokopie, also eine einfache Abschrift des Original-Zeugnisses, vor. Die Eltern von Fritzchen sind freudig überrascht, dass er sich im Fach Kunst so deutlich gesteigert hat.

Wer eine einfache Abschrift in den Händen hält, ist gut beraten sich klarzumachen, wie einfach diese inhaltlich zu manipulieren ist. Aus diesem Grunde ist die einfache Abschrift den Personen und Stellen, die bei der Urkundenabwicklung einzuschalten sind, nicht immer gut genug. Immerhin gibt es einige Stellen, die sich mit der Vorlage einer einfachen Abschrift begnügen. Sie sagen sich: „Wenn uns direkt vom Notar eine einfache Abschrift übersandt wird, ist nicht zu befürchten, dass diese inhaltlich von der beim Notar vorhandenen Urschrift abweicht." Für den Notar und seine Mitarbeiter hat die einfache Abschrift den Vorteil, dass sie ohne größeren Aufwand, insbesondere ohne Beglaubigungs- oder Ausfertigungsvermerk und auch ohne Siegelung und Bindung der Urkunde, hergestellt werden kann.

Anwendungsbeispiele für die Versendung einfacher Abschriften

Der Text eines beurkundeten Grundstückskaufvertrages ist dem **Gutachterausschuss des Kreises/der kreisfreien Stadt** zuzuleiten, damit ihn dieser in die Kaufpreissammlung aufnehmen kann. Der Gutachterausschuss begnügt sich mit einer einfachen Abschrift des Kaufvertrages. Der Grundstückskaufvertrag ist auch dem **Finanzamt – Grunderwerbsteuerstelle** – anzuzeigen, und zwar wiederum unter Übersendung – nur – einer einfachen Abschrift des Vertragstextes.

3. Beglaubigte Abschrift

a) Sinn und Zweck der beglaubigten Abschrift

Die beglaubigte Abschrift ist das Zeugnis des Notars, dass die Abschrift mit der Urschrift inhaltlich übereinstimmt.

b) Bestandteile der beglaubigten Abschrift

Die beglaubigte Abschrift ist eine

- um die Urkundenverzeichnisnummer und
- den Beglaubigungsvermerk

ergänzte einfache Abschrift. Die beglaubigte Abschrift könnte folgenden Wortlaut haben:

> *„Die nachstehende Abschrift stimmt mit der mir vorliegenden Urschrift wörtlich überein.*
>
> *Düsseldorf, den 25. Oktober 2010*
>
> *Notar Dr. Schröder"*
>
> *(Siegel)*

Der Beglaubigungsvermerk ist mit dem Text, auf den er sich bezieht, fest zu verbinden. Dieses geschieht durch Schnur und Siegel, üblicherweise dem Oblatensiegel.

→ Verwendung der Siegel S. 214

c) Zuständigkeit zur Erteilung einer beglaubigten Abschrift

Jeder Notar ist zur Erteilung einer beglaubigten Abschrift berechtigt. Soll allerdings die Übereinstimmung einer Abschrift mit der *Urschrift* beglaubigt werden, muss dem beglaubigenden Notar diese Urschrift vorgelegt werden.

Da sich die Urschrift einer notariellen Niederschrift in der Urkundensammlung des beurkundenden Notars befindet, kann eine solche Beglaubigung nur durch den beurkundenden Notar selbst erfolgen. Andere Notare könnten nur die Übereinstimmung einer Abschrift mit einer Ausfertigung oder einer beglaubigten Abschrift der Urschrift beglaubigen.

d) Anwendungsbereich der beglaubigten Abschrift

Die beglaubigte Abschrift kommt bei der Urkundenabwicklung immer dann zum Einsatz,

- wenn sich einerseits die Person oder Stelle, die bei der Urkundenabwicklung einzuschalten ist, mit einer einfachen Abschrift nicht zufriedengibt und
- wenn es andererseits der Erteilung einer Ausfertigung nicht bedarf.

Anwendungsbeispiele zur Erteilung beglaubigter Abschriften

Dem **Grundbuchamt** ist bei der Abwicklung eines Grundstückskaufvertrages wenigstens eine beglaubigte Abschrift des Vertrages vorzulegen. Alternativ kann auch eine Ausfertigung vorgelegt werden. Eine einfache Abschrift wäre aber zu wenig.

Ist ein Vertrag dem **Finanzamt – Schenkung- und Erbschaftsteuerstelle** – anzuzeigen, so ist ebenfalls wenigstens eine beglaubigte Abschrift vorzulegen. Eine einfache Abschrift – wie bei der Grunderwerbssteuerstelle – wäre hier zu wenig.

4. Ausfertigung

a) Sinn und Zweck der Ausfertigung

Die höchste Wertigkeit hat die Ausfertigung. Die Ausfertigung ist mehr als das bloße Zeugnis des Notars, dass die Abschrift mit der Urschrift inhaltlich übereinstimmt. Die Ausfertigung vertritt die Urschrift im Rechtsverkehr (§ 47 BeurkG).

§ 47 BeurkG

Merke:
Die Ausfertigung vertritt die Urschrift im Rechtsverkehr (§ 47 BeurkG).

b) Bestandteile der Ausfertigung

Die Ausfertigung ist eine

- um die Urkundenverzeichnisnummer,
- die Überschrift „Ausfertigung" und
- den Ausfertigungsvermerk

§ 49 Absatz 1 BeurkG

ergänzte einfache Abschrift (§ 49 Absatz 1 BeurkG). Der Ausfertigungsvermerk könnte folgenden Wortlaut haben:

> *„Die nachstehende Ausfertigung stimmt mit der mir vorliegenden Urschrift wörtlich überein und wird hiermit erteilt für*
>
> *Herrn Peter Bommel, geboren am 23. Juni 1973, wohnhaft in 40789 Monheim am Rhein, Krummstraße 1.*
>
> *Düsseldorf, den 25. Oktober 2010*
>
> *Notar Dr. Schröder"*
>
> *(Siegel)*

Der Ausfertigungsvermerk ist mit dem Text, auf den er sich bezieht, fest zu verbinden. Dies geschieht durch Schnur und Siegel, üblicherweise dem Oblatensiegel.

→ Verwendung der Siegel S. 214

Merke:
Beglaubigungsvermerk und Ausfertigungsvermerk unterscheiden sich vor allem darin, dass die Ausfertigung einer bestimmten Person erteilt werden muss und diese Person im Ausfertigungsvermerk auch zu benennen ist. Die beglaubigte Abschrift wird demgegenüber adressatenlos erteilt; deswegen entfällt hier auch die Notwendigkeit, eine bestimmte Person zu benennen.

c) Zuständigkeit zur Erteilung einer Ausfertigung

Während jeder beliebige Notar eine beglaubigte Abschrift herstellen kann, darf eine Ausfertigung nur von demjenigen erteilt werden, der die Urschrift verwahrt (§ 48 Satz 1 BeurkG). Das ist grundsätzlich der Urkundsnotar für die von ihm gefertigten Niederschriften.

Besonderheiten sind zu beachten bei

- Verfügungen von Todes wegen und
- Urkunden, deren Urschrift im Ausland verwendet wird.

➢ Verfügungen von Todes wegen

Testamente hat der Notar nach der Beurkundung dem Amtsgericht – Nachlassgericht – zum Zwecke der amtlichen Verwahrung zu übergeben. Da der Notar nicht verwahrende Stelle im Sinne des § 48 Satz 1 BeurkG ist, darf er von einem Testament auch keine Ausfertigung erteilen; statt seiner ist der Urkundsbeamte der Geschäftsstelle des Gerichts zuständig, das die Urschrift des Testaments verwahrt (§ 48 Satz 2 BeurkG).

§ 48 Satz 1 BeurkG

§ 48 Satz 2 BeurkG

Erbverträge werden – wie Testamente – beim Amtsgericht – Nachlassgericht verwahrt. Die Beteiligten können allerdings die gerichtliche Verwahrung ausschließen. Dann verbleibt der Erbvertrag bis zum Zeitpunkt seiner Eröffnung in der Verwahrung des Notars. Verbleibt der Erbvertrag in der Verwahrung des Notars, dann – und nur dann – kann dieser Ausfertigungen erteilen.

➢ Urschriften, die zur Verwendung im Ausland herausgegeben werden

Eine Urschrift kann gemäß § 45a Absatz 1 Satz 1 BeurkG den Beteiligten ausgehändigt werden,

§ 45a Absatz 1 Satz 1 BeurkG

- wenn dargelegt wird, dass sie im Ausland verwendet werden soll und
- wenn sämtliche Personen, die eine Ausfertigung verlangen können, der Aushändigung zustimmen.

Der Notar soll die Urschrift in diesem Fall mit einem Siegel versehen und für die Urkundensammlung eine Ausfertigung zurückbehalten (§ 45a Absatz 1 Satz 2 BeurkG). Auf der Ausfertigung ist zu vermerken, dass die Urschrift herausgegeben wurde. Die Ausfertigung tritt an die Stelle der Urschrift.

Der Notar verwahrt in diesem Fall nicht die Urschrift, sondern nur eine Ausfertigung. Es ist ihm aber trotzdem gestattet, weitere Ausfertigungen zu erteilen.

d) Anwendungsbereich der Ausfertigung

Eine Ausfertigung kann nur dann erteilt werden, wenn die Urschrift nicht am Rechtsverkehr teilnimmt – weil sie nämlich in die Urkundensammlung des Notars aufzunehmen ist. Eine Ausfertigung kann es somit nur bei Niederschriften geben. Das ist dem Wortlaut des § 47 BeurkG zu entnehmen. Es heißt dort: „Die Ausfertigung der Niederschrift vertritt die Urschrift im Rechtverkehr."

Merke:

Es wäre ein schwerer Fehler, von einer Urkunde in Vermerkform eine Ausfertigung zu erteilen!

Wenn die Ausfertigung die Urschrift im Rechtsverkehr vertritt, wäre es eigentlich konsequent, die Erteilung nur einer einzigen Ausfertigung zuzulassen, weil es auch nur eine einzige Urschrift gibt. So ist es aber nicht. Es können mehrere Ausfertigungen erteilt werden. Und es ist durchaus üblich, dieses zu tun.

Anwendungsbeispiel für die Erteilung mehrerer Ausfertigungen

Der Notar hat einen Grundstückskaufvertrag beurkundet. Unmittelbar nach der Beurkundung übersendet der Notar den zwei Verkäufern je eine Ausfertigung des Kaufvertrages. Nachdem der Notar einige Wochen nach der Beurkundung beim Grundbuchamt den Antrag auf Eigentumsumschreibung auf den Käufer gestellt hat, übersendet er allen fünf Käufern je eine Ausfertigung des Grundstückskaufvertrages für ihre Unterlagen. Insgesamt hat der Notar in diesem Fall sieben Ausfertigungen versandt.

Die Erteilung einer Ausfertigung ist nur in wenigen Fällen **erforderlich**. Das ist insbesondere dann der Fall, wenn es entscheidend

- auf den **Besitz** der notariellen Urkunde oder
- auf den **Zugang** der in ihr enthaltenen Erklärungen

ankommt, weil die Rechtsordnung an den Besitz/Zugang besondere Rechtsfolgen anknüpft. In allen anderen Fällen könnte statt der Ausfertigung ebenso gut eine beglaubigte Abschrift erteilt werden.

➢ Besitz der notariellen Urkunde

§ 172 Absatz 2 BGB

Auf den Besitz der notariellen Urkunde kommt es vor allem bei **Vollmachtsurkunden** an. Gemäß § 172 Absatz 2 BGB bleibt die Vertretungsmacht – selbst bei Widerruf der Vollmacht – bestehen, bis die Vollmachtsurkunde dem Vollmachtgeber zurückgegeben oder für kraftlos erklärt wird. Vollmachtsurkunde in diesem Sinne ist **bei notarieller Niederschrift** nur und ausschließlich die Ausfertigung (nur diese vertritt die Urschrift im Rechtsverkehr), in allen anderen Fällen – sowohl bei privatschriftlicher Vollmacht als auch bei Vollmachtserteilung in Vermerkform – ist die Urschrift Vollmachtsurkunde im beschriebenen Sinne.

Daraus folgt die Obliegenheit für den Vollmachtgeber, die Vollmachtsurkunde vom Bevollmächtigten herauszuverlangen, wenn die Vollmacht widerrufen wurde. Nur dann kann der Vollmachtgeber sicher sein, dass von der Vollmachtsurkunde kein Gebrauch mehr gemacht werden kann.

Die Zahl der im Rechtsverkehr befindlichen Ausfertigungen der Vollmachtsurkunde und ihr jeweiliger Empfänger sind im Urkundenverzeichnis vermerkt; darüber kann der Notar dem Vollmachtgeber bei Bedarf Auskunft erteilen. Die Zahl der im Verkehr befindlichen beglaubigten Abschriften lässt sich demgegenüber überhaupt nicht kontrollieren, denn eine beglaubigte Abschrift kann jeder erteilen, dem die Beglaubigung von Dokumenten gestattet ist, nicht nur der beurkundende Notar. Es kann also sein, dass sich der Bevollmächtigte immer noch im Besitz zahlreicher beglaubigter Abschriften der Vollmachtsurkunde befindet, obwohl die Vollmacht längst widerrufen ist und sämtliche Ausfertigungen an den Vollmachtgeber herausgegeben wurden. Nur die Vorlage der Ausfertigung gibt dem Notar die Gewissheit, dass die Vollmacht wegen § 172 BGB noch besteht.

Beachte:

Aus denselben Gründen ist auch bei Erbscheinen, Testamentsvollstreckerzeugnissen und Bestellungsurkunden des Betreuers, Vormunds, Pflegers und Insolvenzverwalters eine Ausfertigung vorzulegen, eine beglaubigte Abschrift wäre zu wenig.

➢ Zugang der in der Urkunde enthaltenen Erklärungen

Der zweite große Anwendungsbereich der Ausfertigung ist dann eröffnet, wenn es auf den Zugang der in der notariellen Urkunde enthaltenen Erklärungen ankommt.

Anwendungsbeispiele

Das ist beispielsweise dann der Fall, wenn in notarieller Urkunde einer abwesenden Person ein **Angebot auf Abschluss eines Vertrages** unterbreitet wird. Ein Angebot kann erst dann angenommen werden, wenn es dem Annehmenden zuvor zugegangen ist. Der Zugang ist dann bewirkt, wenn die Erklärung in den Machtbereich des Empfängers gelangt ist und dieser die Möglichkeit der Kenntnisnahme hat. In den Machtbereich des Empfängers gelangt die Erklärung aber nur dann, wenn **die Ausfertigung** in seinen Machtbereich gelangt. Eine beglaubigte Abschrift gibt zwar den Inhalt des Angebotes wieder, verkörpert aber nicht die Willenserklärung selbst und bewirkt auch keinen Zugang.

Das Problem des Zugangs besteht hingegen nicht, wenn die abwesende Person durch einen Vertreter ohne Vertretungsmacht vertreten wurde. Dann ist nämlich im Termin diesem Vertreter die Erklärung bereits zugegangen. Die Übersendung einer Ausfertigung an den vollmachtlos Vertretenen ist dann nicht erforderlich.

Der **Widerruf eines gemeinschaftlichen Testamentes** oder der **Rücktritt vom Erbvertrag** werden erst wirksam, wenn die Erklärungen dem anderen Teil zugegangen sind (§§ 2271, 2296 BGB). Zu diesem Zweck muss eine Ausfertigung übergeben werden.

Sämtliche dem Gericht gegenüber abzugebende **Adoptionserklärungen** müssen in Ausfertigung vorgelegt werden. Eine beglaubigte Abschrift stellt keinen rechtlich beachtlichen Antrag dar.

In allen anderen Fällen ist die Erteilung einer Ausfertigung nicht erforderlich; sie ist aber trotzdem **angemessen und üblich.** So ist es im obigen Anwendungsbeispiel für die Erteilung mehrerer Ausfertigungen geschehen. Dort wurden allen Verkäufern und Käufern Ausfertigungen zugesendet. Gemäß § 51 Absatz 1 Nr. 1 BeurkG **§ 51 BeurkG** haben alle Personen, die bei Niederschriften über Willenserklärungen eigene Erklärungen abgegeben oder durch Vertreter haben abgeben lassen, Anspruch auf Erteilung von Ausfertigungen. Ob den Beteiligten Ausfertigungen oder (beglaubigte oder sogar nur einfache) Abschriften erteilt werden, bleibt also dem Wunsch der Beteiligten überlassen.

Ob man bei der Abwicklung eines Grundstückskaufvertrages dem Grundbuchamt eine Ausfertigung oder eine beglaubigte Abschrift des Vertrages vorlegt, ist gleichgültig. Beides genügt dem für das Grundbuchverfahren vorgeschriebenen Erfordernis der öffentlichen Beglaubigung (§ 29 GBO). Entscheidet man sich allerdings für eine Ausfertigung, sollte diese „dem Amtsgericht – Grundbuchamt" allenfalls dann erteilt werden, wenn dieses im Grundstückskaufvertrag ausdrücklich so bestimmt wurde (§ 51 Absatz 2 BeurkG). Fehlt eine solche anderweitige Bestimmung, kann das Amtsgericht – Grundbuchamt nicht Adressat einer Ausfertigung sein, weil es in § 51 BeurkG nicht erwähnt ist. Es müsste richtigerweise eine Ausfertigung erteilt werden

> „den Vertragsbeteiligten zum Zwecke der Vorlage beim Grundbuchamt".

5. Vollstreckbare Ausfertigung

a) Sinn und Zweck der vollstreckbaren Ausfertigung

Auch die vollstreckbare Ausfertigung vertritt – wie jede andere Ausfertigung – die Urschrift der Niederschrift im Rechtsverkehr (§ 47 BeurkG). Die vollstreckbare Ausfertigung hat aber gleichzeitig eine darüber hinausgehende Bedeutung.

Aus der vollstreckbaren Ausfertigung einer notariellen Urkunde findet die Zwangsvollstreckung – durch den Gerichtsvollzieher oder ein anderes Vollstreckungsorgan – statt. Die vollstreckbare Ausfertigung „ersetzt" das Gerichtsurteil oder den Vollstreckungsbescheid. Die vollstreckbare Ausfertigung ist **Vollstreckungstitel**.

Merke:
Die vollstreckbare Ausfertigung einer notariellen Urkunde ist Vollstreckungstitel.

b) Bestandteile der vollstreckbaren Ausfertigung

Die vollstreckbare Ausfertigung ist eine

- um die Urkundenverzeichnisnummer,
- die Überschrift „Vollstreckbare Ausfertigung" und
- den Ausfertigungsvermerk

ergänzte einfache Abschrift. Der Ausfertigungsvermerk könnte folgenden Wortlaut haben:

> *„Die nachstehende Ausfertigung stimmt mit der mir vorliegenden Urschrift wörtlich überein und wird hiermit zum Zwecke der Zwangsvollstreckung erteilt für*

Herrn Peter Bommel, geboren am 23. Juni 1973, wohnhaft in 40789 Monheim am Rhein, Krummstraße 1.

Düsseldorf, den 25. Oktober 2010

Notar Dr. Schröder"

(Siegel)

c) Zuständigkeit zur Erteilung einer vollstreckbaren Ausfertigung

Wie die (einfache) Ausfertigung darf auch die vollstreckbare Ausfertigung ausschließlich von dem Notar erteilt werden, der die Urschrift verwahrt (§ 797 Absatz 1 Nr. 2a) ZPO). **§ 797 ZPO**

Da die vollstreckbare Ausfertigung zum Zwecke der Zwangsvollstreckung erteilt wird und nicht beliebig viele Vollstreckungstitel existieren dürfen, darf der Notar grundsätzlich nur eine einzige vollstreckbare Ausfertigung erteilen. Besteht beim Gläubiger das Bedürfnis nach einer weiteren vollstreckbaren Ausfertigung, beispielsweise weil die erste vollstreckbare Ausfertigung verloren gegangen ist, entscheidet darüber aber auch der Notar und nicht mehr – wie früher – das Amtsgericht (§ 797 Absatz 2 Nr. 2a) ZPO).

Da der Notar für die Erteilung einer vollstreckbaren Ausfertigung „seiner" Urkunden zuständig ist, ist er auch für die sogenannten Klauselumschreibungen zuständig. Eine Klauselumschreibung wird dann erforderlich, wenn die Person des Gläubigers oder die Person des Schuldners gewechselt hat und die vollstreckbare Ausfertigung zum Zwecke einer Zwangsvollstreckung auf die neue Person umgeschrieben werden muss.

Anwendungsbeispiel zur Klauselumschreibung

Der Notar hatte im Jahre 2006 eine Grundschuld bestellt zugunsten der Wohnbaugesellschaft Breitfeld GmbH & Co. KG. Nunmehr beantragt die Wohnbaugesellschaft Pfaffendorf mbH die Umschreibung der Vollstreckungsklausel auf sich, um aus dieser Grundschuld gegen den Eigentümer des belasteten Grundstücks die Zwangsvollstreckung betreiben zu können. Der Notar muss sich vom Antragsteller nachweisen lassen, dass mittlerweile ihm die Grundschuld gehört. Ist der Nachweis erbracht, muss der Notar dem Antragsteller eine vollstreckbare Ausfertigung erteilen. Kann der Nachweis der Rechtsnachfolge nicht erbracht werden, wird der Notar die Erteilung einer vollstreckbaren Ausfertigung verweigern.

In Fällen wie diesem wird dem Notar häufig eine notariell gefertigte Firmenbescheinigung im Sinne von § 21 Absatz 1 Satz 1 Nr. 2 BNotO vorgelegt. Im vorliegenden Anwendungsbeispiel könnte die Firmenbescheinigung den oben abgedruckten Wortlaut haben. Der Nachweis, dass die Wohnbaugesellschaft Pfaffendorf mbH Rechtsnachfolgerin der Wohnbaugesellschaft Breitfeld GmbH & Co. KG ist, wäre dadurch erbracht.

→ Firmenbescheinigung S. 151

d) Anwendungsbereich der vollstreckbaren Ausfertigung

Eine vollstreckbare Ausfertigung darf nur erteilt werden von Urkunden, in denen sich ein Beteiligter der Zwangsvollstreckung unterworfen hat. Eine solche Unterwerfung ist grundsätzlich immer möglich. Nur in zweifacher Hinsicht ist die Vollstreckungsunterwerfung in notarieller Urkunde **ausgeschlossen,** nämlich bei Erklärungen, die:

- auf **Abgabe von Willenserklärungen** gerichtet sind oder
- §794 ZPO den **Bestand eines Mietverhältnisses** betreffen (§ 794 Absatz 1 Nr. 5 ZPO).

Anwendungsbeispiele zur Zwangsvollstreckungsunterwerfung

Der Käufer unterwirft sich im Grundstückskaufvertrag regelmäßig der Zwangsvollstreckung in sein gesamtes Vermögen. Zahlt der Käufer bei Kaufpreisfälligkeit den Kaufpreis nicht, kann der Verkäufer folglich den Gerichtsvollzieher oder ein anderes Vollstreckungsorgan mit der zwangsweisen Beitreibung des Kaufpreises beauftragen.

Aber auch der Verkäufer unterwirft sich in Grundstückskaufverträgen in bestimmten Situationen der Zwangsvollstreckung, insbesondere in Bezug auf eine von ihm übernommene Pflicht zur Räumung der Kaufsache.

Vollstreckungsunterwerfungen – in dinglicher wie auch in persönlicher Hinsicht – sind typischer Inhalt der von Banken und Sparkassen verwendeten Grundschuldbestellungsformulare.

6. Auszugsweise Abschriften und Ausfertigungen

§ 42 Absatz 3 BeurkG
§ 49 Absatz 5 BeurkG

Bei einer entsprechenden Interessenlage der Beteiligten darf der Notar auch auszugsweise beglaubigte Abschriften (§ 42 Absatz 3 BeurkG) und auch auszugsweise Ausfertigungen (§ 49 Absatz 5 BeurkG) erteilen.

Anwendungsbeispiele für die Erteilung auszugsweiser Abschriften und Ausfertigungen

Ein klassisches Beispiel für die Übersendung einer auszugsweisen beglaubigten Abschrift oder Ausfertigung bietet der **Grundstückskaufvertrag.** Dieser ist zunächst dem Grundbuchamt zum Zwecke der Eintragung der Eigentumsverschaffungsvormerkung vorzulegen. Die Auflassung samt Bewilligung und Antrag der Eigentumsumschreibung sollte in diesem Exemplar nicht enthalten sein. Ansonsten könnte der Käufer durch geeignete Antragstellung die sofortige Eigentumsumschreibung herbeiführen, obwohl die Eigentumsumschreibung nach der kaufvertraglichen Vereinbarung erst nach Kaufpreiszahlung erfolgen soll. Der Notar wird deswegen bei Beantragung der Eigentumsverschaffungsvormerkung eine **auszugsweise beglaubigte Abschrift (ohne Auflassung)** oder eine **auszugsweise Ausfertigung (ohne Auflassung)** vorlegen. Später bei Eigentumsumschreibung folgt eine weitere auszugsweise beglaubigte Abschrift oder eine auszugsweise Ausfertigung nach, die entweder den gesamten Vertrag oder aber lediglich die noch fehlende Auflassung enthält.

Dass es sich um eine auszugsweise beglaubigte Abschrift/Ausfertigung handelt, hat der Notar durch einen entsprechenden Vermerk klarzustellen. Im letzten genannten Anwendungsbeispiel betreffend den Grundstückskaufvertrag könnten die Beglaubigungsvermerke zu den auszugsweisen Abschriften etwa wie folgt lauten:

> *„Nachstehende auszugsweise beglaubigte Abschrift stimmt mit der mir vorliegenden Urschrift – ohne Auflassung – wörtlich überein.*
>
> *Zugleich bescheinige ich, dass die Urschrift – abgesehen von der fehlenden Auflassung – keine weiteren Bestimmungen enthält.*
>
> *Düsseldorf, den 25. Oktober 2010*
>
> *Notar Dr. Schröder"   (Siegel)*

> *„Nachstehende auszugsweise beglaubigte Abschrift stimmt mit der Auflassung in der mir vorliegenden Urschrift wörtlich überein.*
>
> *Zugleich bescheinige ich, dass die Urschrift keine weiteren die Auflassung betreffenden Bestimmungen enthält.*
>
> *Düsseldorf, den 25. Oktober 2010*
>
> *Notar Dr. Schröder"*
>
> *(Siegel)*

IV. Aufnahme der notariellen Urkunde in die Urkundensammlungen

Seit dem 1. Juli 2022 errichtete Urkunden sind nicht mehr lediglich in Papierform, sondern nunmehr sowohl in Papierform (nachfolgend wird zur begrifflichen Klarstellung stets von der **Urkundensammlung** gesprochen) als auch in elektronischer Form (nachfolgend stets die **elektronische Urkundensammlung)** zu verwahren.

Ziel der Einführung der elektronischen Urkundensammlung war es unter anderem, die durch die verpflichtende 100-jährige Aufbewahrung der Urkunden entstehenden Kapazitätsprobleme zu vermeiden. Insoweit hat die Einführung der elektronischen Urkundensammlung Entlastung für die Notariate geschaffen. Zwar muss die elektronische Urkunde nach wie vor für 100 Jahre aufbewahrt werden, die Urkunde in Papierform jedoch nur noch für 30 Jahre. Die Notariate benötigen also künftig deutlich weniger Lagerflächen.

1. Sinn und Zweck der Urkundensammlungen

Mit den Urkundensammlungen wird ein doppelter Zweck verfolgt. Zum einen dienen sie der **Beweissicherung.** Die notariellen Urkunden sollen an einem sicheren Platz verwahrt werden, damit man sich im Bedarfsfall über ihren Inhalt informieren kann. Ein solcher Bedarfsfall ist beispielsweise dann gegeben, wenn die Beteiligten über den genauen Inhalt einer notariellen Urkunde in Streit geraten oder wenn gar die Existenz einer notariellen Urkunde in Zweifel gezogen wird. Es wäre ein zu großes Risiko, insoweit auf die sorgfältige Aufbewahrung der Beteiligten zu vertrauen.

Zum anderen sollen die Urkundensammlungen dazu dienen, den Anspruch der Urkundsbeteiligten auf Einsichtnahme in die von ihnen unterzeichnete Urkunde und auf Erteilung von Ausfertigungen und Abschriften zu erfüllen. Es ist leider immer wieder festzustellen, dass viele Beteiligte mit den übersandten Ausfertigungen und Abschriften nicht so sorgfältig umgehen, wie man es angesichts der Bedeutung einer notariellen Urkunde erwartet. Dank der Urkundensammlung ist die Neuerteilung verlorengegangener Ausfertigungen und Abschriften regelmäßig sichergestellt.

Merke:

Die Urkundensammlungen verfolgen einen doppelten Zweck, und zwar zum einen die Beweissicherung und zum anderen die Ermöglichung der Einsichtnahme und der Erteilung von Ausfertigungen und Abschriften.

2. Inhalt der Urkundensammlungen

a) Die Urkundensammlung

Man sollte meinen, sämtliche Urschriften müssten in der Urkundensammlung Aufnahme finden. Das stimmt so aber nicht. Das kann schon deswegen nicht richtig sein, weil – wie schon gesagt – die Urschrift von Urkunden in Vermerkform zur Teilnahme am Rechtsverkehr bestimmt ist (§ 45 Absatz 3 BeurkG). Die Urschrift in Form einer Niederschrift hingegen verbleibt zwar regelmäßig in der Urkundensammlung. In bestimmten Fällen, insbesondere bei Verfügungen von Todes wegen und bei Urschriften, die im Ausland verwendet werden sollen, wird aber auch die Urschrift einer Niederschrift herausgegeben.

Daraus ergibt sich insgesamt, dass sich die Urkundensammlung aus vielen verschiedenen Urkunden – Urschriften, Ausfertigungen, Abschriften – und in bestimmten Fällen auch Vermerkblättern zusammensetzt. Um die einzelnen Bestandteile der Urkundensammlung nachvollziehbar darzustellen, empfiehlt es sich, grundlegend zu unterscheiden zwischen Niederschriften und Vermerken.

aa) Niederschriften

Niederschriften, d. h.

- sowohl die Niederschriften über die Beurkundung von Willenserklärungen
- als auch die sonstigen Niederschriften,

werden grundsätzlich in Urschrift in die Urkundensammlung aufgenommen.

Ausnahmen von diesem Grundsatz gelten bei Niederschriften, die

- entweder Verfügungen von Todes wegen sind oder
- die in Urschrift im Ausland verwendet werden sollen und deshalb (in Urschrift) an die Beteiligten herausgegeben werden.

➢ **Verfügungen von Todes wegen**

Testamente sind nach der Beurkundung dem zuständigen Amtsgericht – Nachlassgericht – in einem eigens dafür geschaffenen Briefumschlag zu übersenden. Sie werden dort amtlich verwahrt (§ 34 Absatz 1 Satz 4 BeurkG).

Bevor das Zentrale Testamentsregister seine Arbeit aufgenommen hat, mussten die Mitarbeiter des Notars den Briefumschlag eigenhändig – häufig unter Benutzung einer Schreibmaschine – beschriften, was bei der Vielzahl der abgefragten Daten auf dem Umschlag eine nicht unerhebliche Arbeit bedeutete. Nunmehr wird der Aufdruck für den Testamentsumschlag unmittelbar vom Zentralen Testamentsregister erzeugt, sobald der Notar bzw. seine Mitarbeiter das Testament dort registriert. Entsprechend wird mit einem Erbvertrag verfahren, wenn dieser nach dem Wunsch der Beteiligten durch das Amtsgericht – Nachlassgericht – verwahrt werden soll.

Die Beteiligten können aber bei Erbverträgen – anders als bei Testamenten – die amtliche Verwahrung durch das Amtsgericht ausschließen. Dann ist der Erbvertrag beim Notar zu verwahren (§ 34 Absätze 2 und 3 BeurkG).

In diesem Fall wird im Erbvertrag sinngemäß formuliert:

„Die Beteiligten wünschen nicht, dass dieser Erbvertrag verschlossen und in die besondere amtliche Verwahrung beim Amtsgericht verbracht wird. Er soll vielmehr in der Urkundensammlung des Notars aufbewahrt werden."

Für die Führung der Urkundensammlung ist das Folgende zu beachten:

Wird ein Erbvertrag vom Notar selbst verwahrt, so ist die Urschrift dieses Erbvertrages vom Notar nicht in der Urkundensammlung, sondern gemäß § 32 NotAktVV in der eigens dafür vorgesehenen obligatorischen Erbvertragssammlung zu verwahren.

Von den beim Amtsgericht – Nachlassgericht – amtlich verwahrten Verfügungen von Todes wegen ist gemäß § 31 Absatz 1 Satz 1 b) NotAktVV in der Urkundensammlung eine beglaubigte Abschrift nur dann zu verwahren, wenn die Beteiligten dies wünschen. Hierauf sollte der Notar bei den Beteiligten jedoch aktiv hinwirken, da er andernfalls nach Ablieferung der Verfügung von Todes wegen beim Nachlassgericht keinen inhaltlichen Nachweis der Urkunde mehr in seinen Akten hat. In der Erteilung der Zustimmung zur notariellen Verwahrung liegt gleichzeitig auch die Zustimmung, die beglaubigte Abschrift offen und nicht in einem verschlossenen Umschlag aufzubewahren. Nach der alten Rechtslage mussten die Beteiligten der offenen Verwahrung noch gesondert zustimmen.

Für vor dem 1. Juli 2022 errichtete Urkunden war zudem ein Vermerkblatt zur Urkundensammlung zu nehmen, aus dem sich die wesentlichen Informationen über die Verfügung von Todes wegen ergaben. Das Erfordernis eines solchen Vermerkblattes ist aber für Urkunden seit dem 1. Juli 2022 weggefallen, da sich nunmehr sämtliche Informationen aus dem elektronischen Urkundenverzeichnis ergeben.

➢ Urschriften, die zur Verwendung im Ausland benötigt werden

Legen die Beteiligten dar, dass die Urschrift einer Niederschrift zur Verwendung im Ausland benötigt wird, und stimmen sämtliche Personen, die eine Ausfertigung verlangen können, der Herausgabe zu, so ist die Urschrift an die Beteiligten herauszugeben. Zu diesem Zweck muss das Siegel des Notars auf der Urschrift angebracht werden, auch wenn die Urkunde nicht aus mehreren, sondern nur aus einem Blatt besteht (§ 45a Absatz 1 Satz 2 BeurkG).

Für die Urkundensammlung ist eine Ausfertigung der herausgegebenen Urschrift zurückzubehalten (§ 45a Absatz 1 Satz 2 BeurkG). Diese Ausfertigung ist mit einem Vermerk folgenden Inhalts zu versehen:

> *„Die Urschrift, von der diese gleichlautende Ausfertigung zurückbehalten worden ist, wurde mit Zustimmung aller Beteiligten an Herrn Wolfgang Ludwig, wohnhaft in 40764 Langenfeld, Feldweg 18 ausgehändigt.*
>
> *Herr Ludwig legte dar, dass er die Urschrift zur Gründung einer Gesellschaft in Kapstadt/Südafrika benötigt.*
>
> *Düsseldorf, den 25. November 2010*
>
> *Notar Dr. Schröder"*
>
> *(Siegel)*

Von der Verwendung einer Niederschrift im Ausland sind in der Praxis vor allem betroffen:

- Vollmachtsurkunden
- Urkunden über die Gründung einer Gesellschaft

bb) Vermerkurkunden

Von einer Vermerkurkunde muss die Urschrift in der Urkundensammlung verwahrt werden, wenn diese in notarieller Verwahrung verbleibt, § 31 Absatz 1 Nr. 4 lit. a) NotAktVV.

Vermerke sind – anders als Niederschriften – jedoch zur Teilnahme am Rechtsverkehr bestimmt. Die Urschrift wird daher üblicherweise den Beteiligten ausgehändigt oder sie gelangt auf andere Weise in den Rechtsverkehr (§ 45a Absatz 2 BeurkG).

Anwendungsbeispiel zur Behandlung von Vermerkurkunden

Der Notar hat den Text der Bestellung einer Grunddienstbarkeit (Wegerecht) entworfen und die Unterschriften der Beteiligten darunter beglaubigt. Er wird die Urschrift dem Amtsgericht – Grundbuchamt – mit dem Antrag auf Eintragung der Grunddienstbarkeit vorlegen.

Für die Urkundensammlung muss der Notar eine Abschrift zurückbehalten, sofern er – wie im Anwendungsbeispiel – den Text der Vermerkurkunde selbst entworfen hat (§ 31 Abs. 1 Nr. 4 lit. b). Hat der Notar den Text nicht selbst entworfen, so kann er nach eigenem Ermessen von einer Vermerkurkunde eine Abschrift zurückbehalten (§ 31 Abs. 1 Nr. 4 lit. c). Ein Vermerkblatt ist nicht (mehr) erforderlich.

Besonderheit bei zerstörten oder abhandengekommenen Urschriften

Wird eine Urschrift zerstört oder kommt sie abhanden, so kann der Notar, wenn er eine beglaubigte Urkundenabschrift oder eine Ausfertigung beschaffen kann, durch ein spezielles in § 46 BeurkG geregeltes Verfahren erreichen, dass diese beglaubigte Abschrift oder Ausfertigung an die Stelle der zerstörten oder abhanden gekommenen Urschrift tritt.

b) Erbvertragssammlung

Urschriften von Erbverträgen, die ab dem 1. Juli 2022 errichtet werden und in notarieller Verwahrung verbleiben, müssen in einer gesonderten Erbvertragssammlung verwahrt werden (§ 32 NotAktVV). In der Erbvertragssammlung sind neben den reinen Erbverträgen auch gemischte Erb- und Eheverträge aufzubewahren, die gemäß § 34 Absatz 2 BeurkG im Regelfall vom Notar in Verwahrung genommen werden.

Grund für die gesonderte Sammlung von Erbverträgen ist, dass die Urschrift einer Verfügung von Todes wegen gemäß § 34 Absatz 4 BeurkG nicht in die elektronische Form übertragen werden darf und eine elektronische Urschrift hier überhaupt nicht entsteht. Der Hintergrund dieses Verbotes ist, dass Verfügungen von Todes wegen üblicherweise beim Nachlassgericht verwahrt werden und es problematische Folgen für die Rücknahme letztwilliger Verfügungen aus der amtlichen Verwahrung nach sich zöge, wenn neben der papiergebundenen Urschrift beim Nachlassgericht auch eine elektronische Urschrift beim Notar bestünde. Da kein elektronisches Dokument besteht, das nach 30 Jahren an die Stelle der Urschrift tritt, bleibt es für diese deshalb bei der 100-jährigen Aufbewahrungsfrist. Deshalb müssen sie gesondert von den nur 30 Jahre aufzubewahrenden sonstigen Urkunden aufbewahrt werden.

c) Originär elektronische Urkunden in der Urkundensammlung

Elektronische Urkunden im Sinne von § 45 Absatz 3 BeurkG sind gemäß § 34 Absatz 3 Satz 2 NotAktVV unmittelbar in die elektronische Urkundensammlung einzustellen. Die elektronische Urkunde gilt dann als die Urschrift.

→ Elektronische Urkunde S. 177

In die Urkundensammlung ist dann gem. § 31 Absatz 1 Nr. 3 und § 31 Absatz 1 Nr. 5 lit. a) NotAktVV ein beglaubigter Ausdruck der elektronischen Urkunde aufzunehmen.

d) Die elektronische Urkundensammlung

In der elektronischen Urkundensammlung werden gemäß § 34 NotAktVV die Dokumente in elektronischer Form verwahrt, die nach § 31 NotAktVV auch in der Urkundensammlung verwahrt werden.

e) Die Sondersammlung

Um die Urkunden in der elektronischen Urkundensammlung zu verwahren, bedarf es gemäß § 56 BeurkG zunächst eines Scanvorgangs, um die papierförmigen Ausgangsdokumente in die elektronische Form zu überführen. Hierbei ist es möglich, dass der Scanvorgang aufgrund der Beschaffenheit oder Größe einer Urkunde unmöglich oder unzumutbar ist. Eine Unzumutbarkeit kann sich bereits ohne Weiteres aus dem Format der Urkunde ergeben, wenn diese größer als DIN A3 ist.

Da in diesem Fall die Erstellung einer elektronischen Fassung der Urschrift nicht möglich ist und eine 100-jährige Aufbewahrung der Urschrift durch Aufbewahrung in der elektronischen Urkundensammlung ausbleibt, bedarf es wie bei den vom Notar verwahrten Erbverträgen auch insoweit der gesonderten Aufbewahrung dieser Urkunden in der sogenannten Sondersammlung.

In die elektronische Urkundensammlung ist dann gem. § 37 Absatz 2 NotAktVV verpflichtend ein Vermerk darüber aufzunehmen, dass die Übertragung in ein elektronisches Dokument unmöglich oder unzumutbar war.

3. Führung der Urkundensammlungen

a) Die Urkundensammlung

aa) Beifügung von anderen Urkunden oder Unterlagen zu einer Urkunde

Die Pflicht zur Beifügung von anderen Urkunden oder Unterlagen:

Der Notar ist verpflichtet, einer in die Urkundensammlung aufzunehmenden Urkunde beizufügen:

- die Registrierungsbestätigung des Zentralen Testamentsregisters
- eine Abschrift der Kostenberechnung, sofern diese nicht den Nebenakten beigefügt wird
- Nachweise über die Vertretungsberechtigung, die gemäß § 12 BeurkG einer Niederschrift beigefügt werden.

Die Beifügung erfolgt durch Ankleben (§ 14 Absatz 2 Satz 1 DONot) oder Anheften. Das Anheften erfolgt grundsätzlich mittels eines Heftfadens in den Landesfarben, der Faden ist anzusiegeln (§ 14 Absatz 1 DONot), üblicherweise mit dem Oblatensiegel.

Mit Urkunden, die in Papierform nicht länger als 30 Jahre aufbewahrt werden müssen (also alle ab dem 1. Juli 2022 errichteten Urkunden), können die vorgenannten Unterlagen auch durch Heftklammern verbunden werden (§ 14 Absatz 2 Satz 2 DNotO).

➢ Registrierungsbestätigung des Zentralen Testamentsregisters

Nach Errichtung einer erbfolgerelevanten Urkunde ist der Notar verpflichtet, dem von der Bundesnotarkammer geführten Zentralen Testamentsregister die Existenz einer solchen Urkunde mitzuteilen (§ 34a Absatz 1 BeurkG). Erbfolgerelevante

Urkunden sind Testamente, Erbverträge und alle Urkunden mit Erklärungen, welche die Erbfolge beeinflussen können, insbesondere Erb- und Zuwendungsverzichtsverträge, bestimmte Eheverträge und Rechtswahlen (vgl. § 78d Abs. 2 BNotO).

Die Übersendung einer Urkundenabschrift ist dabei nicht erforderlich.

Bevor das Zentrale Testamentsregister eingerichtet wurde, erfolgte die Benachrichtigung über die Errichtung einer solchen Urkunde an das jeweilige Geburtsstandesamt des Urkundenbeteiligten unter Verwendung der „berühmten" gelben Benachrichtigungskarten. Mittlerweile ist das Zentrale Testamentsregister an die Stelle der Geburtsstandesämter getreten; und die gelben Benachrichtigungskarten wurden ersetzt durch eine Benachrichtigung in elektronischer Form. Als Reaktion auf diese Benachrichtigung erhält das Notariat neben dem bereits erwähnten Aufdruck für den Testamentsumschlag eine Eintragungsbestätigung. Diese könnte wie im Folgenden abgelichtet aussehen.

ZENTRALES
TESTAMENTSREGISTER
BUNDESNOTARKAMMER

EINTRAGUNGSBESTÄTIGUNG

Neuregistrierung
Die nachstehenden Verwahrangaben wurden in das Zentrale Testamentsregister aufgenommen. Bitte überprüfen Sie diese, insbesondere die Erblasserdaten.

VORGANGSDATUM
04.07.2016

REGISTRIERUNGSNUMMER
28893591

ANREDE
Frau

VORNAME(N)
Ursula

FAMILIENNAME
Meier

GEBURTSNAME
Müller

GEBURTSORT (HEUTIGER KREIS: Leverkusen, Stadt – PLZ: 51373)
Schlebusch, heute Leverkusen

GEBURTSDATUM
20.08.1940

GEBURTSSTANDESAMT (BEHÖRDENNUMMER: 05316001005)
Leverkusen-Schlebusch, heute Leverkusen

GEBURTENREGISTERNUMMER
1001/1940

URKUNDE
Notarielles Testament

URKUNDENROLLENNUMMER
0770/2016

URKUNDENDATUM
30.06.2016

NOTAR
Dr. Stefan Lange-Parpart

AMTSSITZ
Leverkusen

VERWAHRSTELLE
Amtsgericht Leverkusen

ZTR-VERWAHRNUMMER
207/2016

ANSCHRIFT VERWAHRSTELLE
Gerichtsstraße 9, 51379 Leverkusen

EIGENES VERWAHRKENNZEICHEN

WEITERE REGISTRIERUNGEN ZU DIESER URKUNDE

BEMERKUNGEN

GEBÜHRENFESTSETZUNG 15,00 €
Die Gebühr wurde nach § 1 Abs. 2 ZTR-GebS festgesetzt. Sie wird durch den Notar für die Registerbehörde erhoben.

AMTLICHE HINWEISE

Bundesnotarkammer, K.d.ö.R.
Internet: www.testamentsregister.de
E-Mail: info@testamentsregister.de

Zentrales Testamentsregister
Telefon: 0800.35.50.600 (gebührenfrei)
Telefax: 030.38.38.66.88

736C616E67657061-218780698 04.07.2016 16:24:12

Solchen die gesetzliche Erbfolge abändernden Urkunden ist zwingend eine Abschrift der Bestätigung des Zentralen Testamentsregisters über die erfolgte Registrierung beizufügen (§ 31 Absatz 1 Satz 1 Nr. 1 lit. b NotAktVV)).

Die Benachrichtigung des Zentralen Testamentsregisters ist deswegen so wichtig, weil sich nur auf diese Weise sicherstellen lässt, dass die Urkunde im Todesfalle auch beachtet wird: Der Notar benachrichtigt das Zentrale Testamentsregister darüber, dass eine Urkunde, die die gesetzliche Erbfolge abändert, errichtet worden ist und dass diese entweder beim Nachlassgericht oder beim Notar amtlich verwahrt wird. Stirbt einer der Vertragsschließenden, so wird darüber wieder das Zentrale Testamentsregister unterrichtet. Bei diesem laufen die notwendigen Informationen folglich zusammen. Das Zentrale Testamentsregister stellt fest, dass bei dem Urkundsnotar eine die gesetzliche Erbfolge abändernde Urkunde errichtet wurde. Es teilt den Tod dem Notar mit; dieser muss die Urkunde dann an das zuständige Nachlassgericht abliefern, sofern er diese verwahrt. Letztwillige Verfügungen werden dann vom Nachlassgericht eröffnet. Andere Urkunden als letztwillige Verfügungen (zum Beispiel der Erbverzichtsvertrag oder der Ehevertrag) werden zwar nicht eröffnet, aber trotzdem in die beim Nachlassgericht geführte Nachlassakte aufgenommen und dort aufbewahrt.

Unterbleibt die Benachrichtigung des Zentralen Testamentsregisters, kann die vorgenannte Informationskette nicht funktionieren.

➢ Abschrift der Kostenrechnung

Sämtlichen in die Urkundensammlung aufzunehmenden Urkunden und Vermerkblättern ist jeweils eine Abschrift der Kostenberechnung beizufügen. Alternativ kann die Kostenberechnung auch in den Nebenakten aufbewahrt werden (§ 19 Abs. 6 GNotKG). Die teilweise noch verwendeten handschriftlich ausgefüllten Kostenstempel dürften den gesetzlichen Anforderungen nicht genügen, denn aus diesen Stempeln ist nur die Kostenberechnung erkennbar, nicht auch der Rechnungsadressat. Ebenfalls unzureichend dürften die teilweise verwendeten Kostenberechnungen in Form einer verkürzten Abschrift sein, in der häufig Vollzugsgebühren, Betreuungsgebühren und ähnliches nicht enthalten sind.

➢ Nachweise über Vertretungsberechtigungen

Hierzu zählen im Beurkundungstermin vorgelegte Vollmachtsurkunden, die in beglaubigter Abschrift zur Urschrift genommen wurden, aber auch beglaubigte Auszüge aus dem Handelsregister oder einem ähnlichen Register.

Möglichkeit der Beifügung anderer Urkunden und Unterlagen:

Der Notar ist zwar *nicht verpflichtet,* aber doch *berechtigt,* einer in der Urkundensammlung aufzubewahrenden Urkunde weitere als die in Ziffer aa) genannten Urkunden und Unterlagen beizufügen (§ 31 Absatz 4 NotAktVV), insbesondere solche Urkunden und Unterlagen, die

- ihrem Inhalt nach mit der Hauptturkunde derart zusammenhängen, dass sie ohne die Haupturkunde von den Beteiligten in zweckdienlicher Weise nicht verwendet werden können (§ 31 Absatz 4 Nr. 1 NotAktVV). Beispielhaft zu nennen sind die Vertragsannahmeerklärung, die zum Vertragsangebot gehört oder die Auflassung, die zum Grundstückskauf- oder Grundstücksübertragungsvertrag gehört;

- für die Rechtswirksamkeit oder die Durchführung des in der Haupturkunde beurkundeten Rechtsvorgangs bedeutsam sind (§ 31 Absatz 4 Nr. 2 NotAktVV). Beispielhaft zu nennen sind Genehmigungen, behördliche Beschlüsse und Bescheinigungen, etc. Aufgrund dieser Vorschrift finden sich beispielsweise bei den Urschriften (beglaubigte) Abschriften des Verzichts der Gemeinde auf das gemeindliche Vorkaufsrecht oder (beglaubigte) Abschriften der Zustimmung des Verwalters einer Wohnungseigentümergemeinschaft zum Verkauf einer Eigentumswohnung.

Von diesen Möglichkeiten des Beifügens wird grundsätzlich immer Gebrauch gemacht, denn erst durch das Beifügen der weiteren Urkunden und Unterlagen vermittelt die Haupturkunde ein vollständiges Bild von dem beurkundeten Vorgang.

Anwendungsbeispiel

Der Verkäufer eines Grundstücks wird bei der Beurkundung vollmachtlos vertreten. Er genehmigt die vollmachtlose Vertretung in einer späteren Urkunde. Wer eine Ausfertigung des Kaufvertrages in den Händen hält, wird sich die Frage stellen, ob der vollmachtlos vertretene Verkäufer die Genehmigung erteilt hat. Erst durch diese wird der Grundstückskaufvertrag rechtswirksam und grundbuchlich vollziehbar. Zur Beifügung dieser Genehmigungserklärung gibt es keine Alternative, denn erst dadurch vermittelt die Haupturkunde (der Grundstückskaufvertrag) ein vollständiges Bild von dem beurkundeten Vorgang.

Durchaus unterschiedlich fällt allerdings der Umfang der Urkunden und Unterlagen aus, die der Haupturkunde beigefügt werden. Da – wie gesagt – keine gesetzliche Pflicht zur Beifügung dieser Unterlagen besteht, ist dem jeweiligen Notar in dieser Hinsicht eine große Handlungsfreiheit eröffnet.

bb) Nummer des Urkundenverzeichnisses

Die in die Urkundensammlung aufzunehmenden Urkunden sind schließlich noch mit der Nummer des Urkundenverzeichnisses zu versehen.

cc) Art und Weise der Aufbewahrung der Urkunden in der Urkundensammlung

Bei der Aufbewahrung der Urkunden in der Urkundensammlung sind die folgenden Vorgaben zu beachten:

(i) Einhaltung der Nummernfolge

Die Verwahrung der Urkunden erfolgt grundsätzlich nach der Nummernfolge des Urkundenverzeichnisses. Zu einer Abweichung kann es beispielsweise kommen, wenn von der Möglichkeit des § 31 Absatz 4 Nr. 2 NotAktVV Gebrauch gemacht wird und eine spätere Urkunde, die für die Rechtswirksamkeit der Haupturkunde bedeutsam ist, bei der Haupturkunde verwahrt wird.

→ Beifügen anderer Urkunden S. 202

Ist beispielsweise bei einem Grundstückskaufvertrag die Einholung einer Genehmigungserklärung erforderlich und wird sie beim gleichen Notar beglaubigt, kann sie in der Urkundensammlung gemäß § 31 Absatz 4 Nr. 2 NotAktVV dem Ausgangsrechtsgeschäft (also dem Kaufvertrag) beigefügt werden. Im Urkundenverzeichnis kann dann gemäß § 78h Absatz 3 Satz 1 BNotO eine Verknüpfung zwischen den beiden Eintragungen hergestellt werden, die beim Abruf der UVZ-Nummer der Unterschriftsbeglaubigung zu den bei dem Ausgangsgeschäft eingestellten Dokumenten und damit auch der Vermerkurkunde weiterführt. In die Urkundensammlung zu der UVZ-Nummer der Unterschriftsbeglaubigung muss dann nichts eingestellt werden.

(ii) Baldige Aufnahme der Urkunden in die Urkundensammlung

Die Urkunden und Vermerkblätter sind möglichst bald zur Urkundensammlung zu nehmen. „Möglichst bald" bedeutet nicht zwingend „sofort". Es würde die Abwicklung einer Urkunde stören, wenn sie gar zu schnell in die Urkundensammlung aufgenommen wird und dann zu verschiedenen Anlässen bei der Abwicklung von dort wieder hervorgeholt werden muss, etwa um den Erteilungsvermerk zu ergänzen oder um andere Urkunden und Unterlagen, zum Beispiel die gemeindliche Vorkaufsrechtsverzichtserklärung, der Urschrift beizufügen.

→ Nebenakte S. 209

Wann der rechte Augenblick gekommen ist, die für die Urkundensammlung bestimmten Urkunden der Nebenakte zu entnehmen und sie der Urkundensammlung zuzuführen, ist abhängig von den Arbeitsabläufen im jeweiligen Büro. Die gesetzliche Vorgabe, dass die Urkunde „möglichst bald" in die Urkundensammlung aufzunehmen ist, räumt dem Notar einen gewissen Handlungsspielraum ein.

(iii) Aufbewahrungsfristen

Die Urkunden, die sich in der elektronischen Urkundensammlung, der Sondersammlung oder der Erbvertragssammlung befinden und die nach dem 1. Juli 2022 errichtet wurden, sind für einen Zeitraum von 100 Jahren aufzubewahren (§ 50 Absatz 1 NotAktVV). Die auf den gleichen Zeitraum entfallenden Urkunden in der Urkundensammlung sind demgegenüber – wie bereits erläutert – nur noch für 30 Jahre zu verwahren.

Für Altbestände, also Urkunden, die vom 1. Januar 1950 bis zum 31. Dezember 2021 erstellt wurden und die in der Urkundensammlung oder der Erbvertragssammlung verwahrt werden, gilt weiterhin die 100-jährige Aufbewahrungsfrist (§ 51 Absatz 1 NotAktVV). Etwaige vor dem 1. Januar 1950 errichtete Urkunden sind dauernd aufzubewahren (§ 51 Absatz 4 Satz 1 NotAktVV).

(iv) Gestaltung der Urkundensammlung

Die Urkunden werden üblicherweise in Urkundskästen (Pappkartons), in Schnellheftern oder in Aktenordnern, aber auch in gebundener Buchform gesammelt.

Die Urkundensammlung sollte sich in Räumlichkeiten befinden, in denen die Gefahr einer unbefugten Einsichtnahme und Wegnahme möglichst ausgeschlossen ist. Das Wartezimmer des Notars ist aus diesem Grunde kein geeigneter Platz für die Urkundensammlung.

b) Die elektronische Urkundensammlung

aa) Grundprinzipien der Führung der elektronischen Urkundensammlung

Bei der Führung der elektronischen Urkundensammlung sind einige grundlegende Prinzipien zu beachten, die sich den §§ 34 und 35 NotAktVV entnehmen lassen.

(i) Spiegelbildprinzip

Gemäß § 34 Abs. 1 NotAktVV sind in der elektronischen Urkundensammlung alle Dokumente in elektronischer Form zu verwahren, die nach § 31 NotAktVV auch in der Urkundensammlung verwahrt werden **(Spiegelbildprinzip).**

Wie der Begriff bereits nahelegt, müssen auch sämtliche Dokumente, die in die elektronische Urkundensammlung aufgenommen werden, in Papierform der Urkundensammlung hinzugefügt werden. Ist eine Urkunde von vornherein elektronisch gemäß § 16b oder 39a BeurkG erstellt worden, bedarf es deshalb zwangsläufig auch eines (beglaubigten) Ausdrucks dieser Urkunde in der Urkundensammlung. Grund dafür ist, dass das elektronische Urkundenarchiv noch nicht derart lange in Betrieb ist, als dass es bereits jetzt die Gewähr dafür bietet, auch in Zukunft sämtliche elektronisch verwahrten Urkunden dauerhaft bereit zu stellen. Die parallele Verwahrung stellt daher eine Absicherung dar, die nur dann gewährleistet ist, wenn die Urkundensammlung Spiegelbild der elektronischen Urkundensammlung ist.

Besonderheit bei Ersetzung der Urschrift durch Ausfertigung oder beglaubigte Abschrift

Eine Besonderheit gibt es bei Niederschriften, bei denen nach dem Beurkundungsgesetz eine Ausfertigung oder eine beglaubigte Abschrift an die Stelle der Urschrift tritt und in der Urkundensammlung aufzubewahren ist.

Hier ist gemäß § 34 Absatz 5 Satz 1 NotAktVV in der elektronischen Urkundensammlung nicht das in der Urkundensammlung vorhandene Dokument, sondern grundsätzlich die *Urschrift* der Urkunde in die elektronische Urkundensammlung aufzunehmen. Es handelt sich somit um einen Fall der **Durchbrechung des Spiegelbildlichkeitsprinzips.**

→ Urschriften, die zur Verwendung im Ausland benötigt werden S. 198

Wird beispielsweise eine Vollmacht beurkundet, die im Ausland verwendet werden soll und tritt gemäß § 45a Absatz 1 Satz 3 BeurkG in der Urkundensammlung an ihre Stelle eine Ausfertigung, so ist gleichwohl die Urschrift und nicht die beim Notar verwahrte Ausfertigung in die elektronische Form zu überführen.

Ist eine Überführung der Urschrift in die elektronische Form nicht möglich, so kann ausnahmsweise eine Ausfertigung oder beglaubigte Abschrift in die elektronische Urkundensammlung hochgeladen werden (§ 34 Absatz 5 Satz 2 NotAktVV).

(ii) Formanforderungen und das „Besser-geht-immer-Prinzip"

In welcher Form ein Dokument in die elektronische Urkundensammlung aufzunehmen ist, richtet sich nach § 34 Absatz 2 NotAKtVV, der verschiedene Formen der Elektronisierung vorsieht. Danach ist die Form der Elektronisierung von der Form des jeweiligen Dokuments in der Urkundensammlung abhängig.

Dokumente, die in Papierform verwahrt werden, können in elektronischer Form verwahrt werden als

- elektronische Fassung gemäß § 56 BeurkG (Nr. 1),
- elektronisch beglaubigte Abschrift, wenn es sich bei ihnen um Ausfertigungen, beglaubigte Abschriften oder einfache Abschriften handelt (Nr. 2), oder
- elektronische (einfache) Abschrift (Nr. 3), wenn es sich bei ihnen um einfache Abschriften handelt.

Davon zu unterscheiden sind solche Dokumente, die in elektronischer Form erstellt wurden. Diese sind in der Form zu verwahren, in der sie erstellt wurden (§ 34 Absatz 3 NotAktVV).

§ 34 Absatz 2 NotAktVV lässt sich eine Mindestkonformität der elektronischen Form in der Weise entnehmen, als die elektronisch verwahrten Dokumente mindestens die Form haben müssen, die der Form des in der Urkundensammlung verwahrten Dokuments entspricht. So ist eine Urschrift nach der Regelung in § 34 Absatz 2 NotAktVV zwingend als elektronische Fassung in die elektronische Urkundensammlung aufzunehmen. Bei einer Ausfertigung besteht hingegen die Möglichkeit diese entweder als elektronisch beglaubigte Abschrift oder elektronische Fassung in der elektronischen Urkundensammlung zu verwahren. Eine einfache Abschrift kann in jedweder Form elektronisch verwahrt werden.

Dem Umstand, dass die Form des elektronischen Dokuments nur *mindestens* der Form des Dokuments in Papierform entsprechen muss, lässt sich zugleich das Prinzip „Besser-geht-immer" entnehmen. Die Mitarbeiter haben also jederzeit die Möglichkeit, die Urkunde unter Beachtung der „strengeren" Formvorgaben in die elektronische Urkundensammlung hochzuladen, also beispielsweise eine elektronische Fassung auch von einer einfachen oder beglaubigten Abschrift zu erstellen.

➢ Elektronische Fassung gemäß § 56 BeurkG

Wird in der Urkundensammlung eine Urschrift verwahrt, ist eine elektronische Fassung gemäß § 56 BeurkG in die elektronische Urkundensammlung aufzunehmen. Die elektronische Fassung der Urschrift steht gemäß § 45 Absatz 2 BeurkG der Urschrift in Papierform gleich.

Die Errichtung einer elektronischen Fassung setzt voraus,

- dass das Ausgangsdokument den Vorgaben des § 56 Absatz 1 Satz 1 BeurkG entsprechend eingescannt wurde und sichergestellt ist, dass das elektronische Dokument **inhaltlich** und **bildlich** mit dem Ausgangsdokument übereinstimmt,
- diese Übereinstimmung gem. § 56 Absatz 1 Satz 2 BeurkG in einem Vermerk notariell bestätigt wird und
- sowohl das elektronische Dokument als auch der Übereinstimmungsvermerk mit einer notariellen qualifizierten elektronischen Signatur versehen wurden.

Die Bundesnotarkammer hat Materialien zum Scanprozess veröffentlicht, die detaillierte Informationen insbesondere zur technischen Einrichtung, zum Vorgehen und zur Verfahrensdokumentation enthalten.

Im Übrigen muss die elektronische Fassung – wie eingangs dargelegt – nicht zwingend auf der Grundlage einer Urschrift erstellt werden, vielmehr kann das Ausgangsdokument auch eine beglaubigte Abschrift sein. Es muss dann lediglich im Übereinstimmungsvermerk klargestellt werden, welche Form das Ausgangsdokument hatte. Besondere Bedeutung hat dieses Vorgehen bei Verfügungen von Todes wegen, für die § 34 Absatz 4 BeurkG die Herstellung der elektronischen Fassung der Urschrift verbietet. Die Erstellung einer elektronischen Fassung der beglaubigten Abschrift einer letztwilligen Verfügung bleibt gleichwohl möglich. Da diese keine elektronische Fassung der Urschrift ist, steht sie auch nicht der Urschrift in Papierform gleich, sodass sich die zuvor beschriebenen Probleme nicht ergeben.

→ Erbvertragssammlung S. 199

➢ Elektronisch beglaubigte Abschrift

Eine elektronisch beglaubigte Abschrift kann in die elektronische Urkundensammlung aufgenommen werden, wenn es sich bei den zu übertragenden Dokumenten um Ausfertigungen, beglaubigte Abschriften oder einfache Abschriften handelt. Die elektronisch beglaubigte Abschrift muss im Gegensatz zur elektronischen Fassung mit dem Ausgangsdokument nur **inhaltlich,** nicht aber zwingend auch bildlich übereinstimmen. Sie kann außerdem auch durch einen Scanvorgang hergestellt werden, der den technischen Anforderungen, die die Bundesnotarkammer für den Scanvorgang des § 56 BeurkG aufgestellt hat, nicht genügt. Da es lediglich der inhaltlichen Übereinstimmung mit dem Ausgangsdokument bedarf, kann sie auch aus einer Reinschrift erstellt werden, die nur inhaltlich mit dem Ursprungsdokument übereinstimmt und bei der die Unterschriften und die Stelle des Siegels lediglich gekennzeichnet werden („gez." anstelle der Unterschrift und „L.S." anstelle des Siegels).

Die Beglaubigung erfolgt in der Weise, dass die elektronische Abschrift mit einem Beglaubigungsvermerk, der die inhaltliche Übereinstimmung der elektronischen Abschrift mit dem Ausgangsdokument dokumentiert, und einer qualifiziert elektronischen Signatur des Notars versehen wird.

➢ Elektronische (einfache) Abschrift

Elektronische (einfache) Abschriften müssen ebenfalls nur inhaltlich mit dem Ausgangsdokument übereinstimmen, bedürfen aber weder einer notariellen Beglaubigung noch einer qualifizierten elektronischen Signatur. Sie sind vergleichbar mit einer einfachen Kopie.

Praxistipp

Notariate können sich das „Besser-geht-immer-Prinzip" für die Optimierung ihrer Arbeitsabläufe zunutze machen. Denn es ermöglicht den Mitarbeitern, bei der Übertragung aller Urkunden in die elektronische Urkundensammlung auf die gleiche Art und Weise zu verfahren, indem grundsätzlich von sämtlichen Dokumenten eine elektronische Fassung gemäß § 56 BerkG in die elektronische Urkundensammlung eingestellt wird. *(Fortsetzung nächste Seite)*

Der Übereinstimmungsvermerk könnte dann einheitlich lauten:

> *„Hiermit bestätige ich die bildliche und inhaltliche Übereinstimmung des elektronischen Dokumentes mit dem/den mir in Papierform vorliegenden Dokument(en) (Urschriften, soweit nicht als Ausfertigung, beglaubigte oder einfache Abschrift gekennzeichnet)."*

Wichtig ist in diesem Fall natürlich, dass Ausfertigungen sowie beglaubigte und einfache Abschriften auch tatsächlich jeweils durch einen entsprechenden Stempel auf der ersten Seite oder anderweitig als solche gekennzeichnet werden.

(iii) Zäsurprinzip

Das Zäsurprinzip besagt, dass einmal in die elektronische Urkundensammlung eingestellte Dokumente nicht mehr verändert werden dürfen. Hat sich nach der Beurkundung etwa herausgestellt, dass in einem Grundstückskaufvertrag das Geburtsdatum eines Beteiligten falsch geschrieben ist und wird dies im Nachgang mithilfe eines Nachtragsvermerks korrigiert, so ist der Vermerk nicht auf der Urschrift selbst, sondern zwingend auf einem gesonderten Blatt zu errichten, das mit der Urkunde wiederum durch Schnur und Prägesiegel verbunden wird. Für den Nachtragsvermerk bei offensichtlicher Unrichtigkeit, wie er dem vorstehenden Beispiel zugrunde liegt, ist dieses Vorgehen sogar explizit in § 44a Absatz 2 Satz 4 BeurkG vorgeschrieben. Das mit dem Nachtragsvermerk versehene Blatt ist sodann in die elektronische Form zu überführen und gemeinsam mit der elektronischen Fassung des Grundstückskaufvertrags zu verwahren. Dem gleichen Muster folgt eine nachträgliche Änderung einer originär elektronisch errichteten Urkunde. Bedarf etwa eine GmbH-Satzungsänderung der nachträglichen Ergänzung, so hat diese in einem gesonderten elektronischen Dokument zu erfolgen, das gemeinsam mit der elektronischen Fassung der Urschrift der Satzungsänderung verwahrt wird. Zur Urkundensammlung ist sodann gemäß § 35 Absatz 3 Satz 3 NotAktVV ein Ausdruck des Vermerks mit dem beglaubigten Ausdruck der Satzungsänderungsurkunde zu nehmen.

bb) Die Aufbewahrung der Urkunden in der elektronischen Urkundensammlung

(i) Zeitliche Anforderungen an die Aufnahme der Urkunde

Das Einstellen der Dokumente in die elektronische Urkundensammlung hat gemäß § 35 Absatz 1 NotAktVV unverzüglich, das heißt ohne schuldhaftes Zögern, nach der Eintragung der Urkunde in das Urkundenverzeichnis zu erfolgen. Fehlen dem Notar jedoch noch einzelne Dokumente, wie etwa eine Genehmigungserklärung, die er zusammen mit der Urkunde in die elektronische Urkundensammlung aufnehmen möchte, so liegt es in seinem Ermessen, das Einstellen der Dokumente aufzuschieben.

(ii) Aufbewahrungsfrist

Die Aufbewahrungsfrist beträgt für die in der elektronischen Urkundensammlung verwahrten Dokumente gemäß § 50 Absatz 1 Nr. 5 NotAktVV 100 Jahre und beginnt mit dem Jahr der Beurkundung oder sonstigen Amtshandlung.

V. Die übrigen Akten des Notars

Neben den Urkundensammlungen gehören zu den übrigen Akten des Notars

- die **Nebenakten,**
- die Sammelakte für Wechsel- und Scheckproteste und
- die Generalakte.

Während die Nebenakte wie auch die Sammelakte für Wechsel- und Scheckproteste für die Abwicklung der Urkunden von Bedeutung sind, ist die Generalakte für diese bedeutungslos. Sie ist für angehende Notarfachangestellte daher auch von geringer Prüfungsrelevanz.

1. Nebenakten

Zu den Akten des Notars gehören auch die Nebenakten, teilweise auch **Handakten** oder **Blattsammlungen** genannt. In den Nebenakten werden die zu einer Urkunde geführte Korrespondenz mit den Beteiligten, Besprechungsvermerke, Vorentwürfe und Ähnliches aufbewahrt.

Nebenakten dürfen nach Ablauf von **sieben Jahren** vernichtet werden. Die Frist beginnt mit dem ersten Tage des auf die letzte inhaltliche Bearbeitung folgenden Kalenderjahres (§ 50 Absatz 2 Nr. 4 NotAktVV). Der Notar kann die Aufbewahrungsfrist – vor allem bei Regressgefahr – verlängern.

Fallbeispiel zur Aufbewahrungfrist der Nebenakten

Der Notar hat am 2. Januar 2000 mit den zukünftigen Vertragsbeteiligten erstmals über den Verkauf eines Grundstücks gesprochen. Am 10. April 2000 kam es zur Beurkundung des Vertrages. Der Notar beantragte am 29. März 2001 die Eigentumsumschreibung beim Grundbuchamt; diese erfolgte im August 2001. Nach Versendung der Eintragungsmitteilungen des Grundbuchamtes schloss der Notar im September 2001 seine Akte. Wann darf die Nebenakte vernichtet werden? **Fall-Lösung:** Die Sieben-Jahres-Frist beginnt mit dem Ablauf des Jahres, in dem das letzte Mal inhaltlich in der Sache gearbeitet wurde. Das dürfte hier am 29. März 2001 gewesen sein, als der Notar den Antrag auf Eigentumsumschreibung beim Grundbuchamt eingereicht hat. Die Kontrolle der Eintragungsmitteilung und ihre Versendung dürften nicht mehr als inhaltliche Arbeit in diesem Sinne anzusehen sein. Somit beginnt die Sieben-Jahres-Frist mit Ablauf des Jahres 2001, sie endet folglich mit dem 31. Dezember 2008. Ab dem 1. Januar 2009 darf die Nebenakte vernichtet werden.

Die Führung der Nebenakten kann nicht mehr nur in Papierform, sondern gemäß § 43 NotAktVV nunmehr auch in elektronischer Form erfolgen. Erforderlich ist dafür die Verwendung einer Notariatssoftware, die den Voraussetzungen von § 43 NotAKtVV genügt. Macht der Notar von der elektronischen Nebenaktenführung Gebrauch, muss er gemäß § 11 Absatz 1 DONot die Wahrung der Anforderungen von § 43 NotAKtVV durch den Hersteller der Software bescheinigen lassen. Gemäß § 45 NotAktVV besteht ferner die Möglichkeit, Nebenakten zu einzelnen Amtsgeschäften in Papierform und zu anderen Amtsgeschäften elektronisch zu führen.

2. Sammelakte für Wechsel- und Scheckproteste

Die Wechselproteste des Notars sind nicht in die Urkundensammlung, sondern in die Sammelakte für Wechsel- und Scheckproteste aufzunehmen. Diese ist für ein Kalenderjahr entweder in Papierform oder in elektronischer Form aufzubewahren. Eine Wechsel der Aufbewahrungsform ist hier nicht möglich.

§ 45 NotAktVV Die weiteren Einzelheiten hierzu sind in § 45 NotAktVV enthalten.

3. Generalakte

Der Notar ist verpflichtet, eine Generalakte zu führen. Darin sind die Vorgänge aufzunehmen, die die **Amtsführung im Allgemeinen** betreffen. Die Generalakte steht also in keinem Zusammenhang zur Abwicklung von Urkundengeschäften des Notars.

In der Generalakte ist insbesondere aufzubewahren

- → S. 53 Schriftverkehr mit den Aufsichtsbehörden (beispielsweise betreffend Überprüfungen der Amtsführung des Notars und Bestellungen von Notarvertretern)
- → S. 48 Unterlagen zur Berufshaftpflichtversicherung des Notars
- → S. 54 Schriftverkehr mit der Notarkammer
- → S. 45 Verpflichtungserklärungen der Mitarbeiter des Notars.

VI. Sonderproblem: Verwendung notarieller Urkunden im Ausland

1. Einführung in die Problemstellung

Es passiert gar nicht mal so selten, dass die Urkunde eines deutschen Notars im Ausland verwendet werden soll. Das betrifft nicht nur – wie man vielleicht meinen könnte – die notariellen Urkunden international tätiger Wirtschaftsunternehmen. Auch ganz alltägliche Urkunden von Privatpersonen können zu einer Verwendung im Ausland bestimmt sein, beispielsweise Verkaufs- oder Nachlassvollmachten von in Deutschland lebenden Ausländern für ihre Angehörigen im Heimatland oder die Urkunden aus den nachfolgenden Anwendungsbeispielen.

Anwendungsbeispiele zur Auslandsverwendung notarieller Urkunden

In den Sommermonaten zur Hauptreisezeit werden dem Notar verstärkt handgeschriebene Erklärungen mit der Bitte um Unterschriftsbeglaubigung vorgelegt. In diesen Erklärungen wird einer bestimmten Person gestattet, mit dem Auto des Erklärenden einen ausländischen Staat zu bereisen. Oder die Eltern eines minderjährigen Kindes gestatten ihrem Kind, ohne Begleitung eine Auslandsreise – etwa zum Patenonkel in Marokko oder zur Patentante nach Kanada – anzutreten.

Mit diesen handgeschriebenen Erklärungen mit notariell beglaubigter Unterschrift soll dem Reisenden eine möglichst komplikationslose Reise ermöglicht werden. Wenn er mit einem fremden Auto in eine Polizeikontrolle gerät, könnte er des Autodiebstahls bezichtigt und festgehalten werden. Und das minderjährige alleinreisende Kind wird vielleicht für einen Ausreißer gehalten und an der Weiterreise gehindert.

Die Erklärungen sollen dabei helfen, die Polizisten und die anderen Staatsorgane vom wahren Sachverhalt zu überzeugen. Auch das notarielle Siegel kann dazu einen Beitrag leisten, wenn es von den ausländischen Polizisten und den anderen Staatsorganen überhaupt als notarielles Siegel erkannt wird. Der ausländische Polizist kann nicht wissen, wie das Siegel eines deutschen Notars aussieht.

Es bedarf deswegen eines weiteren staatlichen Aktes, der den Polizisten vor Ort von der Echtheit des aufgedrückten Siegels überzeugt. Und diesem Zweck dienen die Legalisation notarieller Urkunden und die Erteilung der Apostille.

Soll die Urkunde eines deutschen Notars im Ausland verwendet werden, so bedarf es grundsätzlich einer sogenannten Legalisation der notariellen Urkunde (Ziffer 2).

→ Legalisation S. 211

Da die Legalisation von Urkunden kompliziert und zeitaufwändig ist, haben sich zahlreiche Staaten auf eine Verfahrenserleichterung geeinigt. Das Verfahren der Legalisation haben sie ersetzt durch die weniger komplizierte und weniger zeitaufwändige Einholung der Apostille (Ziffer 3).

→ Apostille S. 212

Einige (wenige) Staaten unterhalten so freundschaftliche Beziehungen zueinander, dass ihnen die Einholung der Apostille überflüssig erscheint. In diesen Staaten kann die Urkunde eines deutschen Notars ohne weiteres – also ohne Legalisation und ohne Apostille – verwendet werden (Ziffer 4).

→ Befreiung von Legalisation und Apostille S. 212

2. Legalisation

Durch die Legalisation wird bescheinigt, dass ein deutscher Notar eine Urkunde innerhalb seiner Zuständigkeit errichtet hat. Für die Legalisation zuständig ist die Botschaft, wahlweise das Konsulat des Staates, in dem die Urkunde verwendet werden soll.

Anwendungsbeispiel

Der marokkanische Polizist mag deutsche Notarsiegel nicht kennen. Er kennt aber die Amtssiegel seines Staates, die auch vom marokkanischen Konsulat, welches seinen Sitz in Düsseldorf hat, und von der marokkanischen Botschaft, die ihren Sitz in Berlin hat, verwendet werden.

Das Konsulat/die Botschaft kann aber gar nicht mit letzter Gewissheit beurteilen, dass die zu legalisierende Urkunde tatsächlich von einem deutschen Notar herrührt und dass dieser bei der Errichtung der Urkunde innerhalb seiner Amtsbefugnisse gehandelt hat.

Deswegen verlässt sich das Konsulat/die Botschaft bei der Legalisation auf die Bescheinigung des für den beurkundenden Notar zuständigen Landgerichtspräsidenten. Dessen Bescheinigung wird auch „Zwischenbeglaubigung" genannt. Und diese Zwischenbeglaubigung wird nach der Beurkundung entweder durch den Notar oder durch einen beliebigen Urkundsbeteiligten beim Landgerichtspräsidenten beschafft. Erst danach wird die „zwischenbeglaubigte" Urkunde durch den Notar oder wiederum in Eigenregie durch einen beliebigen Urkundsbeteiligten dem Konsulat/der Botschaft mit der Bitte um Legalisation vorgelegt.

Bestimmte ausländische Staaten geben sich mit der Zwischenbeglaubigung durch den Landgerichtspräsidenten nicht zufrieden. Sind diese Staaten beteiligt, so schiebt sich zwischen die Zwischenbeglaubigung durch den Landgerichtspräsidenten und die Legalisation durch das Konsulat/die Botschaft die sogenannte Endbeglaubigung durch das Bundesamt für Auswärtige Angelegenheiten (BfAA) in Brandenburg an der Havel.

3. Apostille

In vielen Staaten hat sich ein gegenüber der Legalisation vereinfachtes Verfahren durchgesetzt. Dieses besteht in der Erteilung der Apostille. Wie bei der Legalisation wird auch durch die Apostille bescheinigt, dass ein deutscher Notar eine Urkunde innerhalb seiner Zuständigkeit errichtet hat. Der Verfahrensaufwand ist allerdings bei der Apostille geringer.

Zur Bestätigung der Echtheit einer notariellen Urkunde, die im Ausland verwendet werden soll, bedarf es nach dem Willen dieser Staaten nicht mehr der Doppel- oder gar Dreifachprüfung durch den Landgerichtspräsidenten, (gegebenenfalls) das Bundesamt für Auswärtige Angelegenheiten (BfAA) in Brandenburg an der Havel und das Konsulat/die Botschaft. Ausreichend ist die Bescheinigung des Landgerichtspräsidenten, die in diesem einaktigen Verfahren dann nicht mehr „Zwischenbeglaubigung" heißt, sondern – wie bereits gesagt – Apostille.

4. Befreiung von Legalisation und Apostille

Schließlich gibt es einige der Bundesrepublik Deutschland besonders nahestehende Staaten, in denen die Urkunde eines deutschen Notars ohne jede Zwischen- oder Endbeglaubigung und ohne jede Apostille verwendet werden kann, nicht anders als bei einer Verwendung der Urkunde in der Bundesrepublik Deutschland.

Zwischen diesen Staaten ist das Vertrauen so groß, dass man es nicht für erforderlich hält, ein offizielles Überprüfungsverfahren durchzuführen. Bei diesen Staaten handelt es sich um

- Dänemark,
- Italien,
- Frankreich,
- Österreich
- Belgien.

5. Legalisation und Apostille in der notariellen Praxis

In der Praxis stellt sich häufig die Frage, ob für die Verwendung einer notariellen Urkunde im Verwenderstaat

- die **Legalisation** erforderlich ist
- oder ob die Erteilung der **Apostille** genügt
- oder ob eine gänzliche **Befreiung vom Erfordernis der Legalisation** und **der Apostille** besteht.

Am Zuverlässigsten kann man sich darüber auf der Homepage des Deutschen Notarinstitutes informieren, wo sich unter der Rubrik „Arbeitshilfen" eine regelmäßig aktualisierte Staatenübersicht befindet. Oder man erkundigt sich unmittelbar bei den Konsulaten/Botschaften des jeweiligen Verwenderstaates. Den in Handbüchern abgedruckten Übersichten haftet der Makel an, dass sie schnell veralten, denn es kommt immer wieder vor, dass sich Staaten, die bislang die Legalisation verlangt haben, zukünftig mit der Apostille zufriedengeben.

Oftmals wird der Notar aber gar nicht dazu beauftragt, die Legalisation zu veranlassen oder die Apostille einzuholen, obwohl dieses nach geltendem Recht erforderlich ist: Teilweise wollen sich die Beteiligten selbst darum kümmern, um Zeit zu sparen. Teilweise wird aber auch – im Einzelfall sogar mit Erfolg – versucht, die Urkunde ohne Legalisation und ohne Apostille im Ausland zu verwenden. Der Notar muss solchen Plänen der Beteiligten nicht entgegentreten, wenn er sie zuvor nur unmissverständlich auf die Notwendigkeit der Legalisation oder der Apostille hingewiesen hat. Letztendlich ist es das Risiko der Beteiligten, ob die Urkunde im Ausland verwendbar ist oder nicht. Wird die Urkunde im Ausland so nicht akzeptiert, kann die Legalisation beziehungsweise die Erteilung der Apostille immer noch nachgeholt werden, dann natürlich unter Inkaufnahme eines Zeitverlustes.

Soll eine **Urkunde in Vermerkform** legalisiert oder mit der Apostille versehen werden, so ist dem Landgerichtspräsidenten beziehungsweise dem Konsulat/der Botschaft die Urschrift der Urkunde vorzulegen.

Handelt es sich um eine **Urkunde in Niederschriftsform,** so ist dem Landgerichtspräsidenten beziehungsweise dem Konsulat/der Botschaft im Regelfall eine Ausfertigung der Urkunde vorzulegen. Die Urschrift der Urkunde ist nach den allgemeinen Vorschriften in der Urkundensammlung – ohne Apostille oder Legalisation – zu verwahren. Muss ausnahmsweise einmal die Urschrift einer Urkunde in Niederschriftsform im Ausland verwendet werden, muss konsequenterweise auch die Urschrift legalisiert beziehungsweise mit der Apostille versehen werden. Für die Urkundensammlung behält man in diesem Ausnahmefall eine Ausfertigung, der mit einem Vermerk über die Aushändigung der Urschrift versehen ist, zurück.

→ **Auslandsverwendung der Urschrift S. 189 + S. 198**

V. Verwendung der Siegel des Notars

Immer wieder war in diesem Buch von dem Beidrücken des Notarsiegels die Rede. Bei der Fertigung von Vermerken ist das Beifügen des Amtssiegels Wirksamkeitsvoraussetzung. Aber auch bei anderen Urkunden – Urschriften, Ausfertigungen und beglaubigten Abschriften – kommt dem Beifügen des Amtssiegels – unterhalb der Schwelle des Wirksamkeitserfordernisses – eine wichtige Bedeutung zu.

§ 44 Satz 1 BeurkG
§ 14 Absatz 1 DONot

§ 44 Satz 1 BeurkG schreibt vor, dass eine aus mehreren Blättern bestehende Urkunde mit Schnur und Prägesiegel versehen werden muss. Und § 14 Absatz 1 DONot präzisiert, dass die Verbindung der Blätter mit Schnur und Prägesiegel für jede Urschrift, Ausfertigung und beglaubigte Abschrift zu beachten ist. Da nahezu jede notarielle Urkunde mehrblättrig ist, ist nahezu jede notarielle Urkunde auch mit einem Siegel zu versehen.

§ 45a Absatz 2 Satz 2 BeurkG

Nur die äußerst selten auftretende einblättrige Urkunde in Niederschriftsform benötigt kein Notarsiegel. Wird aber die Urschrift einer solchen Urkunde zum Zwecke der Verwendung im Ausland herausgegeben, so ist auch diese Urschrift zu siegeln (§ 45a Absatz 1 Satz 2 BeurkG).

1. Arten des Amtssiegels

Man unterscheidet grundsätzlich das Farbdrucksiegel (Stempel) und das Prägesiegel. Das Prägesiegel ist entweder Oblatensiegel oder Lacksiegel.

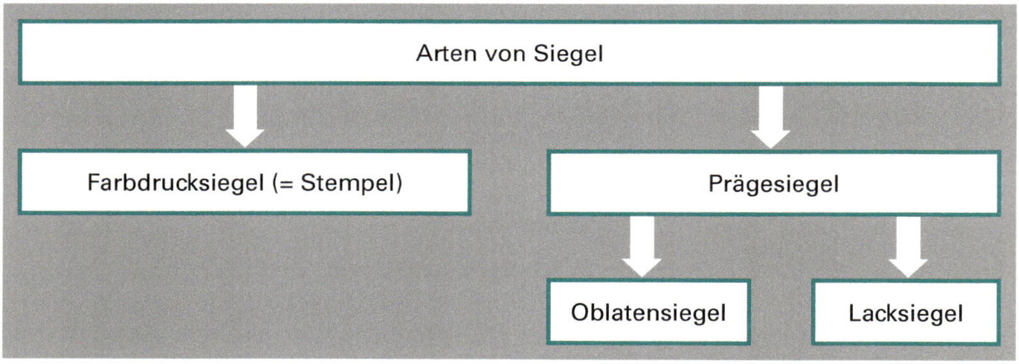

2. Verwendung der verschiedenen Arten der Amtssiegel

Bei **mehrblättrigen Urkunden** – Vermerken oder Niederschriften – muss der Notar das Prägesiegel verwenden (§ 44 Satz 1 BeurkG). In der Praxis greift man hier stets zum Oblatensiegel.

Beachte:

Muss eine mehrblättrige Urkunde mehrfach fotokopiert werden, so drückt man in der Praxis gerne zunächst das Farbdrucksiegel bei. Dann lassen sich die einzelnen – noch nicht gehefteten – Seiten leichter fotokopieren. Nach Abschluss der Arbeiten wird dann geheftet und das Oblatensiegel über das Farbdrucksiegel geklebt zur Befestigung der Schnur.

Das Oblatensiegel könnte auch an jeder beliebigen anderen Stelle angebracht werden, dann wären zwei Notarsiegel auf der Urkunde enthalten, das vor dem Kopieren angebrachte Farbdrucksiegel und das nach dem Kopieren angebrachte Oblatensiegel, was nicht schädlich ist, aber nicht schön aussieht. Das Überkleben des Farbdrucksiegels verfolgt ausschließlich optische Zwecke.

Handelt es sich um eine einseitige oder eine einblättrige (vorder- und rückseitig beschriebene) Urkunde, kann man bei der Urschrift einer Niederschrift auf das Beidrücken des Siegels verzichten, es sei denn, die Urschrift wird zum Zwecke der Verwendung im Ausland herausgegeben. Ausfertigungen und beglaubigte Abschriften dieser Urschrift benötigen zur Wirksamkeit wiederum das Siegel, wobei bei einblättrigen Urkunden das Farbdrucksiegel genügt. Wird für die Ausfertigung oder beglaubigte Abschrift allerdings, wie üblich, ein Deckblatt mit besonderer Aufschrift verwendet, ist die Urkunde mehrblättrig und muss mittels Heftfaden und Prägesiegel (Oblatensiegel) geheftet werden.

Der Testamentsumschlag, in dem das Testament beim Nachlassgericht abzuliefern ist, ist zwingend mit dem Prägesiegel zu verschließen (§ 34 Absatz 1 Satz 1 BeurkG). Dabei ist in den allermeisten Fällen das Lacksiegel das Mittel der Wahl. Es kann aber auch das Oblatensiegel verwendet werden, denn auch dieses ist – wie von § 34 Absatz 1 Satz 1 BeurkG vorgeschrieben – Prägesiegel.

3. Locus sigilli (LS)

Probleme entstehen dann, wenn eine notariell beglaubigte Urkunde vorgelegt wird, auf der das zur Wirksamkeit erforderliche Siegel nicht mehr erkennbar ist.

Anwendungsbeispiele

Der Notar hat die Unterschrift einer Person beglaubigt und versendet von dieser Urkunde mehrere einfache Abschriften an andere Urkundsbeteiligte. Auf den einfachen Abschriften ist das Siegel des Notars nicht mehr zu erkennen. Wer die einfache Abschrift sieht und das Siegel vermisst, könnte auf den Gedanken kommen, auf der Urschrift der Urkunde sei das Siegel vergessen worden. Dann wäre die Unterschriftsbeglaubigung mangels Siegel unwirksam. Um solche Missverständnisse zu vermeiden, kann der Notar auf den einfachen Abschriften die Buchstaben L.S. hinzufügen, und zwar an der Stelle, an dem auf der Urschrift das Siegel vorhanden ist. L.S. bedeutet ausgeschrieben „locus sigilli“ und meint „Ort des Siegels“. Dann weiß der Betrachter, dass die Urschrift ein Siegel enthält.

Diese Vorgehensweise empfiehlt sich auch, wenn der Notar eine Abschriftsbeglaubigung von einem Dokument mit Siegel vornehmen soll, beispielsweise von einem Zeugnis einer Universität über einen Hochschulabschluss. Wenn das auf der Urschrift vorhandene Siegel der Universität auf der beglaubigten Abschrift des Notars nicht mehr erkennbar ist, hilft auch hier – zur Vermeidung des Missverständnisses, die Urschrift enthalte gar kein Siegel – die Beifügung der Buchstaben L.S.

Sachwortverzeichnis

A

B

D

O

P

R

S

T

U

V

W

Z